utb 5596

Eine Arbeitsgemeinschaft der Verlage

Brill | Schöningh – Fink · Paderborn
Brill | Vandenhoeck & Ruprecht · Göttingen – Böhlau · Wien · Köln
Verlag Barbara Budrich · Opladen · Toronto
facultas · Wien
Haupt Verlag · Bern
Verlag Julius Klinkhardt · Bad Heilbrunn
Mohr Siebeck · Tübingen
Narr Francke Attempto Verlag – expert verlag · Tübingen
Psychiatrie Verlag · Köln
Ernst Reinhardt Verlag · München
transcript Verlag · Bielefeld
Verlag Eugen Ulmer · Stuttgart
UVK Verlag · München
Waxmann · Münster · New York
wbv Publikation · Bielefeld
Wochenschau Verlag · Frankfurt am Main

Claus Braunecker

How to do Statistik und SPSS

Eine Gebrauchsanleitung

2. Auflage

facultas

Mag. Dr. Claus Braunecker arbeitet seit mehr als drei Jahrzehnten als Instituts- und Betriebsmarktforscher in Österreich und lehrt seit vielen Jahren empirische Methoden, statistische Datenanalyse und SPSS am Institut für Publizistik- und Kommunikationswissenschaft der Universität Wien, an der Universität für Weiterbildung Krems und an diversen Fachhochschulen.

Digitale Materialien (Beispiel-Fragebogen, SPSS-Datenfile u. a.) stehen kostenlos zur Verfügung unter:

https://www.utb.de/doi/suppl/10.36198/9783838561615

https://www.howtodo.at

Dozent:innen finden dort außerdem einen frei (um)gestaltbaren Foliensatz zur Unterstützung in der Lehre.

Bibliografische Information der Deutschen Nationalbibliothek

Die Deutsche Nationalbibliothek verzeichnet diese Publikation in der Deutschen Nationalbibliografie; detaillierte bibliografische Daten sind im Internet unter http://d-nb.de abrufbar.

2., vollständig überarbeitete Auflage 2023

facultas Verlag, Stolberggasse 26, 1050 Wien, Österreich

Umschlag: Atelier Reichert, Stuttgart
Druck und Bindung: Friedrich Pustet, Regensburg
Printed in Germany

utb-Nummer 5596
ISBN 978-3-8252-6161-0 (Print-Ausgabe)
ISBN 978-3-8385-6161-5 (Online-Leserecht, erhältlich unter utb.de)

Inhalt

Vorwort

2021 wurde mit diesem Buch ein neuer Weg eingeschlagen: Das ursprüngliche Buch aus 2016 – Sozialforschung, Statistik und SPSS in einem Band – wurde zielgruppenspezifisch in zwei Werke aufgeteilt: In ein „Empirie-How to do", und ein „Statistik und SPSS-How to do". Der Versuch hat funktioniert. Beide Bände wurden sehr gut angenommen. Im Frühjahr 2023 war der Zeitpunkt gekommen, eine zweite Auflage beider Bücher anzudenken.

Zweitauflage bedeutet auch Überarbeitung. Was alles ist dabei passiert?

- Die Ausführungen zur Software SPSS beziehen sich nun auf die bei Drucklegung dieses Buchs aktuelle Version 29.
- Kleine inhaltliche und formale Unschärfen wurden verbessert, kleine Textpassagen dort und da noch deutlicher formuliert, ein paar Kapitel-Umstrukturierungen vorgenommen.
- Das Buch ist durchgehend farbig gedruckt.
- Alle Links sind nun über QR-Codes direkt abrufbar.
- Die Zitierweise folgt jetzt der aktuellen APA 7-Norm.
- Anregungen, die uns – den Autor und den Verlag – zur Erstauflage erreicht haben, wurden eingearbeitet (z.B. *„weniger prominente Querverweise"*, die manche Leser:innen als störend für den Lesefluss empfunden haben).

Hier liegt nun also die Zweitauflage vom „Statistik- und SPSS-Buch" vor. Es will rasch und effizient sozial- oder wirtschaftswissenschaftliche Kenntnisse der empirischen Sozialforschung vermitteln. Viele suchen Orientierung, wie sie eine bevorstehende Bachelorarbeit, Master-Thesis oder Dissertation anlegen sollen. Andere wollen freiwillig oder unfreiwillig ihre Empirie-Kenntnisse vertiefen oder auffrischen. Sie alle werden mit diesem Werk „abgeholt".

Niemand soll alles lesen müssen! Viele Verweise verknüpfen deshalb thematisch verwandte Passagen. Somit ist an jeder Stelle ein individuell motivierter Einstieg möglich.

95 Abbildungen, aktuell gehaltene weiterführende Literaturhinweise (mit Seitenangaben) und ein schlagwortoptimiertes Stichwortverzeichnis ergänzen die leicht lesbare, verständliche Gebrauchsanleitung.

Frei zugängliche Downloads auf howtodo.at und auf utb.de (Beispiel-Fragebogen und Datensatz, Good-Practice-Ideen, Vorlagen für tabellarische und grafische Ergebnisdarstellungen, weitergestaltbare Empirie-Slides als Präsentationsvorlage usw.) runden das „empirische Gesamtpaket" ab.

www.utb.de/doi/suppl/10.36198/9783838561615

Zusatzmaterial

howtodo.at/downloads

Mit Drucklegung befindet sich **zu diesem Buch ein Feedback-Formular** im Netz. Wir würden uns über Meinungen und Anregungen möglichst vieler Leser:innen sehr freuen – Sie helfen uns entscheidend bei der Weiterentwicklung!

howtodo.at/howtodofeedback

Persönliche Worte des Autors:

Vielen herzlichen Dank für ihre wertvollen und spezifischen Inputs bei der Genese dieses Buchs richte ich neuerlich an die im ersten Vorwort angeführten Kolleg:innen.

Weiterhin SEHR großer Dank gebührt der Verlagslektorin dieses Buchs • Mag. Sandra ***Illibauer-Aichinger****. Sie begleitet die How to do's (und alle meine Tätigkeiten dazu) von Anbeginn an und dankenswerterweise weiterhin unermüdlich. Ohne sie wären die nun schon fünf How to do-Bände nicht dort angelangt, wo sie mittlerweile stehen!*

Besonderer Dank an • Mag. Dr. Rosemarie ***Nowak****, Universität für Weiterbildung Krems, Lehrgangsleiterin am Department für Wissens- und Kommunikationsmanagement! Ihre wirklich herausragende, aktuell gehaltene, thematisch sortierte Literaturliste, zu der ich auf Seite 16 und Seite 37 dieses Buchs als „weiterführende Literatur" verlinken darf, lässt keine Wünsche offen. Auch wiederholte gemeinsame Diskussionen und ihre Expertise zur qualitativen Inhaltanalyse haben – an den entsprechenden Stellen dieses Buchs – wertvolle Inputs geliefert.*

Für den erkenntnisreichen Austausch zu Themen der qualitativen Sozialforschung danke ich schließlich auch dem Institutsleiter des Instituts für qualitative Marktforschung (IFQM), • Mag. Dr. Christian ***Führer****, Bakk. B.A. M.A. sowie der Studienleiterin für qualitative Forschung und Feldabteilungsleiterin bei INTEGRAL Markt- und Meinungsforschungsges.m.b.H • Alexandra* ***Mossakowski****, MSc.*

Wien, im Oktober 2023 Mag. Dr. Claus Braunecker

Vorwort zur ersten Auflage

2016 erschien das „Vorgänger"-Buch zu diesem: HOW TO DO EMPIRIE, HOW TO DO SPSS. EINE GEBRAUCHSANLEITUNG. Sein Ziel war es, doppelt Hilfe zu bieten – bei der Konzeption einer Erhebung UND bzw. ODER bei der Datenanalyse. Der große Erfolg dieses Werks – vom Autor liebevoll HOW TO DO genannt – legte eine Fortführung sehr nahe.

Eine zweite, überarbeitete Auflage wäre leicht, aber nicht besonders herausfordernd gewesen. Viel spannender war es, HOW TO DO weiterzuentwickeln – mit allen Erfahrungen und Rückmeldungen, die seit dem Erscheinen gesammelt werden konnten. Bald stand das gemeinsam mit dem Verlag erarbeitete neue Konzept fest: Wir teilen das „Doppel-Buch" der Erstauflage und lassen daraus zwei eigenständige Publikationen entstehen, eine für Empirie und eine für Statistik und Datenanalyse (mit SPSS). Also das hier vorliegende Druckwerk und das zeitgleich erscheinende mit dem Titel HOW TO DO EMPIRISCHE SOZIALFORSCHUNG. EINE GEBRAUCHSANLEITUNG.

Warum das? Wir haben beobachtet, wie HOW TO DO verwendet wurde: Die Nutzung des Buchs hat sich oft auf einen der beiden Teile konzentriert. Viele müssen empirische Sozialforschung zunächst KONZIPIEREN. Datenanalyse liegt dabei noch in der Ferne. Erst dann, wenn die AUSWERTUNG ansteht, rücken Statistik und Tools wie SPSS näher.

Deshalb versorgen wir unsere Zielgruppe(n) jetzt „phasengerecht", denn:

– Zwei Bücher erlauben es, die Inhalte noch mehr zu schärfen und zu präzisieren.

– Halb so viele Seiten vermitteln weniger *„Oh, da muss ich aber viel lesen ..."*.

Das verbindende Element bleibt natürlich bestehen! Beide Bücher sind nach wie vor so gestaltet, dass sie ein großes Ganzes ergeben – wenn jemand beide verwenden will.

Warum ist dieses Buch entstanden? – Persönliche Worte des Autors:

Empirie und SPSS begleiteten mein Ausbildungs- und gesamtes bisheriges Berufsleben. Seit meinem Studium der Kommunikationswissenschaft in den 1980ern arbeite ich als Instituts- und Betriebsmarktforscher in Österreich. Seit vielen Jahren unterrichte ich an Unis und FHs, berate Studierende unterschiedlicher Jahrgänge, Semester und Studienrichtungen im Umgang mit der empirischen Sozialforschung, Statistik und Datenanalyse. Planung, Auswertung und Interpretation von Erhebungen zählen zu meiner alltäglichen Berufs- und Vermittlungs-Routine. Immer wieder neue Fragen und Problemstellungen führten mich dazu, mein erstes Buch zu schärfen und neu entstehen zu lassen.

Die Gliederung und Aufbereitung orientieren sich an meinen Erfahrungen in Wirtschaft und

Wissenschaft. Die Darstellung der Themen hat bei sehr vielen Menschen – unterschiedlichen Alters, mit mannigfaltigen Zugängen, mit und ohne Vorwissen – für wiederholt positives Feedback gesorgt. Fortgeschrittenere Lesende mögen manche Ausführung vielleicht als zu „vereinfacht" empfinden. Sie seien um Verständnis gebeten: Es ging mir um das verständliche Vermitteln der Inhalte an nicht (mehr) oder wenig(er) Involvierte.

GANZ besonderen Dank (in alphabetischer Reihenfolge) an • Mag. Jennifer ***Braunecker****, Tochter und Juristin • Mag. Bernhard* ***Burger****, Arbeitskollege in Wirtschaft und Wissenschaft • Mag. Dr. Rosemarie* ***Nowak****, Donau-Universität Krems, Lehrgangsleiterin am Department für Wissens- und Kommunikationsmanagement! Ihr „Intensiv-Lektorat" und Verständlichkeits-Check des Manuskripts hat für unermessliche Inputs gesorgt!*

WIRKLICH großer Dank gebührt auch der Verlagslektorin dieses Buchs • Mag. Sandra ***Illibauer-Aichinger****. Sie begleitet die* HOW TO DO's *(und mich) von Anbeginn an. Wirklich viel vom Erfolg der Erstauflage und von der Gestaltung dieses Werks ist ihr persönlich zuzuschreiben!*

Vielen herzlichen Dank für ihre wertvollen und spezifischen Inputs bzw. den wiederholten gedanklichen Austausch richte ich auch an

• PD Mag. Dr. Petra ***Herczeg****, Universität Wien, Vizestudienprogrammleiterin Publizistik- und Kommunikationswissenschaft • Ass.-Prof. Ing. Mag. Dr. Klaus* ***Lojka****, Universität Wien, Studienprogrammleiter Publizistik- und Kommunikationswissenschaft • Mag. Dr. Markus* ***Rheindorf****, Universität Wien • PD DDr. Julia* ***Wippersberg****, stv. Studienpräses der Universität Wien.*

Alle genannten Personen aus Wissenschaft und Praxis haben mich über die Jahre immer wieder mit ihren Tipps, Ratschlägen und Kontakten unterstützt und dabei geholfen, HOW TO DO *weiterzuentwickeln. Danke dafür!*

Wien, im März 2021 Mag. Dr. Claus Braunecker

Die Inhalte dieses Buchs

Abbildung 1: Jedes empirische Vorhaben benötigt einen roten Faden

Das hier vorliegende Buch beschäftigt sich mit Statistik, mit der Auswertung empirisch erhobener Daten und der dazu einsetzbaren, verbreiteten Analysesoftware SPSS (bzw. der Freeware PSPP). Diese Themen umfassen einen wichtigen Teilbereich jedes (quantitativen) empirischen Forschungsprozesses – gleichermaßen in Wirtschaft wie in Wissenschaft.

Abbildung 1 veranschaulicht die einzelnen Schritte jeder empirischen Sozialforschung: Jedes Detail – von der ersten Forschungsidee bis zur Ergebnispräsentation – MUSS dabei einem roten Faden folgen! Jeder einzelne Puzzlestein leistet seinen Beitrag und kann die anderen Phasen mehr oder weniger stark beeinflussen.

So können z.B. nachträgliche Änderungen an den Erkenntnisinteressen die gesamte bisher geplante Methodik ad absurdum führen.

Eine (nur kleine) Änderung im Fragebogen (nach Erhebungsstart) macht die ursprünglich beabsichtigte Auswertung unmöglich. Dadurch kann in weiterer Folge eine Forschungsfrage nicht mehr beantwortet werden.

Eine fehlerhafte Stichprobenziehung führt dazu, Ergebnisse völlig falsch zu interpretieren.

Im Detail geht es dabei um die folgenden Prozessschritte:

Jedes Forschungsvorhaben besitzt **1.** ein Thema mit **Erkenntnisinteresse** (ab Seite 19). Aus diesem Erkenntnisinteresse werden **2. Forschungsfrage(n) und/oder Hypothese(n)** abgeleitet (Braunecker, 2023[1], S. 16–24). Das erfolgt in der Wirtschaft aus sachlichen Zusammenhängen, in der Wissenschaft im Zuge eingehender Literaturrecherchen. Die Forschungsfragen bzw. Hypothesen und Messniveaus (ab Seite 20) weisen der späteren Datenanalyse den Weg.

Parallel dazu, manchmal vor, manchmal nach dem 2. Schritt, lässt sich **3.** eine passende **Forschungsmethodik**, ein sinnvolles **qualitatives** oder **quantitatives** Forschungsdesign (Braunecker, 2023, S. 25–44) festmachen. Dieses wird auch Setting genannt und soll die Forschungsfragen möglichst effizient beantworten bzw. die Hypothesen möglichst zielgerichtet einer Prüfung zuführen.

In Wechselwirkung mit dem Setting steht **4.** die genaue Definition der **Grundgesamtheit** (Braunecker, 2023, S. 45–47). Damit zusammenhängend erfolgt die Entscheidung über eine **Vollerhebung** (Braunecker, 2023, S. 47–48) oder eine bei qualitativen Verfahren meist **willkürliche Auswahl** (Braunecker, 2023, S. 74). Bei quantitativen Designs sind **Stichproben** im Idealfall **zufällig** (Braunecker, 2023, S. 69–70) oder – in der Praxis verbreiteter – **Quotenstichproben** (Braunecker, 2023, S. 74–76).

Sind Methodik und Stichprobenverfahren festgelegt, ist auch der Weg für **5.** das **Erhebungsinstrument** – Fragebogen, Leitfaden, Codierschema oder Protokollbogen – vorgezeichnet. Damit das Erhebungsinstrument mit den Forschungsfragen und/oder Hypothesen korrespondiert, müssen die Fragen bzw. Erhebungsinhalte „Passgenauigkeit“ besitzen (ab Seite 22). Hier ist neben der exakten inhaltlichen Abdeckung der Erkenntnisinteressen (Braunecker, 2023, S. 116–138) auch die Skalenform (und Skalenbreite) der Erhebungsinhalte (Braunecker, 2023, S. 102–115) von sehr großer Bedeutung.

Beim **6. Pretest** wird das Erhebungsinstrument auf Praxistauglichkeit überprüft (Braunecker, 2023, S. 137–138). Funktioniert es nicht zufriedenstellend, muss es noch einmal überarbeitet werden. Gibt der Pretest das Erhebungsinstrument „frei“, kann die Datenerhebung (Feldarbeit) starten.

In die Phase der **7. Datenerfassung** klinkt sich wieder das vorliegende Werk detailreich ein. An dieser Stelle des Forschungsprozesses muss kontrolliert werden, ob die Vollerhebung wirklich „voll“ erhoben hat bzw. ob die Stichprobe zufriedenstellenden **Rücklauf** verzeichnet (ab Seite 38). Vor allem quantitative Daten müssen vor der Auswertung oft repräsentativ sein (Braunecker, 2023, S. 61–68).

Liegen (dann) **Daten strukturiert** (ab Seite 42) und **in sich konsistent** (ab Seite 47) vor, folgt deren **8. technische Auswertung**. Dabei unterscheidet sich das Prozedere bei der Analyse **qualitativer Daten** (ab Seite 28) deutlich von jenem **quantitativer Daten** (Grundlagen ab Seite 52, mit Analysesoftware ab Seite 105). Eine (quantitative) Datenanalyse ist jedenfalls nur mit Kenntnis **statistischer Grundlagen** (ab Seite 52) sinnvoll durchführ- und interpretierbar.

Im Zuge der Auswertung erfolgen auch **9. Ergebnisinterpretation** (ab Seite 25), **Beantwortung der Forschungsfragen** (ab Seite 143) und **Hypothesenprüfung** (speziell ab Seite 149, 152, 156 und 162).

---

[1] Parallel zu diesem Werk erscheint das Buch Braunecker, C. (2023). *How to do Empirische Sozialforschung. Eine Gebrauchsanleitung.* facultas/utb. Beide Bände haben das Ziel, den gesamten roten Faden der empirischen Sozialforschung zu spannen – von der ersten Forschungsidee bis zur statistischen Datenanalyse (mit SPSS).

Erst dann werden 10. die **Ergebnisse** möglichst plakativ **aufbereitet und** derart **präsentiert**, dass sie möglichst alle Erkenntnisinteressen abdecken und die erforderlichen Antworten auf die Forschungsfragen und Hypothesen geben (Braunecker, 2023, S. 150–156).

Alle Phasen einer Erhebung müssen wie ein Puzzle ineinandergreifen und aufeinander abgestimmt sein. Veränderungen nur einer Phase können – manchmal sogar auch rückwirkend – andere Phasen beeinflussen.

Empirische Erhebungen sind meist speziell und individuell. Jedes empirische Vorhaben ist eine „Maßanfertigung“. **Unabhängig vom Design einer Erhebung sind aber bei allen Ergebnisanalysen dieselben Grundsätze und Regeln zu beachten. Immer sollten auch die jeweiligen Erkenntnisinteressen, Forschungsfragen und Hypothesen im Vordergrund stehen!**

Die Erläuterungen in diesem Buch zu Auswertung und Interpretation von Erhebungen können deshalb sinngemäß auf alle – bei Braunecker, 2023, S. 25–44 vorgestellten – Forschungsmethoden umgelegt werden: So ist eine Inhaltsanalyse bei der Ergebnisanalyse genauso zu behandeln wie ein Experiment, eine Beobachtung oder eine Befragung.

Fragebogen, Datenfile und weitere Downloads

Dieses Buch möchte Praxisnähe leben: (Fast) alle qualitativen und quantitativen Auswertungsbeispiele basieren deshalb auf einem speziell entwickelten Fragebogen[2] (vgl. Abbildung 2 auf Seite 17 und Abbildung 3 auf Seite 18) mit zugehörigem Datenfile (als „BUCHdaten“ bezeichnet).

Leser:innen dieses Buchs können **Fragebogen und Beispieldaten** im Downloadbereich von howtodo.at bzw. auf utb.de **downloaden.**

www.utb.de/do/10.36198/9783838561615-m01

Zusatzmaterial

howtodo.at/downloads/Fragebogen_BUCHdaten.pdf

www.utb.de/do/10.36198/9783838561615-m02

Zusatzmaterial

howtodo.at/downloads/BUCHdaten.sav

Auf howtodo.at bzw. auf utb.de finden sich auch weitere, ergänzende Downloads wie

- beispielhafte tabellarische und grafische Darstellungsvarianten von Ergebnissen
- „gestaltungsoffene“ und animierte Empirie- und Statistik-Slides für Dozent:innen.

[2] Der Beispielfragebogen dieses Buchs stellt keinen Anspruch auf „richtige“ Wissenschaftlichkeit: Die Formulierung der Fragen ergab sich NICHT aus zuvor erfolgter Literaturrecherche. Die Erstellung der Fragen erfolgte „frei“ durch den Autor – wenn auch unter Einbeziehung der Ergebnisse willkürlicher schriftlicher Basisbefragungen unter Studierenden verschiedener Studienrichtungen und Fortschritts-Phasen im jeweiligen Studienplan. Der Fragebogen wurde für unterschiedliche empirische Blickwinkel erstellt: Er dient – immer in Einzelteilen – der möglichst praxisnahen Veranschaulichung von (technischer) Operationalisierung von Forschungsfragen bzw. Hypothesen, Skalenniveaus, Arten der Frageformulierung sowie möglichst vielen verschiedenen Formen der Datenanalyse.

www.utb.de/do/10.36198/9783838561615-m03

Zusatzmaterial

howtodo.at/downloads/Ergebnisdarstellungen.pdf

www.utb.de/do/10.36198/9783838561615-m04

Zusatzmaterial

howtodo.at/downloads/Ergebnisdarstellungen.pptx

www.utb.de/do/10.36198/9783838561615-m05

Zusatzmaterial

howtodo.at/downloads/Empirie-Slides.pdf

www.utb.de/do/10.36198/9783838561615-m06

Zusatzmaterial

howtodo.at/downloads/Empirie-Slides.pptx

(Quantitative) Datenanalysesoftware

Qualitative Datenanalysen sind (mit Einschränkungen) auch ohne Software möglich. **Quantitative Auswertungen** und das Ermitteln von Häufigkeiten, Prozent- und Mittelwerten sowie anderer Maßzahlen hingegen basieren meist auf großen Datenmengen: Dazu ist Analysesoftware üblich. Auswertungssoftware gibt es in beträchtlicher Zahl. Die Bandbreiten reichen dabei von einfacher bis zu komplexer Bedienung, von Freeware bis zu (sehr) hohen Lizenzkosten, von weiter Verbreitung bis zum Einsatz für (sehr) spezielle Nutzung.

Dieses Buch demonstriert quantitatives Auswerten am Statistik-Paket **SPSS** (Statistical Package for the Social Sciences). Die Software startete in den 1960er-Jahren ihre weltweite Verbreitung in San Francisco und wurde 2009 von IBM übernommen.

Für dieses Buch wird die seit Ende 2022 aktuelle **SPSS-Version 29** herangezogen.

SPSS wird sowohl in der Wirtschaft als auch in vielen (universitären) Forschungsbereichen eingesetzt. Lizenzen sind direkt bei IBM oder über Vertriebspartner erhältlich. Für Studierende gibt es spezielle Angebote einzelner Bildungseinrichtungen. IBM stellt auf der SPSS-Homepage eine zeitlich begrenzte Testversion sowie eine Verlinkung auf für Studierende vergünstigte ältere Versionen bereit:

ibm.com/de-de/products/spss-statistics

An dieser Stelle soll das Programm **PSPP** nicht unerwähnt bleiben.

Die **Freeware PSPP** ist eine SPSS „nachgebaute" Software.

Das Spiel mit den Buchstaben kommt nicht von ungefähr: PSPP verwendet das SPSS-Datenformat und sehr viele idente Menübefehle. Natürlich ist das Original-Produkt SPSS deutlich ausgereifter, es bietet eine attraktivere Benutzeroberfläche und weit größere Programmvielfalt. PSPP kann vielleicht auch einmal „abstürzen", der Ergebnisoutput ist sehr einfach gehalten. Wenn aber jemand erste oder einmalige Auswertungsschritte unternehmen möchte, stellt das Programm einen durchaus kompatiblen Ersatz dar. **Auch dieses Buch ist größtenteils gleichermaßen auf PSPP anwendbar.**

gnu.org/software/pspp/

Im vorliegenden Band finden sich Screenshots von Datenanalysesoftware.

Im Zuge besprochener Analyseverfahren werden ausgewählte Ergebnisse auch wissenschaftlich formuliert (vgl. Kapitel 6.5 ab Seite 143) – in einer Mischform aus APA-Normen (vgl. American Psychological Association, 2020) und der im deutschen Sprachraum üblichen Wordings.

Weiterführende Literatur zu diesem Buch:

howtodo.at/downloads/WeiterfuehrendeLiteratur.pdf

Fragebogen & Skalenniveaus

Liebe:r [...],

im Rahmen eines Forschungsprojekts an der Universität [...] führt [...] eine Umfrage zum allgemeinen Leseverhalten durch. Die Befragung hat einen rein wissenschaftlichen Zweck und dauert max. 5 Minuten. Jede Meinung ist wichtig!

Bitte unterstützen auch Sie dieses Projekt! Ihre Antworten sind freiwillig, völlig anonym und können mit Ihrer Person in keinerlei Verbindung gebracht werden. Die erhobenen Daten werden streng vertraulich behandelt und keinesfalls an Dritte weitergegeben. Informationen zu Inhalt und Datenschutz bei dieser Befragung befinden sich auf der Rückseite der ersten Fragebogenseite.

Herzlichen Dank für Ihre Teilnahme!

Bei den folgenden Fragen geht es ganz allgemein um das Lesen von Zeitungen, Zeitschriften und Büchern. — **Messniveau**

1 In der heutigen Informationsgesellschaft gibt es überall ein sehr breites Angebot an Texten aller Art. Wie ist das bei Ihnen? Egal, wo und was: Lesen Sie gerne? ja □1 nein □0 — **nominal**

2 Haben Sie in den letzten 12 Monaten zumindest einen Roman gelesen? ja □1 nein □0 — **nominal**

3 Haben Sie in den letzten 12 Monaten zumindest ein Fachbuch gelesen? ja □1 nein □0 — **nominal**

Wenn Sie zumindest ein Mal pro Jahr Fachliteratur lesen – weiter zu Frage 4! Sonst bitte weiter bei Frage 9.

4 Kaufen Sie Bücher lieber in einer Buchhandlung oder im Versandhandel? lieber in einer Buchhandlung □1 lieber im Versandhandel □2 — **nominal**

5 Ganz spontan: Wie muss ein ideales Fachbuch für Sie beschaffen sein?

____

____________________ — **nominal**

6 Wie muss ein ideales Fachbuch für Sie beschaffen sein, damit Sie es gerne lesen?
Urteilen Sie jetzt bitte auf einer Skala von 1 bis 5, wobei 1 = „sehr wichtig" und 5 = „gar nicht wichtig" bedeutet. Dazwischen können Sie abstufen.

		sehr wichtig				gar nicht wichtig
6.1	**Ein Fachbuch muss ...** mir sympathisch sein	①	②	③	④	⑤
6.2	optisch ansprechend sein	①	②	③	④	⑤
6.3	leicht verständlich sein	①	②	③	④	⑤
6.4	interessante Inhalte haben	①	②	③	④	⑤
6.5	einen leicht lesbaren Text haben	①	②	③	④	⑤
6.6	einen hohen persönlichen Nutzen haben	①	②	③	④	⑤
6.7	rasch Informationen liefern	①	②	③	④	⑤
6.8	übersichtlich gestaltet sein	①	②	③	④	⑤
6.9	immer wieder Neues zu entdecken haben	①	②	③	④	⑤

— ordinal, in Sozialforschung **quasi-metrisch** (wie intervall behandelt)

7 Denken Sie jetzt bitte an das letzte Fachbuch, das Sie gelesen haben. Versuchen Sie bitte, dieses Fachbuch mit drei Eigenschaftswörtern möglichst treffend zu charakterisieren.
|________| |________| |________| — **nominal**

8 Wie viel Euro haben Sie in den letzten sechs Monaten für Fachliteratur ausgegeben? Wenn Sie es nicht genau wissen, schätzen Sie bitte. EUR: |__|__|__| — **rational**

Bitte umblättern ...

Abbildung 2: Beispielfragebogen (Basis für BUCHdaten) für dieses Buch (Seite 1)

Fragebogen & Skalenniveaus

Wieder an alle Befragten:

9 Egal, ob Sie sie lesen oder nicht: Was denken Sie GANZ ALLGEMEIN über Fachbücher?
Wie sehr treffen die positiven oder negativen Ausprägungen der folgenden Eigenschaften Ihrer Ansicht nach auf Fachbücher zu?

Urteilen Sie bitte auf einer Skala von 1 bis 6.

Fachbücher sind/bieten generell ...

9.1	sympathisch	①	②	③	④	⑤	⑥	unsympathisch
9.2	optisch nicht ansprechend	①	②	③	④	⑤	⑥	optisch ansprechend
9.3	leicht verständlich	①	②	③	④	⑤	⑥	nicht leicht verständlich
9.4	uninteressant	①	②	③	④	⑤	⑥	interessant
9.5	leicht lesbar	①	②	③	④	⑤	⑥	schwer lesbar
9.6	niedrigen persönlichen Nutzen	①	②	③	④	⑤	⑥	hohen persönlichen Nutzen
9.7	rasch Informationen	①	②	③	④	⑤	⑥	langsam Informationen
9.8	übersichtlich	①	②	③	④	⑤	⑥	unübersichtlich
9.9	nicht viel Neues zu entdecken	①	②	③	④	⑤	⑥	immer Neues zu entdecken

ordinal, in Sozialforschung **quasi-metrisch** (wie intervall behandelt)

10 Welches Papierformat ist Ihnen bei einem Buch das liebste, welches am zweitliebsten usw.?

Tragen Sie bitte Rangplätze zwischen 1 und 6 ein.
Das Ihnen sympathischste Format erhält eine 1,
das am wenigsten sympathische eine 6.

	A4	A5	A6
Taschenbuch	|__|1	|__|3	|__|5
Hardcover	|__|2	|__|4	|__|6

ordinal

11 Wenn Sie einmal ein gutes Buch lesen: Wem empfehlen Sie es weiter? (Mehrfachantworten sind möglich)

Partner:in, Familie □1 Freund:innen □1 Kolleg:nnen □1 Anderen □1

nominal

Abschließend bitten wir noch um ein paar Angaben zu Ihrer Person. Diese dienen lediglich dazu, auf Basis gruppierter Auswertungen Erkenntnisse über das Meinungsbild der verschiedenen sozialstatistischen Bevölkerungsgruppen zu erlangen.

12 Sind Sie ... weiblich □1 männlich □2 divers □3

nominal

13 In welchem Bundesland wohnen Sie?

Wien □1 NÖ □2 Bgld □3 OÖ □4 Sbg □5 Trl □6 Vbg □7 Stmk □8 Ktn □9

nominal

14 Wie alt sind Sie? \|_\|_\|

rational

15 Welche Art von Texten lesen Sie am liebsten?

Artikel online, in Zeitungen, Zeitschriften ... □1 Romane □2 Sach-, Fachbücher □3
andere, und zwar ________________ □4

nominal

16 Wie viele Bücher lesen Sie im Schnitt pro Jahr? \|_\|_\|_\|

rational

17 Und wie viele Bücher lesen Sie im Schnitt pro Jahr „nicht ganz freiwillig" (z.B. im Rahmen einer Ausbildung)? \|_\|_\|_\|

rational

Herzlichen Dank für die Beantwortung der Fragen!

Abbildung 3: Beispielfragebogen (Basis für BUCHdaten) für dieses Buch (Seite 2)

1 | Zuerst das „WAS“ und das „WIE“!

▼ ***Abstract*** *(in diesem Kapitel geht's um ...)* ▼

- Nur der **forschungsfragen-** bzw. **hypothesenkonsistente Ablauf** des gesamten empirischen Vorhabens ermöglicht am Ende auch bei der Datenauswertung, Forschungsfragen passgenau zu beantworten bzw. Hypothesen exakt zu prüfen.
- Das **Skalenniveau** (= Messniveau) **bestimmt die späteren Möglichkeiten** der Datenanalyse.
- **Analyseplan** (= Art der Auswertung) bereits im Vorfeld der Erhebung erstellen!

1.1 | Thema, Erkenntnisinteresse(n), Forschungsfragen, Hypothesen

Jedes (wissenschaftlich) empirische Vorhaben benötigt zuallererst ein **Thema**, eine Problemstellung. Das Thema stellt die Basis für das gesamte weitere Vorgehen dar (vgl. Herczeg & Wippersberg, 2021, S. 65–75).

Ist das Thema erarbeitet, müssen im nächsten Schritt die genauen **Erkenntnisinteressen** bzw. Erhebungsziele definiert werden. Das geschieht am besten einfach, klar, mit wenigen Sätzen (vgl. Herczeg & Wippersberg, 2021, S. 75–80).

Wer (weiterhin) beim Wesentlichen bleiben und das Vorhaben nicht versehentlich an den Erkenntnisinteressen „vorbeilenken“ möchte, formuliert im nächsten Schritt am besten **Forschungsfragen** und/oder **Hypothesen**. Diese stellen vorerst nur eine Art Themenkatalog dar. Sie werden indirekt, also ÜBER jemanden oder etwas formuliert.

Eine derartige Themenabgrenzung ist essenziell notwendig, um einerseits Antworten auf ALLE Fragestellungen zu finden, andererseits aber KEINE Antworten auf NICHT VORHANDENE Fragen zu generieren. Forschungsfragen bzw. Hypothesen stehen mit der Erhebung in Wechselwirkung: Eine Erhebung, die Forschungsfragen nicht beantworten oder Hypothesen nicht prüfen kann, geht am Ziel vorbei. Umgekehrt zielen Forschungsfragen oder Hypothesen, die an der Erhebung „vorbei“ formuliert werden, ins Leere.

Forschungsfragen drücken ein neutrales Erkenntnisinteresse in Frageform aus. Sie definieren die genauen Inhalte und Formulierungen im Erhebungsinstrument (Fragebogen, Leitfaden, Codierschema, Beobachtungsprotokoll). Empirie **beantwortet** Forschungsfragen.

Hypothesen stellen Annahmen bzw. Behauptungen auf. Sie sind „vermutete Antworten auf Forschungsfragen“ (vgl. Herczeg & Wippersberg, 2021, S. 93). „Qualitative Erhebungen [...] zielen darauf ab, Hypothesen zu entwickeln, aus gewonnenen Daten [...] zu **generieren** [...]. Quantitative Erhebungen [...] **prüfen** bereits vorhandene (aus Literatur oder anderen Vorrecherchen erstellte) Hypothesen anhand gewonnener, NEUER Daten“ (Braunecker, 2023, S. 19).

Hypothesen sollten nicht bloße Aussagen sein! Zu ihrer Formulierung verbreitet und empfohlen werden **Konditional- („Wenn-Dann“) und Vergleichssätze („Je-Desto“)**.

Beide – Forschungsfragen und Hypothesen – sind für die **Operationalisierung** des gesamten empirischen Vorhabens verantwortlich: **Wo** bzw. **bei wem** wird **in welcher Form was genau** erhoben? Deshalb sollten sie derart formuliert sein, dass sie den Rahmen für die Erhebung sehr präzise abstecken.

Häufig werden (bei empirischen Erhebungen) Forschungsfragen und Hypothesen in ihre thematischen Details aufgesplittet und explizit als **Sub-Forschungsfragen bzw. -Hypothesen** formuliert (vgl. **FF $_1$, FF $_4$, FF $_6$** und **H $_{IV}$** im Kapitel 1.3 ab Seite 22). Das ermöglicht eine deutlich präzisere Gestaltung des Erhebungsinstruments und später eine maßgeschneiderte Datenanalyse.

Ein Fragebogen, Leitfaden, Codierschema oder Beobachtungsprotokoll benötigt – rein inhaltlich bezogen – nicht weniger, auch nicht mehr, sondern genauso viele Fragen bzw. Merkmale, wie zur Abdeckung der Forschungsfragen und/oder Hypothesen erforderlich sind. Nicht jede Forschungsfrage bedingt eine Hypothese, nicht jede Hypothese eine Forschungsfrage.

Weitere datenanalyserelevante Details zu Forschungsfragen und Hypothesen finden sich bei Braunecker, 2023, S. 17–24.

In diesem Buch (vgl. Braunecker, 2023, S. 25–44) erfolgt auch eine Übersicht über die gebräuchlichsten qualitativen und quantitativen Forschungsmethoden.

1.2 | Quantitative Datenanalysen bestimmen das Messniveau (Skalenniveau)

Sozial- und Wirtschaftswissenschaften beschreiben Subjekte oder Objekte anhand definierter Eigenschaften (Merkmale). Jedes Merkmal hat verschiedene Ausprägungen. Um diese Ausprägungen der Merkmale „messen“ zu können, werden ihnen systematisch Zahlen (= Codierungen, vgl. Kapitel 4.2 ab Seite 40) zugeordnet.

Das Merkmal **Alter** *lässt sich z.B. mit „bis 40 Jahre alt“ = 1 und „über 40 Jahre alt“ = 2 erfassen und gruppieren. Oder das jeweils genaue Alter einer Person wird als Zahl notiert.*

Das Verhältnis der Zahlen zueinander entspricht den Relationen der Untersuchungselemente (aufgrund ihrer Merkmalsausprägungen) in Bezug auf das gemessene Merkmal. Der Komplexitätsgrad der jeweiligen Zahlen wird als Mess- bzw. Skalenniveau bezeichnet.

Die Forschungsfragen bzw. Hypothesen bestimmen, welche Merkmale in welcher Form bei wem oder wobei untersucht werden. Das Messniveau wiederum ist verantwortlich dafür, wie die in Zahlen erfassten Merkmalsausprägungen ausgewertet und interpretiert werden müssen: Es legt die Rechenoperationen bei der späteren Datenanalyse fest.

Die in der Sozialforschung gebräuchlichen Skalenarten finden sich in Abbildung 4 auf Seite 21 überblicksmäßig dargestellt und werden bei Braunecker, 2023, S. 102–115 detailliert erläutert.

Bei **Nominalskalen** – der einfachsten und „niedrigsten“ Skalenform – erfolgt eine eindeutige, aber willkürliche Zuordnung von Zahlen zu Antwortkategorien. Es gibt hier keine Beziehung zwischen Antwortkategorie und Wert. Die Zahlen haben nur „Entweder-oder“-, jedoch keine rechnerische Bedeutung. Mit diesem Messniveau kann nur Gleichheit bzw. Unterschiedlichkeit erfasst werden, nur Häufigkeitszählungen sind möglich.

Bei **Ordinalskalen** entspricht ein höherer Zahlenwert einer stärkeren Merkmalsausprägung. Solange die Information über „größer“ bzw. „kleiner“ erhalten bleibt, sind – wie bei nominalen Daten – auch hier willkürliche Zahlenzuordnungen möglich. Die Hauptinformation dieser Skalen besteht in einer Ranginformation, berechenbar sind wieder nur Häufigkeiten (und zusätzlich der Median, vgl. Kapitel 5.1.2.2 ab Seite 58).

Arten von Skalen

Skalenart, Messniveau	Kennzeichnung		Beispiele			Codierung	mögliche Analyse-Verfahren
(höchstes) rational	**Verhältnismäßigkeit!** EIN realer Nullpunkt: 0 = „nicht ausgeprägt"	A = x * B	• Einkommen • Länge • Maße • Geschwindigkeit	*Alter*	*in Jahren (anzugeben)*	*15* *16* *…* *104* *105*	• Häufigkeiten • Median • Mittelwert • Varianz • Standardabweichung • beliebige weitere Verfahren
(quasi-) intervall	**gleiche Distanzen!** KEIN (realer) Nullpunkt	B – A = D – C	• Datum • IQ • Grad Celsius • Schulnoten-**Bewertungen**, Zustimmungs-Skalen	*Alter*	*Jahrgang (anzugeben)*	*2000* *1999* *…* *1920* *1919*	
ordinal	**Rangordnung!** mehr – weniger	A < B < C	• Rangreihen • Schul**noten**	*Alter*	*15 bis 26 Jahre* *27 bis 50 Jahre* *51 Jahre plus*	1 4 6	• Häufigkeiten • Median
nominal (niedrigstes)	**Unterschied!** entweder – oder	A ≠ B ≠ C	• Hauptwohnsitz-Bundesland • zuletzt gewählte Partei	*Alter*	*entspricht der Zielgruppe 15 bis 26* *entspricht NICHT der Zielgruppe*	12 34	• Häufigkeiten

Abbildung 4: Arten von Skalen und Messniveaus

Bei **Intervallskalen** sind die Abstände zwischen den Zahlen gleich groß: Sie repräsentieren damit auch „real" gleiche Abstände zwischen den Untersuchungselementen. Ab dieser Skala haben die Codierungen rechnerische Bedeutung und erlauben Addition, Subtraktion und weitere „statistische" Berechnungen wie z.B. Mittelwert und Standardabweichung (vgl. Kapitel 5.1.2.1 ab Seite 55 und Kapitel 5.1.3.2 ab Seite 65).

Schulnoten (und andere Zustimmungs- und Beurteilungsskalen) besitzen eine Art Zwischenstellung: Sie werden – obwohl eigentlich Ordinalskala[3] – in den Sozial- und Wirtschaftswissenschaften meist als Intervallskala eingestuft. Warum das?

Theoretische Konstrukte (vgl. Braunecker, 2023, S. 110–112) arbeiten gerne über Schulnoten oder ähnliche Skalenformen. Das impliziert gleiche Abstände zwischen den einzelnen Skalenpositionen:

Bildet ein Fragebogen Zustimmung und Ablehnung zu Aussagen auf einer Schulnotenskala zwischen 1 = „trifft sehr zu" und 5 = „trifft gar nicht zu" ab, dann bedeutet z.B.: Eine Person, die der Aussage „ich lese gern" mit 1 „sehr" zustimmt, ist von einer Person, die 2 („eher") wählt, EINE Skalenposition entfernt. Und jemand, der 4 („weniger") angibt, ist gegenüber einer anderen Meinung, die 5 („gar nicht") verkörpert, ebenso EINE Skalenposition entfernt. Die Skalenabstände sind demnach bedeutungsmäßig gleich groß.

[3] Schulnoten weisen aus theoretischer Sicht nicht dieselben Abstände zwischen den Skalenpositionen auf: Teilt eine Prüfung z.B. 100 mögliche Prozentpunkte auf fünf (österreichische) Schulnoten auf, entfällt üblicherweise die erste Hälfte des gesamten Spektrums (0 bis 50%) auf EINE Note, die 5. Außerdem: Note 1 z.B. ist von einem „gerade noch Zweier, fast schon Dreier" weiter entfernt als vom „guten Zweier, gerade nicht mehr Einser" usw.

Aus diesem Grund werden in der sozial- und wirtschaftswissenschaftlichen Forschungspraxis ALLE eigentlich ordinalen Ratingskalen fast immer als **„quasi-metrisch“** (eigentlich „quasi-intervall“) behandelt. Sie werden damit für Mittelwerts- und weitere statistische Berechnungen „tauglich gemacht“.

Rationalskalen zeichnet zusätzlich zu den bisher angeführten Skalen (entweder – oder, größer – kleiner, idente Abstände) auch eine Verhältnismäßigkeit der Zahlen zueinander aus: Eine Skalenposition 4 bedeutet damit „doppelt so viel“ wie Position 2. Diese Skalenform besitzt im Unterschied zu Intervallskalen auch einen realen Nullpunkt: Der Wert 0 bedeutet „keine Ausprägung“ des mit der Skala abgebildeten Merkmals. Auswertungstechnisch sind Rationalskalen „die besten“: Möglich sind hier ALLE statistischen Auswertungen.

Nominal- und Ordinalskalen sind **diskret** bzw. **kategorial**: Das bedeutet, dass Merkmalsausprägungen definierten Antwortkategorien zugeordnet werden müssen. Ein Merkmal kann nur bestimmte vorher festgelegte Werte annehmen. Diese Werte (= Zahlen) haben aber keine rechnerische Bedeutung.

Intervall- und Rationalskalen hingegen sind **stetig** bzw. **metrisch**: Ein Merkmal kann jeden beliebigen Wert zwischen einem Minimal- und einem Maximalwert annehmen. Hier haben die Zahlen hinter den Antworten rechnerische Bedeutung – z.B. für die Ermittlung von Mittelwerten und anderen statistischen Maßzahlen.

1.3 | Datenanalyse forschungsfragen-/hypothesenkonsistent planen

Wie in den beiden vorherigen Kapiteln angesprochen bedingen Forschungsfragen und Hypothesen die Erhebungsmethodik und die einzusetzenden Messniveaus. Die Messniveaus wiederum weisen der Datenanalyse den Weg.

Damit ist das Skalenniveau bereits bei der Konzeption jeder Erhebung wegweisend!

Bereits VOR jeder Erhebung muss überlegt werden, wie die erhobenen Daten am Ende forschungsfragen- bzw. hypothesenspezifisch analysiert werden. Dazu ist ein Datenanalyseplan unerlässlich: Denn nur „mit Plan“ wird es NACH der Erhebung möglich, passgenau jede einzelne Forschungsfrage zu beantworten, jede einzelne Hypothese zu prüfen!

Abbildung 5 auf Seite 23 gibt einen Überblick und weiterführende Kapitelhinweise, welche Variablen bzw. Kombinationen von Variablen welche Datenanalyseschritte erfordern.

Bezogen auf die bei Braunecker, 2023, S. 17–19 formulierten Forschungsfragen und Hypothesen (vgl. Braunecker, 2023, S. 19–24) sowie den Fragebogen auf Seite 17 und 18 müsste bereits **IM VORFELD** einer empirischen Erhebung ein **Datenanalyseplan für Forschungsfragen (FF) und Hypothesen (H)** wie der folgende vorliegen (vgl. dazu auch Kapitel 6.7 ab Seite 197).[4]

[4] Die in diesem Buch zu Demonstrationszwecken erstellten Forschungsfragen und Hypothesen erheben keinen Anspruch auf Wissenschaftlichkeit. Sie dienen der beispielhaften Verknüpfung von Erkenntnisinteressen und Datenanalyse. In der wissenschaftlichen Praxis steht in der Regel eine Hauptforschungsfrage im Mittelpunkt. Dazu werden oft weitere, untergliedernde Subforschungsfragen formuliert. Nicht immer wird aber jedes Detail als eigene Frage ausformuliert – die wissenschaftliche Community ist hier unterschiedlicher Meinung. Aus Autorensicht hilft sehr detailliertes Vorgehen entscheidend dabei mit, empirische Vorhaben möglichst erkenntnisinteressengerecht abzubilden.

Messniveaus und quantitative Analyseverfahren

Merkmal 1	Merkmal 2	Verfahren
nominal (ordinal)		HÄUFIGKEITSAUSZÄHLUNG ► Kapitel 5.1.1, 5.2.2 und SPSS 6.5.1
metrisch (Skala)		MITTELWERTSBERECHNUNG (Zentral-, Lage- und Streuungsmaße) ► Kapitel 5.1.2–5.1.4, 5.2.3 und SPSS 6.5.2
nominal (ordinal)	nominal (ordinal)	KREUZTABELLE ► Kapitel 5.1.5, 5.2.4 und SPSS 6.5.3
metrisch (Skala)	neben metrisch (Skala) nach nominal (ordinal)	MITTELWERTSVERGLEICH ► Kapitel 5.1.6, 5.2.5 und SPSS 6.5.4
metrisch (Skala)	metrisch (Skala)	KORRELATION ► Kapitel 5.1.7, 5.2.6 und SPSS 6.5.5

Abbildung 5: Messniveaus und quantitative Analyseverfahren

FF $_{1}$: Wie groß ist die Leseaffinität[5] der österreichischen Wohnbevölkerung?

*FF $_{1.1}$: Wie groß ist die Leseaffinität **generell**?*
↘ *Häufigkeitszählung Frage 1*

*FF $_{1.2}$: Wie groß ist die Leseaffinität **in Bezug auf Belletristik**?*
↘ *Häufigkeitszählung Frage 2*

*FF $_{1.3}$: Wie groß ist die Leseaffinität **in Bezug auf Fachliteratur**?*
↘ *Häufigkeitszählung Frage 3*

FF $_{2}$: Welche spontanen Anforderungen stellen österreichische Fachbuch-Leserinnen und -Leser an Fachbücher?
↘ *Qualitative Datenanalyse Frage 5 (nur für Datensätze mit „JA“ bei Frage 3)*

FF $_{3}$: Wie hoch sind die halbjährlichen Ausgaben österreichischer Fachbuch-Leserinnen und -Leser für Fachliteratur?
↘ *Mittelwert (und Deskriptivstatistiken) Frage 8 (für Datensätze mit „JA“ bei Frage 3)*

FF $_{4}$: Welchen Zusammenhang gibt es [zwischen der Leseaffinität der österreichischen Wohnbevölkerung] und ihrem Konsum von Literatur?

*FF $_{4.1}$: Welchen Zusammenhang gibt es [...] **und ihrem Konsum von Belletristik**?*
↘ *Kreuztabelle Frage 1 mit Frage 2*

[5] Mit „Leseaffinität“ ist hier „Hinwendung, Neigung zum Lesen“ (= „gerne lesen“) gemeint.

*FF $_{4.2}$: Welchen Zusammenhang gibt es [...] **und ihrem Konsum von Fachliteratur**?*
↘ *Kreuztabelle Frage 1 mit Frage 3*

*FF $_{5}$: Welche Meinung hat [die österreichische Wohnbevölkerung über Fachbücher] **generell**?*
↘ *Mittelwertsvergleich Frage 9, alle Items*

*FF $_{5.1}$: Welche Meinung hat [...] **in Bezug auf die eigene, subjektive Wahrnehmung**?*
↘ *Mittelwertsvergleich Frage 9, Items 9.1, 9.4 und 9.9*

*FF $_{5.2}$: Welche Meinung hat [...] **in Bezug auf formale Aspekte**?*
↘ *Mittelwertsvergleich Frage 9, Items 9.2 und 9.8*

*FF $_{5.3}$: Welche Meinung hat [...] **in Bezug auf inhaltliche Aspekte**?*
↘ *Mittelwertsvergleich Frage 9, Items 9.3 und 9.5*

*FF $_{5.4}$: Welche Meinung hat [...] **in Bezug auf anwendungsbezogene Aspekte**?*
↘ *Mittelwertsvergleich Frage 9, Items 9.6 und 9.7*

H $_{I}$: Wenn Personen gerne lesen, dann unterscheiden sie sich in ihrem Fachbuchkonsum von anderen Personen.
↘ *Kreuztabelle Frage 1 mit Frage 3*

H $_{II}$: Wenn Personen gerne lesen, dann lesen sie jährlich mehr Bücher, als wenn sie nicht gerne lesen.
↘ *Mittelwertsvergleich Frage 16 nach Frage 1*

H $_{III}$: Je älter Personen sind, desto mehr Bücher pro Jahr lesen sie.
↘ *Korrelation (Streudiagramm) Frage 14 mit Frage 16*

*H $_{IV}$: Wenn Personen Bücher [lieber in der Buchhandlung kaufen], dann haben sie **generell** [andere Anforderungen an Fachbücher als wenn sie Bücher lieber im Versandhandel bestellen].*
↘ *Mittelwertsvergleich Frage 6, alle Items, nach Frage 4*

*H $_{IV.1}$: Wenn Personen [...], dann haben sie **in Bezug auf ihre persönliche bzw. subjektive Wahrnehmung** [...].*
↘ *Mittelwertsvergleich Frage 6, Items 6.1, 6.4 und 6.9, nach Frage 4*

*H $_{IV.2}$: Wenn Personen [...], dann haben sie **in Bezug auf formale Aspekte** [...].*
↘ *Mittelwertsvergleich Frage 6, Items 6.2 und 6.8, nach Frage 4*

*H $_{IV.3}$: Wenn Personen [...], dann haben sie **in Bezug auf inhaltliche Aspekte** [...].*
↘ *Mittelwertsvergleich Frage 6, Items 6.3 und 6.5, nach Frage 4*

*H $_{IV.4}$: Wenn Personen [...], dann haben sie **in Bezug auf anwendungsbezogene Aspekte** [...].*
↘ *Mittelwertsvergleich Frage 6, Items 6.6 und 6.7, nach Frage 4*

Der in **FF $_{2}$** angesprochenen qualitativen Datenanalyse widmet sich Kapitel 3 ab Seite 28. Die quantitativen Verfahren und Kennzahlen erläutert Kapitel 5 ab Seite 52, in der Umsetzung mit Analysesoftware Kapitel 6 ab Seite 105.

2 | Qualitativ ≠ quantitativ: Datenanalyse und Ergebnisdarstellung

▼ ***Abstract*** *(in diesem Kapitel geht's um ...)* ▼

- **Qualitative Daten** münden meist in (eher) aufwendige Inhaltsanalysen • dabei werden Texte in ihrem Bedeutungszusammenhang zusammenfassend beschrieben oder kategorisiert
- **Quantitative Erhebungen** finden oft das Auslangen mit Häufigkeiten, Prozent- und Mittelwerten (Standardabweichung) • für den gesamten Datenstand oder nach Untergruppen • Kreuztabellen, Mittelwertsvergleiche und Korrelationen prüfen Merkmalszusammenhänge
- **Deskriptive Statistik** beschreibt die vorliegenden Daten • **schließende Statistik** projiziert die vorhandenen Ergebnisse auf die durch sie repräsentierte Grundgesamtheit
- Eine gute **Ergebniszusammenfassung (Summary)** spannt den Bogen zu den anfänglichen Erkenntnisinteressen (Forschungsfragen und Hypothesen) • **Generalisieren** (auf Grundgesamtheit schließen) nur dann, wenn Struktur und Menge der Daten das zulassen!

Datenanalysen differenzieren deutlich zwischen qualitativen und quantitativen Daten.[6]

Bei **qualitativen Daten** (Texte, Beschreibungen, Verbalisierungen) werden im Zuge der Auswertung umfangreiche inhaltliche Aussagen inhaltlich sehr umfassend beschrieben oder in einem Kategoriensystem verdichtet (vgl. Kapitel 3 ab Seite 28).[7]

Werden Kategorien gebildet, müssen diese klar voneinander abgrenzbar sein. Ihre möglichst aussagekräftige Beschreibung kann immer wieder herausfordernd sein.

Im Falle **quantitativer Daten** beginnt die Auswertung mit einer zahlenmäßig beschreibenden Ergebnisermittlung (= **deskriptive Statistik**): Die einzelnen Merkmale werden nach ihren Ausprägungen „geordnet“, deren Verteilung wird überprüft (= **univariate Auswertung**).

Das dient zunächst der Informationsverdichtung. Meist erfolgen in diesem ersten Schritt (bloß) einfache Häufigkeitszählungen (Prozentwerte), die Berechnung von Mittelwerten (und Standardabweichung). Viele Forschende finden bereits damit das Auslangen.

Jene, die die quantitative Auswertung detaillierter betreiben, beschäftigen sich nach der ersten Ergebnissichtung mit der (noch deskriptiven) Analyse von Merkmalszusammenhängen in Form von Kreuztabellen, Mittelwertsvergleichen und Korrelationen (= **bivariate Auswertung**, vgl. die Grundlagen quantitativer Datenanalyse in Kapitel 5.1 ab Seite 53).

Einen Schritt weiter geht die **schließende Statistik** (Inferenz- oder induktive Statistik). Sie stellt die Frage, ob die Zusammenhänge zwischen einzelnen Merkmalen „signifikant“ sind: Können die in einer **Stichprobe** ermittelten Ergebnisse auf die oder das übertragen werden, woraus die Stichprobe gezogen wurde (= **Grundgesamtheit**, vgl. Braunecker, 2023, S. 45–47)?

Mit anderen Worten: Erlauben die Ergebnisse Aussagen über die ganze Grundgesamtheit?

---

6 Den Wesensunterschied qualitativer und quantitativer Erhebungen erläutert Braunecker, 2023, S. 25–28.

7 Nach z.B. Früh (2017), Gläser & Laudel (2010) und Mayring (2022) gibt es verschiedene Formen qualitativer Inhaltsanalyse, die in diesem Buch nur kurz zur Abgrenzung zu einer „requantifizierenden“ qualitativen Inhaltsanalyse angerissen werden (vgl. Kapitel 3.1 ab Seite 28).

Sind die Ergebniszahlen **„generalisierbar"**? Ist es möglich, aus den Analyseergebnissen weniger Stichprobenfälle auf die größere Basismenge von denen oder dem zu schließen, woraus die Stichprobe gezogen wurde (vgl. Kapitel 5.2 ab Seite 81)?

Grundsätzlich QUALItative Daten können auch dort und da (wenige) quantitative Elemente beinhalten. Vice versa kommen auch in QUANTItativen Erhebungen vereinzelt (offene) Textelemente mit (vielen) Verbalisierungen vor. In Mischfällen gilt aber ebenso: Quantitative Elemente werden immer quantitativ, qualitative immer qualitativ ausgewertet.

In der Praxis erfolgt die qualitative Datenanalyse dort und da mit **Analysesoftware** (vgl. Kapitel 3.4 ab Seite 37). Quantitative Auswertungen benötigen fast immer Softwareunterstützung. Die zweite Hälfte dieses Buchs (vgl. Kapitel 6.5 ab Seite 143) beschreibt das diesbezügliche Vorgehen mit der Analysesoftware SPSS.

Am Ende jeder Erhebung steht eine Übersicht. Oft wird vom gesamten empirischen Vorhaben überhaupt nur diese zusammenfassende Darstellung „wahrgenommen": Der **Summary** kommt deshalb entscheidende Bedeutung zu. Sie „bestimmt" die Qualität der Erhebung nach außen hin. Eine gute Summary muss es schaffen, kurz und prägnant Zweck, Anlage und Ergebnisse des gesamten empirischen Vorhabens zu skizzieren.

Die **Summary** beginnt mit den Erkenntnisinteressen, Forschungsfragen bzw. Hypothesen; geht weiter zu einer Kurzdarstellung der gewählten Forschungsmethodik; und schließt ab mit einer Forschungsfragenbeantwortung bzw. Hypothesenprüfung: alle WESENTLICHEN Ergebnisse in strukturierter und leicht lesbarer Form.

In wenigen Minuten sollte einer bisher nicht ins Thema involvierten Person klar sein: Warum wurde was erforscht und was ist dabei herausgekommen? Das wichtigste Ziel jeder Summary: das meist komplexe und detailreiche Forschungsprojekt leicht fassbar und greifbar zu machen. Das führt sehr oft zu einer „Gratwanderung" zwischen benötigter Detailtreue und Informations-Overkill – egal, ob in Wirtschaft oder Wissenschaft.

Eine gute Zusammenfassung geht über die kommentarlose Darstellung jeder einzelnen Erhebungsvariable (Fragebogenfrage) hinaus: Sie spannt den Bogen zu den anfänglichen Erkenntnisinteressen, interpretiert die Ergebnisse und fokussiert auf Datenzusammenhänge.

Das ist DEUTLICH aufwendiger als ein dicker Studienbericht, der einfach alle Merkmale in Diagrammen „herunterzeichnet". Zu viele Seiten lassen rasch den Überblick verlieren: Die genauen Ziele der Erhebung sind nicht mehr erkennbar – die gesamte Studie gerät leicht in „chaotisches Licht".

Die klaren Antworten der Summary sollten sich auf die (wesentlichsten) Forschungsfragen und Hypothesen beziehen. Interpretationen genügen in Kurzform, Empfehlungen können – je nach Erhebungszweck – auch optional sein. Für vertiefende Ergebnisanalysen sind genauere Details natürlich unverzichtbar. **Umfangreiche Erläuterungen, Grafiken und Tabellen HABEN ihren Platz – aber nicht in der Summary!**

Eine gute Zusammenfassung enthält Information zu folgenden Erhebungsdetails (vgl. Braunecker, 2023, S. 151–156): Erhebungsgrund (Auftraggebende, Zweck, Erkenntnisinteressen), Erhebungsmethodik, Zeitraum der Feldarbeit, Grundgesamtheit, Art der Stichprobenziehung, Angaben zu vorhandener Repräsentativität, Größe der Schwankungsbreiten (statistischen Unschärfe), Detaillierung des Erhebungsinstruments (Fragebogen, Leitfaden, Erhebungskategorien). Bei Braunecker (2023, S. 154–156) finden sich auch Hinweise, wie (zahlenmäßige) Ergebnisse textlich ansprechend formuliert und möglichst klar dargestellt und interpretiert werden können.

Beim Interpretieren erfolgen gerne **Generalisierungen** und Schlüsse auf Grundgesamtheiten (vgl. Kapitel 5.2 ab Seite 81). Dabei ist jedoch große Vorsicht geboten!

Bei ALLEN Auswertungen ist entscheidend, ob die Struktur und Menge der Daten generalisierende Schlüsse auf die Grundgesamtheit überhaupt zulassen.

Ist die Stichprobe klein – unter 70 Fällen (vgl. Seite 36 im Kapitel 3.3 und Braunecker, 2023, S. 94–101) –, nicht repräsentativ (vgl. Braunecker, 2023, S. 61–68) oder „zu wenig zufällig“ (vgl. Braunecker, 2023, S. 74; 78–81), stellen die Ergebnisdaten im besten Fall Indikatoren für mögliche Verhältnisse in der Grundgesamtheit dar – egal, ob die Daten quantitativ oder (in derartigen Fällen meist) qualitativ erhoben wurden. Bei kleinen Stichproben ist es dann deutlich besser, die Ergebnisse rein mit Worten zu beschreiben, als sie zahlenmäßig zu analysieren (vgl. Kapitel 3.1 ab Seite 28 und Braunecker, 2023, S. 155). Größere, jedoch nicht repräsentative Datenmengen, können mit Prozent- und Mittelwerten beschrieben werden. Generalisierungen auf Grundgesamtheiten sind hier mangels Repräsentativität jedoch ebenfalls nicht möglich.

3 | Analyse qualitativer Daten

▼ ***Abstract*** *(in diesem Kapitel geht's um ...)* ▼

• bevor die Datenanalyse beginnt, muss in jedem Fall der **Datenrücklauf** kontrolliert werden
• **qualitative Datenanalyse bei kleineren Fallzahlen:** beschreiben, erläutern, strukturieren, zusammenzufassen des Materials • Identifizierung von Kategorien in der Tiefe des Materials und Bewertung nach Menge des Auftretens • oder gröber formulierte Kategorien und detailreiche inhaltliche Beschreibung
• **qualitative Datenanalyse bei größeren Fallzahlen:** • Kategorienbildung aus den Daten heraus (induktiv) oder theoriegeleitet (deduktiv) • Zuordnung der qualitativen Daten • Auswertung oft über „requantifizierende" Häufigkeitszählungen • optional Mehrfachantworten-Codierung • zwei praktische Anwendungsbeispiele
• **verbreitete Analysesoftware:** • atlasti.com • maxqda.de • qsrinternational.com

Qualitative Rohdaten liegen fast immer in einem hohen Verbalisierungsgrad[8] vor.

Aus 20 Gesprächen mit Expert:innen ergibt sich in Summe rund 20 Stunden lang aufgezeichnetes Audiomaterial.

Auf eine offene Frage in einem Fragebogen geben 500 Personen teils idente, teils ähnliche, teils völlig unterschiedliche, wortreiche Einzelantworten.

In einer Inhaltsanalyse von Zeitungsartikeln müssen Textpassagen verschiedenen Theorien der Kommunikationswissenschaft folgend auf ihren Bedeutungsgehalt hin überprüft werden.

3.1 | Ergebnisse inhaltlich beschreiben

Liegen **qualitative Daten geringerer Fallzahl** vor, z.B. bei Expert:inneninterviews, folgt die Auswertung dem Grundsatz, inhaltliche Gemeinsamkeiten bzw. Differenzen in den Aussagen zu identifizieren und verbal zu beschreiben.

Anfangs ist es – wie bei allen empirischen Vorhaben – erforderlich, den **Datenrücklauf** zu überprüfen. Das ist hier zwar in der Regel weniger anspruchsvoll als bei der quantitativen Datenanalyse (vgl. Kapitel 4.1 ab Seite 38), aber dennoch nicht minder wichtig: Konnten alle Erhebungspläne vollständig umgesetzt werden? Wurden alle qualitativen Ermittlungen wie geplant durchgeführt oder gab es Verweigerungen bzw. Unerreichbarkeiten?

Müssen z.B. noch weitere Expert:innengespräche geführt werden, um eine (aufgrund von Verweigerungen) noch fehlende Unternehmensbranche (doch noch) abzudecken?

---

[8] In der empirischen Forschung werden auch **auditive und visuelle Inhalte qualitativ** erforscht. Darauf geht dieses Buch nicht ein. In diesem Werk liegt der Fokus auf der Beschreibung der Gegensätzlichkeit von textbezogenen qualitativen Datenanalysen und quantitativen Auswertungen. Aus diesem Grund werden auch qualitative **zirkuläre Forschungsansätze** nicht thematisiert: Hier wird nicht ZUERST geforscht und DANN analysiert, sondern wechselseitig. Erst die Interpretation erhobener Daten stellt die Weichen für weitere Datenerhebungen. Das kann sogar bis zu einem Wechsel der Erhebungsmethode – mitten im Forschungsprozess – führen (vgl. Flick, 2021, S. 127–130). Derartige Ansätze sind z.B. auf Basis narrativer Forschung (vgl. Braunecker, 2023, S. 38) denkbar.

Sind die Daten vollständig, wird das Erhebungsmaterial – sollte es zunächst bloß auditiv und/oder visuell vorliegen – zuerst noch transkribiert (verschriftlicht). Das kann automatisiert, via Software, oder manuell erfolgen. Als **Auswertungsbasis** dienen dann die bei Gruppendiskussionen und qualitativen Einzelinterviews üblichen **Transkriptionen**.

Nun startet die Analyse. Die Kunst erfolgreicher qualitativer Datenanalysen besteht darin, aus dem umfangreichen Textmaterial die relevanten Informationen herauszufiltern, zu beschreiben (zu erläutern), zu strukturieren oder zusammenzufassen (vgl. Mayring, 2022, S. 66). In einer **gesamthaften Materialdurchsicht** werden – je nach Thema – alle Einstellungen, Erwartungen, Emotionen, Motive (vgl. Smart News Fachverlag GmbH, 2023), Wissens- oder Verhaltensperspektiven identifiziert und detailliert beschrieben.

Die einen setzen auf die Identifizierung von inhaltlich ihrem Sinngehalt nach definierbaren Kategorien in der Tiefe des Materials und bewerten deren Bedeutung nach der Menge ihres Auftretens. Die anderen ordnen das Material nach gröber formulierten Kategorien und analysieren die zugeteilten Inhalte, um deren Bedeutung zu verstehen und zu interpretieren. Es treten auch Kombinationen und Mischformen auf.[9] Das Vorgehen dazu erfolgt entweder auf intellektueller Basis oder softwaregestützt (vgl. Kapitel 3.4 ab Seite 37).

Am Ende artikuliert eine detailreiche Beschreibung das dabei entstandene Ergebnis. Eine inhaltlich beschreibende Ergebniszusammenfassung einer wie Frage 5 des Fragebogens auf Seite 17 „Wie muss ein ideales Fachbuch für Sie beschaffen sein?" formulierten Frage aus einer überschaubaren Menge qualitativer Interviews könnte wie folgt formuliert sein.[10]

Die Übersichtlichkeit, die Struktur, der rote Faden und die Gliederung stellen bei einem idealen Fachbuch einen wichtigen Aspekt dar. Mehrfache, deckungsgleiche Angaben wie „gut strukturiert", „übersichtlich gestaltet", „klare Gliederung" und ähnlich drücken das aus. Auffällig ist, dass Personen, die diese Auffassung vertreten, wenig Wert auf eine Gebrauchsanleitung oder eine unmittelbare Umsetzung in der Praxis legen. Diese „Theoretischen Strukturierer" wollen in einem Fachbuch einerseits zielgerichtet Information nachschlagen, wozu es leicht überblickbar aufgebaut sein soll und bildhaft darstellbare Sachverhalte erwünscht sind. Damit ***diese*** *Gruppe ein Fachbuch zur Gänze liest, soll sich ein roter Faden durchziehen und das Wissen aufbauend vermittelt werden. Gleichzeitig wird ein enges Verweisnetzwerk auf verwandte und anschließende Inhalte erwartet. Für sie soll ein Fachbuch Tiefgang aufweisen und eine trockene Schreibweise wird akzeptiert bis sogar gewünscht. Fachbücher sollen umfangreich und qualitativ hochwertig ausfallen.*

Einer anderen Gruppe sind die leichte Lesbarkeit, ein logischer Aufbau, die Verständlichkeit, unkomplizierte Inhalte sowie eine humorige Schreibweise von hoher Bedeutung.

Diese „Praxisbezogenen Logiker" bevorzugen ein leicht lesbares Fachbuch. Sie wollen Schritt für Schritt die Inhalte in die Praxis umsetzen und dabei auch Spaß haben. Die Anleitungen sollten leicht umzusetzen sein und müssen keiner stringenten Gliederung folgen.

---

[9] Dieses Buch hat einen quantitativen Schwerpunkt und geht deshalb auf qualitative Analysetechniken nicht ein. Diese werden im Detail z.B. bei Früh (2017), Gläser & Laudel (2010) und Mayring (2022) erläutert.

[10] Die Typenbildungen und Ergebnisse sind frei erfunden. Der Text stammt von der in qualitativen Interpretationen erfahrenen und routinierten Lehrgangsleiterin am Department für Wissens- und Kommunikationsmanagement der Universität für Weiterbildung Krems Mag. Dr. Rosemarie Nowak, die diese Zeilen dankenswerterweise extra für diesen Buchabschnitt formuliert hat.

Viele Illustrationen, ansprechendes Design, aussagekräftige Zusammenfassungen, zahlreiche Praxisbeispiele, Umsetzungstipps sowie Anekdoten sind gewünscht und willkommen. Bevorzugt wird eine kompakte Ausgabe, die genau auf das jeweilige Praxisproblem zugeschnitten ist. Zu viel an fachlichem Hintergrund wird eher als störend für den Lesefluss empfunden, der persönliche Nutzen steht weit über dem theoretischen Erkenntnisgewinn.

Eine dritte Gruppe unter den Befragten nehmen die „Wissenschaftler" ein. Damit sie ein Fachbuch verwenden, muss dieses nach wissenschaftlichen Kriterien verfasst sein. Sie wünschen sich eine objektive Schreibweise, eine Gegenüberstellung der bedeutendsten unterschiedlichen Strömungen in der Fachdisziplin, eine korrekte Zitierweise, Aktualität und eine nachvollziehbare Vorgangsweise.

3.2 | Kategorien (Textgruppierungen) bilden

Bei offenen Angaben bzw. Antwortmöglichkeiten in einer sonst quantitativen Erhebung liegen **qualitative Daten größerer Fallzahl** vor. Hier werden zuerst aus vielen **Einzelnennungen** (**Verbatims**) bedeutungs- und größenmäßig sinnvolle, eindeutige und voneinander klar abgrenzbare **Kategorien** (Textgruppierungen, Antwortcluster) gebildet. Danach erhält jeder dieser Antwortcluster die ihm entsprechenden Einzelantworten (interpretativ) zugewiesen.

Im Bilden der Kategorien und Zuordnen der Antworten besteht das qualitative Analysieren.

Ausgewertet wird am Ende, wie viele Einzelnennungen jede Ergebniskategorie beinhaltet.

Bei dieser bloßen Häufigkeitszählung der Verbatims je Antwortcluster wird der ursprüngliche breitere qualitative Informationsgehalt wieder reduziert. Das kommt einer „Re-Quantifizierung" der ursprünglich qualitativen Inhalte gleich. Damit rücken Themen wie Repräsentativität und Generalisierbarkeit der Ergebnisse (vgl. Kapitel 3.3 ab Seite 36) in Überlegung.

Bei Analysen dieser Art bekommen deshalb anfängliche **Datenrücklaufkontrollen** eine noch viel größere Bedeutung als bei qualitativen Daten kleinerer Fallzahl (vgl. Kapitel 3.1 ab Seite 28)! Wurden die Stichprobenvorgaben eingehalten? Ist der Rücklauf an Daten groß genug, die Stichprobe ordentlich ausgeschöpft (vgl. Braunecker, 2023, S. 97–98) und repräsentativ (vgl. Braunecker, 2023, S. 61–68)? Wurden im Fall einer Totalerhebung (vgl. Braunecker, 2023, S. 47–48) alle – bzw. zumindest fast alle – Elemente der Grundgesamtheit erreicht?

Die Überprüfung des Datenrücklaufs erfolgt nach den Mustern der quantitativen Datenanalyse (vgl. Kapitel 4.1 ab Seite 38). Textcluster der beschriebenen Art werden oft im Zuge sonst quantitativer Datenerhebungen gebildet: Die Rücklaufchecks erfolgen dann im Rahmen der gesamten – sonst quantitativen – Datenanalyse.

Die Auswertung qualitativer Erhebungsdaten größerer Menge ist deutlich komplexer und zeitintensiver als die (rein) quantitativer Datenanalysen. Abbildung 6 auf Seite 31 zeigt ein einfaches Beispiel zur prinzipiellen Vorgehensweise. In der Abbildung sind 10 offen abgefragte Assoziationen zum letzten Urlaub erfasst.

EINE Möglichkeit, diese Aussagen zu gruppieren, könnte darin bestehen, sie in „positiv", „neutral" und „negativ" zusammenzufassen: Jeder Datensatz ist in der (den) seiner Antwort zuzuordnenden Assoziation(en) mit einem Häkchen versehen. 5 der 10 Datensätze fallen gleichzeitig in mehrere Kategorien.

Antwortzuordnung zu Kategorien

Datensatz	„Wie war Ihr letzter Urlaub?“	Antwortkategorie		
		positiv	neutral	negativ
1	*schön war's, aber zu kurz*	✓		✓
2	*das Wetter war furchtbar, es hat immer nur geregnet*			✓
3	*hatte diesmal ein tolles Ziel, fahre vielleicht wieder hin*	✓	✓	
4	*war zu Hause, es war sonnig und heiß*	✓	✓	
5	*hatte super Wetter, aber große Probleme beim Flug*	✓		✓
6	*ich fahre nicht weg*		✓	
7	*ich war wandern, in Südtirol*		✓	
8	*ich war am Nordkapp, es war wunderschön, aber zu kalt*	✓	✓	✓
9	*ich mache nie wieder Cluburlaub, es war furchtbar*			✓
10	*heuer war's die Westküste, nächstes Jahr wird's Kanada*		✓	

Abbildung 6: Antwortzuordnung zu Kategorien

Induktive Kategorienbildung qualitativer Daten

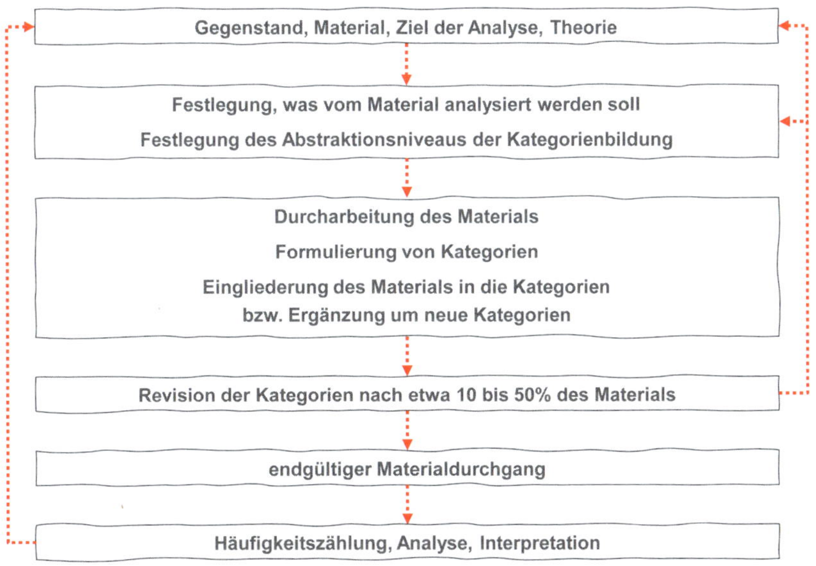

Abbildung 7: Induktive Kategorienbildung (vgl. Mayring, 2022, S. 85, ADAPTIERT)

Textgruppierungen entstehen entweder auf Basis vorliegenden Datenmaterials (**induktive Kategorienbildung**). Oder sie fußen auf Theorie und leiten sich aus bestehenden (literaturgestützten) Strukturierungen ab (**deduktive Kategorienbildung**, vgl. Mayring, 2022, S. 84).

In der Forschungspraxis beschreiten wissenschaftliche Ansätze gerne den deduktiven Weg, wirtschaftliche den induktiven. Oft kommen auch Mischformen vor.

Abbildung 7 auf Seite 31 (vgl. Mayring, 2022, S. 85, adaptiert) veranschaulicht die zumeist erforderliche wiederholende Vorgehensweise bei induktiver Kategorienbildung. Sind Textpassagen zahlreich bzw. lang, ist das derartige Identifizieren von eindeutigen Ergebniskategorien ein meist sehr komplexer Prozess. Quantitative Erhebungen auf Basis mehrerer hundert Erhebungselemente sollten deshalb auf qualitative Methodik (weitgehend) verzichten.

Dennoch liegt oft von hunderten Datensätzen Text vor, den es zu analysieren gilt. Da kann es – vor allem bei induktiver Kategorienbildung – viel Zeit sparen, mit einer Teilmenge zu beginnen: Vor der eigentlichen Inhaltsanalyse werden aus den Gesamtdaten zufällig 100 bis 200 Datensätze gezogen (zum dazu technischen Vorgehen vgl. ab Seite 124 im Kapitel 6.3.2). Vorerst dient nur diese **Datensatz-Zufallsstichprobe zur Formung der Ergebniskategorien**: Textpassagen, die wegen ihres gehäuften Auftretens bereits in der Zufallsmenge Ergebniskategorien ergeben, tun dies wohl auch in den Gesamtdaten. Stehen die Kategorien aus der reduzierten Menge fest, müssen ihnen natürlich noch ALLE Textpassagen der Gesamtdaten zugeordnet werden. Dabei ergeben sich vielleicht noch ein paar neue Kategorien.

Beim Bilden der Ergebniskategorien niemals aus den Augen verloren werden darf natürlich der Erhebungskontext – die Erkenntnisinteressen, Forschungsfragen bzw. Hypothesen!

Das (prinzipielle) Vorgehen beim induktiven Erstellen von eindeutigen Textkategorien aus breit gefächertem Basismaterial veranschaulicht das folgende Beispiel aus den BUCHdaten:

Aus den Rohdaten (= Einzelantworten) einer offenen Frage werden zunächst Antwortcluster gebildet. Danach erhalten die Cluster Codes zugewiesen (vgl. Kapitel 4.2 ab Seite 40) – meist erfolgt bloß ihre Durchnummerierung. Abschließend wird jede Einzelantwort mit dem ihr entsprechenden Code erfasst – oft in der Datenstruktur von Mehrfachantworten (vgl. Seite 145 im Kapitel 6.5.1.1).

Die Daten zu Frage 5 des Beispielfragebogens dieses Buchs (vgl. Seite 17 und Seite 18 und Fußnote 2 auf Seite 14) „Ganz spontan: Wie muss ein ideales Fachbuch für Sie beschaffen sein?" beinhalten insgesamt 118 Antworten. In den BUCHdaten (vgl. „Fragebogen, Datenfile und weitere Downloads" auf Seite 14) wurden alle Angaben zunächst in Textform erfasst. Die Liste in Abbildung 8 auf Seite 33 umfasst die in den ersten und letzten Datensätzen enthaltenen Angaben bei der Variable **f_05**.[11] *Zusätzlich ist auch die Fragebogennummer der jeweiligen Nennung (***lfdNr***) mit angeführt.*[12]

---

[11] Aus satztechnischen Gründen wurden hier nur ein paar Datensätze zu Beginn und am Ende ausgewählt.

[12] Von jenen, die bei Frage 3 *„Haben Sie in den letzten 12 Monaten zumindest ein Fachbuch gelesen?"* mit *„nein"* geantwortet haben, fehlt eine Angabe. Diese Personen haben diese Frage (und andere Fragen) übersprungen. Die jeweiligen Datenzeilen enthalten hier also keine Einträge. Die bei **f_05** leeren Datensätze sind in der Liste NICHT enthalten.

„Ganz spontan: Wie muss ein ideales Fachbuch für Sie beschaffen sein?"	
lfdNr	**f_05_txt**
15	*viele Infos, die sehr realitätsnah sind; muss persönlichen Vorteil (z.B. für zukünftige Arbeit) bieten*
16	*kompakt, einfache Formulierung, Bildmaterial, gut strukturiert, Praxisbeispiele*
17	*Praxis mit Beispielen*
24	*viele Grafiken, praktische Beispiele, übersichtlich gestaltet, Stichwortverzeichnis, roter Faden*
28	*mit praxisrelevanten Beispielen, neben Theorie Beispiele, um die Theorie besser zu verstehen*
30	*gutes Inhaltsverzeichnis, damit man schnell findet, was man sucht*
40	*flüssig zu lesen, simpel erklärt, Fach soll veranschaulicht werden*
41	*gut strukturiert, spezielle Begriffe leicht auffindbar, verständlich*
[...]	*[...]*
[...]	*[...]*
[...]	*[...]*
446	*Bilder helfen beim Verständnis*
447	*mit Praxisbezug, Beispielen, mehr Absätzen und nicht ein Text ohne Ende*
453	*übersichtlich, Beispiele, gut gegliedert*
456	*Bilder & Skizzen, Diagramme zum besseren Verständnis*
464	*übersichtlich, Beispiele*
467	*Farbdruck, viele Grafiken und Bilder, nach jedem Kapitel Zusammenfassungen*
468	*praxisrelevant mit Beispielen und Lösungen*
475	*übersichtlich, mit Beispielen, Grafiken, in einfachen Worten erklärt, in Farbe*

Abbildung 8: Antworten (auszugsweise) auf Frage 5 der BUCHdaten

Aus den 118 Einzelantworten lassen sich gemäß der in Abbildung 7 auf Seite 31 skizzierten Vorgehensweise folgende **13 Antwortkategorien** induktiv bilden:

Code	***Kategorien** (bereits in der Reihenfolge ihrer Häufigkeit gelistet)*
01	***Übersichtlichkeit**, Struktur, roter Faden, Gliederung*
02	***leichte Lesbarkeit**, Logik, Verständlichkeit, Unkompliziertheit, humoriger Schreibstil*
03	*viele **Beispiele** (aus der Praxis), Praxisnähe*
04	*viele **Abbildungen**, Grafiken, Bilder, Tabellen*
05	***Prägnanz**, Kompaktheit, Kürze, dünn, handlich*
06	*leichtes **Zurechtfinden**, zum Nachschlagen, gutes Inhalts- und/oder Stichwortverzeichnis*
07	*ansprechendes **Design**, Formatierung, farbliche Hervorhebungen, kontrastreich*
08	*persönlicher **Nutzen**, realitätsnahe Information, gute Veranschaulichung*
09	***Wissenschaftlichkeit**, wissenschaftliche Quellen, Zitierfähigkeit*
10	***Zusammenfassungen** am Seitenrand, Beginn oder Ende der Kapitel*
11	***Spannung**, interessante Inhalte*
12	***Gebrauchsanleitungscharakter**, Tipps und Tricks*
13	***sonstige** Nennungen*[13] *(eher größeres Format / nicht auf dem „Dummies"-Bücher-Niveau / gute Balance zwischen Theorie und Beispielen / muss meinem Wissensniveau entsprechen / Information zu weiterführender Information / kein Gendering im Text / Illustrationen sollten den Lesefluss nicht stören / soll einen gewissen Standard erfüllen)*

Abbildung 9: Antwortkategorien zu Frage 5 der BUCHdaten

[13] Auf „Sonstiges" kann nur sehr selten und dann verzichtet werden, wenn wirklich alle Angaben zuordenbar sind.

Das **technische Vorgehen zur Erstellung von Antwortkategorien** beschreibt Mayring, 2022, S. 69 (Abbildung 10) und S. 71 (Punktation) – im Folgenden zusammengeführt und textlich leicht adaptiert:

1. **Bestimmung der Analyseeinheiten**[14]
2. **Paraphrasierung der inhaltstragenden Textstellen**
   2.1 Streiche alle nicht (oder wenig) inhaltstragenden Textbestandteile wie ausschmückende, wiederholende, verdeutlichende Wendungen.
   2.2 Übersetze die inhaltstragenden Textstellen auf eine einheitliche Sprachebene.
   2.3 Transformiere sie auf eine grammatikalische Kurzform.
3. **Bestimmung des angestrebten Abstraktionsniveaus: Generalisierung der Paraphrasen auf das Abstraktionsniveau**
   3.1 Generalisiere die Gegenstände der Paraphrasen auf die definierte Abstraktionsebene, sodass die alten Gegenstände in den neu formulierten impliziert sind.
   3.2 Generalisiere die Satzaussagen (Prädikate) auf die gleiche Weise.
   3.3 Belasse die Paraphrasen, die über dem angestrebten Abstraktionsniveau liegen.
   3.4 Nimm theoretische Vorannahmen bei Zweifelsfällen zu Hilfe.
4. **Erste Reduktion durch Selektion, Streichen bedeutungsgleicher Paraphrasen**
   4.1 Streiche bedeutungsgleiche Paraphrasen innerhalb der Auswertungseinheiten.
   4.2 Streiche Paraphrasen, die auf dem neuen Abstraktionsniveau nicht als wesentlich inhaltstragend erachtet werden können.
   4.3 Übernimm die Paraphrasen, die weiterhin als zentral inhaltstragend erachtet werden (Selektion).
   4.4 Nimm theoretische Vorannahmen bei Zweifelsfällen zu Hilfe.
5. **Zweite Reduktion durch Bündelung, Konstruktion, Integration von Paraphrasen auf dem angestrebten Abstraktionsniveau**
   5.1 Fasse Paraphrasen mit gleichem (ähnlichem) Gegenstand und ähnlicher Aussage zu einer Paraphrase (Bündelung) zusammen.
   5.2 Fasse Paraphrasen mit mehreren Aussagen zu einem Gegenstand zusammen.
   5.3 Fasse Paraphrasen mit gleichem (ähnlichem) Gegenstand und verschiedener Aussage zu einer Paraphrase zusammen.
   5.4 Nimm theoretische Vorannahmen bei Zweifelsfällen zu Hilfe.
6. **Zusammenstellung der neuen Aussagen als Kategoriensystem**
7. **Rücküberprüfung des zusammenfassenden Kategoriensystems am Ausgangsmaterial**

Abbildung 10: Zusammenfassende Inhaltsanalyse (Mayring, 2022, S. 69; 71, ADAPTIERT)

Abbildung 11 auf Seite 35 zeigt anhand der ersten 17 Datensätze der BUCHdaten beispielhaft die Zuordnung der Einzelantworten (bzw. ihrer Teile) zu den 13 gebildeten Kategorien (vgl. Abbildung 9 auf Seite 33). Sind die Einzelantworten aller Datensätze zugeordnet, erfolgt die „Re-Quantifizierung“ in Form einer Häufigkeitszählung des Vorkommens jeder Kategorie.

Abbildung 12 auf Seite 35 stellt das Gesamtergebnis der Kategorienzuordnung grafisch dar. Übliche Darstellungsformen sind Diagramme oder Tabellen mit absoluten und/oder prozentuellen Häufigkeiten.

---

[14] Bei Befragungen sind das fast immer die Einzelantworten. Bei Inhaltsanalysen von Textpassagen kann eine Analyseeinheit vom gesamten Text (z.B. Artikel in einer Zeitung) bis zur einzelnen sprachlichen Sinneinheit reichen.

Zuordnung der Einzelantworten zu den Kategorien

► jede (Teil-)Antwort wird mittels Codierung einer Kategorie zugeordnet

befragte Person	Einzelantwort(en)	Kategorie(n)
15	viele realitätsnahe Informationen; muss persönlichen Vorteil (z.B. für zukünftige Arbeit) bieten	08
16	kompakt, einfache Formulierung, Bildmaterial, gut strukturiert, Praxisbeispiele	01 | 02 | 03 | 04 | 05
17	Praxis mit Beispielen	03
24	viele Grafiken, praktische Beispiele, übersichtlich gestaltet, Stichwortverzeichnis, roter Faden	01 | 03 | 04 | 06
28	mit praxisrelevanten Beispielen, neben Theorie Beispiele, um die Theorie besser zu verstehen	03
30	gutes Inhaltsverzeichnis, damit man schnell findet, was man sucht	06
40	flüssig zu lesen, simpel erklärt, Fach soll veranschaulicht werden	02 | 08
41	gut strukturiert, spezielle Begriffe leicht auffindbar, verständlich	01 | 02 | 06
44	eher größeres Format, Abbildungen, nicht nur im Textformat, aussagekräftige Überschriften	01 | 04 | 13
48	interessanter, leichter Schreibstil, mit Humor geschrieben	02 | 11
53	die Informationen müssen persönlich nutzbar sein	08
54	kurz und prägnant, Beispiele müssen alle Varianten abdecken	03 | 05
56	nicht zu dick, übersichtlich, gut strukturiert	01 | 05
66	gut strukturiert, verständlich, gut lesbar	01 | 02
67	klare und eindeutige Ausdrücke, interessant, mit Praxisbeispielen	02 | 03 | 11
75	klare Gliederungen, leicht zum Nachschlagen von Begriffen	01 | 06
76	inhaltlich nachvollziehbar strukturiert	01

Abbildung 11: Zuordnung der Einzelantworten zu den Kategorien (Auszug)

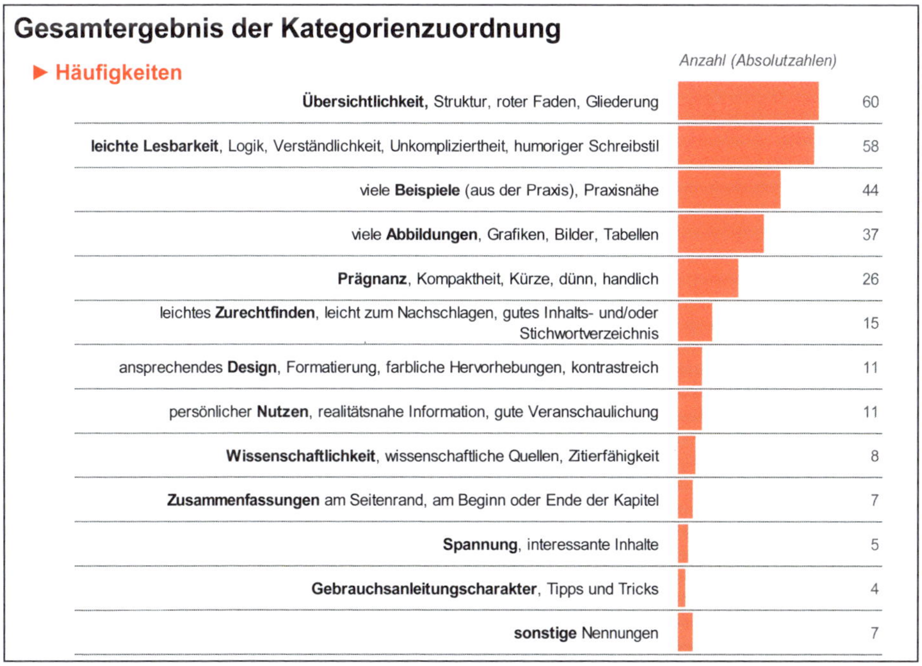

Abbildung 12: Gesamtergebnis der Kategorienzuordnung

Ergebnisauswertungen dieser Art liefern zunächst lediglich ein Gesamtbild (aller Datensätze), ohne weitere Differenzierungsmöglichkeiten – z.B. nach (sozialstatistischen) Untergruppen.

Diese Datenbasis ist z.B. NICHT dahingehend auswertbar, altersspezifische Wünsche an Fachbücher zu identifizieren. Auch eine (z.B. vertiefende) Analyse, wie viele Einzelantworten jede Person im Durchschnitt gegeben hat, wäre hier (noch) nicht umsetzbar.

Jeder, der **Daten** aus offenen Fragestellungen über reine Häufigkeitszählungen hinaus **in vertiefenden Analysen weiterverarbeiten** möchte, muss die Zuordnung der Antworten zu den Kategorien in die Gesamtdaten rückführen. Diese Datenaufbereitung erfolgt üblicherweise in Form einer Mehrfachantworten-Codierung. Das auswertungstechnische Vorgehen dazu wird ab Seite 145 im Kapitel 6.5.1.1 erläutert. Die fertige Codierung der einzelnen Datensätze kann in den BUCHdaten (vgl. die Variablen **f_05_01** bis **f_05_13_txt**) nachvollzogen werden.

3.3 | Generalisieren von (qualitativen) Ergebnissen

Beim Quantifizieren qualitativer Daten – bzw. Daten aus Erhebungen geringer Fallzahl – ist sehr große Vorsicht geboten! **Bei weniger als 50 Datensätzen sollten Häufigkeitsauszählungen unterbleiben; ebenso Prozentwert-Interpretationen bei weniger als 70 Fällen oder nicht repräsentativen Daten.**

Zu sehr wird damit eine hier NICHT mögliche Generalisierbarkeit der Ergebnisse suggeriert. Bei kleiner bzw. nicht repräsentativer Datenbasis (vgl. Braunecker, 2023, S. 61–68) ist es methodisch korrekter, „größere“ Antwortcluster nur in Form stark verbalisierender, zusammenfassender Aussagen anzuführen (vgl. Braunecker, 2023, S. 155, linke Seite der Abbildung). Oder als „Tendenzen“ zu beschreiben:

So gibt es bei 12 Expert:innen keine Prozentangaben, sondern besser „7 von 12 Personen“ oder „rund die Hälfte der Interviews“ oder deutlich NOCH besser (weil GAR nicht quantifizierend): „eine geteilte Meinungstendenz“.

Bei der **Ergebnisinterpretation qualitativer Stichprobenergebnisse** sind **Prozentwerte oder** Angaben von **Häufigkeiten generell nur mit großer Umsicht anwendbar**!

Wenn jemand im soeben angeführten Beispiel mit den 12 Expert:inneninterviews von „50% der Fälle“ spricht, würde sich diese Aussage auf lediglich 6 Personen beziehen!

Die Angabe von Prozentanteilen weist auf quantitative Generalisierbarkeit hin. **Bei geringen Fallzahlen dürfen Schlüsse auf Grundgesamtheiten jedoch keinesfalls erfolgen!**

Bei etwas größeren Erhebungen – ab etwa 50 Datensätzen – ist eine Häufigkeitsauswertung der Antwortkategorien (vgl. grundlegend Kapitel 5.1.1 ab Seite 53, mit SPSS Kapitel 6.5.1 ab Seite 143) bereits sinnvoller anwendbar. Auch hier sollten aber Prozentangaben noch sehr überlegt erfolgen.

Nur wenn der Datenstand umfangreich (wenigstens etwa 70 Fälle) und die Stichprobe (bzw. deren Teilgruppe) repräsentativ (vgl. Braunecker, 2023, S. 61–68) ist, darf aus methodischer Sicht vorsichtig damit begonnen werden, über Prozentwerte zu generalisieren. Erst **ab 100 Fällen oder mehr sind Prozentanteile repräsentativer (Zufalls-)Stichproben gut auf Grundgesamtheiten übertragbar** (vgl. Braunecker, 2023, S. 82–93).

3.4 | Qualitative Analysesoftware

Wie für quantitative Daten gibt es auch für qualitatives Auswerten **qualitative Analysesoftware**. Für kleine, einzelne oder seltene Textanalysen der in diesem Kapitel beschriebenen Art zahlen sich der monetäre und zeitliche Lernaufwand dafür wohl kaum aus. Jene, die öfter oder umfangreicher qualitativ auswerten, verwenden – im akademischen Bereich – gerne folgende Produkte: atlas.ti (atlasti.com), maxqda.de oder NVivo (qsrinternational.com). Diese Programme bieten vor allem Unterstützung bei der Verwaltung von Texten, Zuordnung von Textpassagen oder Entwicklung von Kategorien. Auch (einfache) Auswertungen und Schnittstellen zu (weiterer) Analysesoftware gehören zum Standardangebot derartiger Lösungen. Probeversionen sind auf unterschiedliche Art verfügbar.

Eine detaillierte **Anleitung** zur Arbeit mit **MAXQDA** geben Kuckartz & Rädiker, 2022, S. 196–233.

Bei ihnen finden sich auch – neben Mayring, 2022 (vgl. Abbildung 10 auf Seite 34) – Hinweise auf erweiterte Möglichkeiten zur **Kategorienbildung** (vgl. Kuckartz & Rädiker, 2022, S. 104–195).

Einen **Vergleich qualitativer Analysesoftware** führt Nowak (2014) durch. Die nicht veröffentlichte Seminararbeit sowie Vertiefungen zur qualitativen Inhaltsanalyse (vgl. Nowak, 2015) finden sich in der weiterführenden Literaturliste auf howtodo.at.

howtodo.at/downloads/WeiterfuehrendeLiteratur.pdf

4 | Analyse quantitativer Daten: Vorbereitung der Datenanalyse

▼ ***Abstract*** *(in diesem Kapitel geht's um ...)* ▼

- **Datenrücklaufkontrolle:**
  Kann die Analyse starten? • Liegen alle Daten in der beabsichtigten Menge und Struktur vor? • Sind die Daten repräsentativ? • Soll eine Ergebnisgewichtung stattfinden?
- **Daten codieren:**
  Zuordnung von Zahlen zu den Ausprägungen der Merkmale • bei der späteren Auswertung werden die Unterschiede der Zahlen (= Codes) zueinander analysiert • bei quantitativen Daten besser im Vorhinein codieren • bei qualitativen Daten oft erst im Nachhinein möglich (Gruppenbildung) • Codierungsregeln beachten! • Codes immer genau dokumentieren!
- **Aufbau von Datenfiles:**
  je Merkmal eine Spalte • je Datensatz eine Zeile • erste Zeile enthält Variablennamen • ab der zweiten Zeile finden sich die Datensätze mit den Ausprägungen jeder Variable
- **Daten selbst erfassen oder aus Erhebungssoftware:**
  in der Praxis oft einfach mit Excel • in die erste Zeile Variablennamen, darunter je Zeile ein Datensatz • bei Merkmalen mit Mehrfachangaben (Mehrfachnennungen) pro Angabe eine Datenspalte • Plausibilisierung bereits bei der Eingabe möglich (aber nicht essenziell) • Datenerfassung via Online-Software? • bei Daten aus Erhebungssoftware SPSS-Export MIT Variablen und Wertebeschriftungen sinnvoll
- **Daten plausibilisieren („screenen"):**
  VOR dem Start jeder Auswertung: Datenüberblick verschaffen! • inkonsistente Daten unbedingt plausibilisieren • nur erlaubte Codierungen, keine falschen oder irrealen Angaben • Konsistenz bei Filter- und Folgefragen • Plausibilisieren gut mit Excel möglich

Noch VOR jeder Datenanalyse ist neben der Rücklaufkontrolle der Daten besonderes Augenmerk auf ihre Codierung, Erfassung (bzw. den Export aus Erhebungssoftware) sowie ihre Konsistenz zu richten. Nicht immer kommt dabei aber jedem Detail dieselbe Bedeutung zu:

Bei einer Inhaltsanalyse von Zeitungsartikeln gibt es keine Verweigerungen, an der Erhebung teilzunehmen: Auf den Rücklauf von Datensätzen ist hier also im Gegensatz z.B. zu einer Mitarbeiter:innenbefragung KAUM zu achten.

Bei Daten, die aus einer Online-Befragung stammen, ist es nicht erforderlich, sich mit den Details der Datenerfassung auseinanderzusetzen.

Wertet jemand rein qualitative Daten aus, ist quantitative Auswertungssoftware wenig oder gar nicht relevant.

4.1 | Datenrücklauf kontrollieren

Zu Beginn jeder Datenanalyse stellt sich (fast) immer die Frage: Sind die Daten dafür (bereits) geeignet? Sind alle Erhebungen vollständig? Wurden die Stichprobenvorgaben eingehalten? Ist der Rücklauf an Daten groß genug, die Stichprobe ordentlich ausgeschöpft (vgl. Braunecker, 2023, S. 97–98) und repräsentativ (vgl. Braunecker, 2023, S. 61–68)? Wurden im Fall einer Totalerhebung (vgl. Braunecker, 2023, S. 47–48) alle – bzw. zumindest fast alle – Elemente der Grundgesamtheit erreicht?

Strukturvergleich Stichprobe – Grundgesamtheit

Struktur der Befragten

		n	in %	N
Total, alle Befragten		**400**	**100,0**	Bevölkerung 14 bis 75 Jahre in % *)
Wohnort liegt im Bundesland	Wien	87	21,8	21,8
	Niederösterreich	75	18,8	18,7
	Burgenland	14	3,5	3,3
	Oberösterreich	67	16,8	16,7
	Salzburg	24	6,0	6,3
	Tirol	33	8,3	8,5
	Vorarlberg	19	4,8	4,4
	Steiermark	55	13,8	14,0
	Kärnten	26	6,5	6,3
		❶	❷	❸

*) Quelle: Statistik Austria, 2023b.

Abbildung 13: Strukturvergleich Stichprobe – Grundgesamtheit

Unterscheidet sich die Struktur der vorliegenden Daten stark von der Struktur der Grundgesamtheit, müssen wahrscheinlich Nacherhebungen der strukturell fehlenden Elemente durchgeführt werden.

Angenommen, eine Grundgesamtheit setzt sich je zur Hälfte aus Personen bis 40 Jahren und über 40 Jahren zusammen: Eine für sie repräsentative Stichprobe in der Größe von 100 Fällen muss dann aus 50 jüngeren und 50 älteren Personen bestehen.

Leider umfasst der Rücklauf am Ende der Erhebung zwar 50 bis 40-Jährige, aber bloß 40 Ältere: Um die Sollstruktur der Altersverteilung zu erreichen, sollten also vor der Datenanalyse noch gezielt 10 ältere Personen in die Erhebung gebracht werden.

Dasselbe gilt dann, wenn die Ausschöpfung einer Stichprobe zu gering ist: Ihre Fallzahl wird zu klein, die Schwankungsbreiten der Ergebnisse (vgl. Braunecker, 2023, S. 82–86 und insbesondere Braunecker, 2023, S. 94–101) zu groß.

Fällt der Rücklauf generell zu gering aus, sollte versucht werden, so lange zusätzliche Elemente zu erreichen, bis am Ende die intendierte Größe in der richtigen strukturellen Zusammensetzung vorliegt.

In allen angesprochenen Fällen sind Soll-/Ist-Vergleiche der Stichprobenstruktur die Ausgangsbasis. Abbildung 13 zeigt einen in Ergebniszusammenfassungen üblichen Strukturvergleich zwischen Stichprobe und Grundgesamtheit.

Das Beispiel zeigt die regionale Bevölkerungs-Repräsentativität des 400er-Samples (ab 14 Jahren): Seine Struktur (❷, die sich aus ❶ errechnet) gleicht jener der Gesamtbevöl-

kerung Österreichs (❸) ziemlich genau. Wenn die Intention darin bestand, 400 Personen zu erreichen, ist damit auch das Erreichen der intendierten Samplegröße belegt.

Bei nicht vollständig erreichten Totalerhebungen oder strukturmäßig nicht allzu stark verzerrten Stichproben ist Repräsentativität auch über Gewichtungsfaktoren „errechenbar" (vgl. Braunecker, 2023, S. 72–74 und Kapitel 6.3.3 ab Seite 126).

4.2 | Daten codieren

Bei (quantitativen) Datenanalysen werden die zu untersuchenden Subjekte oder Objekte anhand ihrer forschungsrelevanten Eigenschaften (= **Merkmale, Variablen**) beschrieben. Die jeweiligen Ausprägungen der Eigenschaften werden mit Zahlen gekennzeichnet (vgl. Braunecker, 2023, S. 102–106). Diese Kennzeichnung heißt **Codierung**.

Den Merkmalsausprägungen „bis 40 Jahre alt" und „über 40 Jahre alt" der Variablen **Altersgruppe** *werden z.B. die Zahlen 1 und 2 zugeordnet.*

Bei einer Beobachtung bedeuten die Codierungen etwas völlig Anderes: Bei der Variable **Beobachtungsart** *könnten z.B. teilnehmende Beobachtungen (Code 1) verdeckten (Code 2) gegenübergestellt werden.*

Bei einer Inhaltsanalyse wären dieselben Codes 1 und 2 z.B. für das Merkmal **Berichtsart** *(1 = „Fakten", 2 = „Meinung") denkbar.*

Bei einer Analyse von Befragungsdaten identifiziert die Variable **Bundesland***, welche Datensätze aus welcher Region stammen (Wohnort der Befragten). Dazu werden den (österreichischen) Bundesländern 9 Codes zugeordnet. 1 könnte hier „Wien" bezeichnen, 2 „Niederösterreich" usw.*

Nicht alles muss aber unbedingt und in jedem Fall codiert werden – oft sprechen bereits die Zahlen allein für sich.

Die Variable **Länge** *der Artikel einer Inhaltsanalyse wird über deren Wortanzahl erfasst. Die Ausprägungen von* **Länge** *entsprechen der genauen Wortanzahl des jeweils erfassten Artikels.*

Österreichische Schulnotenbeurteilungen in Fragebögen benutzen – auch „uncodiert" – die Codes 1 und 2 für die (sehr) positive Seite der Skala, 3 bedeutet neutral, 4 (eher) und 5 (sehr) negativ.

Die Zuordnung von Zahlen zu den Ausprägungen eines Merkmals stellt eine Klassifikation dar: Erst diese zahlenmäßige Einteilung (Codierung) macht eine Variable im Zuge einer Datenanalyse messbar.

ALLE codierten Merkmalsausprägungen aller Analyseeinheiten (zu analysierenden Subjekte oder Objekte) werden als **Daten** bezeichnet.

Bei der Auswertung werden Unterschiede in den Variablenausprägungen dargestellt: Welche verschiedenen Codes weisen die einzelnen Analyseeinheiten (Datensätze) bei den einzelnen Variablen auf? Das mündet in die Berechnung von Häufigkeiten, Mittelwerten und weiteren statistischen Maßzahlen.

Alle Arten von quantitativen Daten[15] werden nach diesen Regeln ausgewertet. Grundlegende Details zu Arten von Codierungen (= Messniveaus) und deren Analyseoptionen finden sich in den Kapiteln 1.2 ab Seite 20 und 1.3 ab Seite 22. Die dort skizzierten Möglichkeiten des quantitativen Auswertens (mit der Analysesoftware SPSS) werden in Kapitel 6.5 ab Seite 143 konkretisiert.

Codierungen sollten – wenn möglich – bereits VOR der eigentlichen Erhebung erfolgen, spätestens unmittelbar vor der Datenerfassung: Wenn es sich um klar definierte, fixe Merkmalsausprägungen handelt, stehen diese ja von vorneherein fest.

Das gilt z.B. für geschlossene Fragen einer Umfrage.

Bei der Variable **Wochentag** *z.B. ist von Anfang an klar, dass sie 7 Codierungen umfassen kann: „Montag" bis „Sonntag".*

Erst nach der Erhebung sind Codierungen möglich, wenn die konkreten Merkmalsausprägungen bis zur Datenerfassung noch nicht feststehen.

Bei offenen Fragen einer Umfrage werden oft erst aus den vorliegenden Gesamtdaten überschneidungsfreie Kategorien (= Gruppen von Antworten) gebildet. Danach erfolgt die Zuteilung von Codes zu den Antwortgruppen (meist Durchnummerierung). Erst dann können die einzelnen Datensätze codiert (= den Kategorien zugeordnet) werden.

Das genaue Vorgehen bei der Analyse derartiger (meist qualitativer) Inhalte beschreibt Kapitel 3.2 ab Seite 30.

Beim **Codieren** (**Vercoden**) gilt es, folgende Regeln zu beachten:

- JEDE Ausprägung muss sich einer Kategorie zuordnen lassen:

  Bleiben Merkmalsausprägungen oder Antworten unzuordenbar, können Erhebungsergebnisse nicht vollständig ausgewertet werden. Aus diesem Grund findet sich bei vielen Merkmalszuordnungen als letzte die Kategorie „Sonstiges"[16] (vgl. „halboffene Fragen" bei Braunecker, 2023, S. 129–130).

- Die Kategorien müssen einander ausschließen:

  Immer wieder begehen Personen bei ihrem ersten Fragebogen folgenden Fehler:

  Auf die Frage „Wie alt sind Sie?" werden z.B. die Antwortmöglichkeiten „15 bis 30" | „30 bis 50" | „50 und älter" vorgegeben. Personen, die genau 30 oder 50 Jahre alt sind, fallen damit in zwei Antwortkategorien.

- Kategorien (bzw. Variablen) müssen eindimensional sein:

  Sie dürfen nur EINE Bedeutungsdimension abbilden, sonst sind sie nicht auswertbar. Zwei Beispiele für mehrdimensionale Daten:

  Jemand erhebt bei einer Inhaltsanalyse von Zeitungsartikeln die Länge von Titel und

[15] Daten einer Umfrage, einer Inhaltsanalyse, einer Beobachtung, Daten eines experimentellen Designs, Kund:innendaten, Projektdaten, Internet-Logfiles, Interaktionen auf Social Media, Verkaufsstatistiken usw.

[16] „Sonstige" Kategorien kommen nicht nur bei Befragungen vor. Auch bei Inhaltsanalysen, Beobachtungen usw. können Inhalte derart spezifisch sein, dass sie mit definierten Kategorienschemata nicht vollständig abdeckbar sind.

Untertitel. Für die Datenerfassung steht nur die Variable **Titellänge** *zur Verfügung.*

In einer Online-Erhebung wird die Frage „Wie beurteilen Sie Wetter und Temperatur an Ihrem letzten Urlaubstag?" mit nur EINER Variable **LetzterUrlaubstag** *anstelle zweier Variablen* **WetterLetzterUrlaubstag** *und* **TemperaturLetzterUrlaubstag** *abgebildet.*

- Der Umfang der Codes orientiert sich am Erhebungsgegenstand und an der Fallzahl:

  Oft gibt das Merkmal die Zahl der Codes vor (z.B. **Wochentag**). Ansonsten muss bei vielen Merkmalsausprägungen oder geringer Fallzahl darauf geachtet werden, nicht zu viele, aber auch nicht zu wenige Codes zu vergeben: Sind die Kategoriengrenzen zu breit angelegt (= wenige Codes bzw. viele Fälle je Code), werden Unterschiede verdeckt. Zu enge Kategorien (= viele Codes bzw. wenige Fälle je Code) lassen zufällige Unterschiede als real erscheinen.

  Angenommen, jemand fasst eine Altersverteilung von 100 Personen in Gruppen zusammen: Hier wird es wohl übertrieben sein, wenn sich jede Altersgruppe aus bloß fünf Lebensjahren zusammensetzt – und damit 17 oder 18 Gruppen zu je etwa fünf bis sechs Personen entstehen. Umgekehrt machen nur wenige Codes (z.B. nur zwei Altersgruppen – „14 bis 50" | „51 bis 100") mit jeweils rund 50 Personen wohl ebenso wenig Sinn.

  Ein gebräuchliches Vorgehen besteht hier darin, die Anzahl von Kategorien an der Vergleichbarkeit mit anderen oder Vor-Erhebungen auszurichten. Softwaretechnische Möglichkeiten, breite Verteilungen praktikabel in (z.B. ähnlich große) Gruppen zusammenzufassen, zeigt Kapitel 6.4.1 ab Seite 133.

- Jede Codierung muss klar dokumentiert werden:

  Bei digitalen Erhebungen sind alle Codierungen klar nachvollziehbar. Manuelle Datenerfassungen (auf Papier) sollten die Zahlen der Codierung (in kleiner Schrift) direkt auf den Erhebungsbögen mit anführen (vgl. die kleinen Zahlen rechts neben den Ankreuz-Kästchen am Fragebogen in Abbildung 2 und 3 auf Seite 17 und Seite 18). Damit erfolgen Digitalisierung (Dateneingabe) und spätere Auswertung – auch durch mehrere Personen – immer zweifelsfrei mit den richtigen Codes.

  Aus diesen Gründen sollten auch neue Codierungen, die sich erst während der Dateneingabe oder Auswertung ergeben, sofort vollständig beschrieben werden.

  Bei einer Beobachtung wird erst im Zuge der Datenerfassung klar: In einer (neuen) Variable **Tageszeit** *soll zwischen Erhebungen am Tag (6:00 bis 20:00 Uhr) und in der Nacht (restliche Zeit) unterschieden werden. Sofort erfolgt die Dokumentation, ob bei* **Tageszeit** *Codierung 1 „Tag" und 2 „Nacht" oder umgekehrt bedeutet.*

4.3 | Daten digitalisieren

Wurde eine Erhebung nicht elektronisch durchgeführt, müssen die auf Papier niedergeschriebenen Daten digitalisiert (= erfasst) werden (vgl. Kapitel 4.3.2 ab Seite 44). Dazu ist es notwendig, über den Aufbau von (digitalen) Datenfiles Bescheid zu wissen (vgl. Kapitel 4.3.1 ab Seite 43). Bei softwaregestützten Erhebungen genügt meist ein Datenexport in das Format des Datenanalyseprogramms (vgl. Kapitel 6.3.1 ab Seite 120).

4.3.1 | Aufbau von Datenfiles

Jeder Datenfile ist ident aufgebaut – vergleichbar mit einer Tabelle: Pro Variable (= Merkmal) ist eine eigene Spalte, pro Datensatz eine eigene Zeile vorgesehen.

In der ersten Zeile der Tabelle stehen die Namen der Variablen (❶ in Abbildung 14 auf Seite 44). Um die Übersichtlichkeit beim Auswerten zu erhöhen, werden die Variablennamen oft nur kurz gehalten: Sie referenzieren z.B. auf die Nummerierung der Fragen im Fragebogen. Die INHALTLICHEN Bedeutungen der Kurzbezeichnungen sind nicht Teil der Tabelle, sie müssen in Auswertungsprogrammen extra erfasst werden[17] (in Abbildung 14 mit ❷ gekennzeichnet).

Ab der zweiten Zeile enthält jeder Datenfile die eigentlichen Datensätze. Jeder Datensatz umfasst (in der Regel) eine Zeile. In jeder Zelle dieser Zeile findet sich die Ausprägung (= Codierung) des Datensatzes bei jener Variable, die die jeweilige Spalte bezeichnet.

Bei z.B. einer Befragung werden in jeder pro Frage vorgesehenen Spalte die Antworten aller Personen abgebildet. Abbildung 14 auf Seite 44 stellt beispielhaft Auszüge aus dem Datenfile BUCHdaten dar (vgl. „Fragebogen, Datenfile und weitere Downloads" auf Seite 14), der dieses Buch begleitet. Die Daten referenzieren auf die Fragenummern und Codierungen auf dem Fragebogen in Abbildung 2 und 3 auf Seite 17f. Wellenlinien kennzeichnen die Darstellung als auszugsweise.

Auswertungsprogramme unterscheiden zwischen vielen unterschiedlichen Zahlen-, Datums- und Texteingabeformaten. Die meisten Variablen sind rein **numerisch codiert**, die Codes bestehen ausschließlich aus Zahlen (❸ in Abbildung 14). Erfasster Text wird als **Text-Variable** (**String-Variable**) definiert (❹).

Ein Lesebeispiel für die in Abbildung 14 dargestellten Daten-Auszüge:

*Die als erste erfasste Person (1 bei **lfdNr**, in der ersten Zeile nach den Variablennamen) liest NICHT gerne (Frage 1, Code 0). Sie hat auch in den letzten Jahren kein Fachbuch gelesen (Frage 3, Code 0). Damit überspringt diese Person die nächsten Fragen: Das zeigt sich in der dargestellten Codierung von Frage 5 (leer, kein Text).*

Eine Sonderform bei der Datenerfassung stellen **Mehrfachangaben** dar. Mehrfachangaben kommen sehr oft bei Befragungen vor. Sie sind dadurch gekennzeichnet, dass auf eine Frage eine, mehrere oder gar keine Antwort möglich ist. Bei Mehrfachangaben erhält nicht die FRAGE, sondern jede ANTWORTmöglichkeit im Datenfile eine eigene Spalte zugeordnet (❺ in Abbildung 14, Seite 44). Wählt jemand eine oder mehrere Antworten aus, wird in der (bzw. den) betreffenden Spalte(n) dieser Antwort(en) die Codierung 1 eingetragen. Alle anderen, NICHT gewählten Antworten kennzeichnet Code 0.

*Bei Frage 11 des Fragebogens[18] können bis zu vier Antworten gegeben werden. Die erste, zweite, fünfte, siebente und 17. in Abbildung 14 auf Seite 44 dargestellte Person geben keine der vier Antworten (Spalten ❺ der **lfdNr** 1, 2, 5, 7, 17), **lfdNr** 3 nennt nur „Freund:innen" (Antwort 2), Person 6 antwortet mit „Partner:in/Familie, Freund:innen und Kolleg:innen" (Antworten 1 bis 3) usw.*

---

[17] Die Bedeutungen der Variablennamen werden in Auswertungsprogrammen als „Labels" oder „Beschriftungen" bezeichnet (vgl. Kapitel 6.3.4 ab Seite 127).

[18] Lautet: *„Wenn Sie einmal ein gutes Buch lesen: Wem empfehlen Sie es weiter? (Mehrfachantworten sind möglich)"* und beinhaltet die Antwortalternativen 1: *„Partner:in, Familie"* | 2: *„Freund:innen"* | 3: *„Kolleg:innen"* | 4: *„Anderen"*.

Aufbau eines Datenfiles (Datenauszüge aus BUCHDATEN)

- **je Variable eine Spalte, je Datensatz eine Zeile**
- **Variablennamen** stehen in der ersten Zeile ❶

❷	FraboNr	Lesen Sie gerne?	Fachbuch gelesen?	Eigenschaften eines idealen Fachbuchs	Empfehlung an … Partner:in, Familie	Freund: innen	Kolleg: innen	Andere	Geschlecht
❶	lfdNr ❸	f_01 ❸	f_03 ❸	f_05_txt ❹	f_11_1 ❸	f_11_2 ❸	f_11_3 ❸	f_11_4 ❸	f_12 ❸
	1	0	0		0	0	0	0	2
	2	0	0		0	0	0	0	1
	3	0	0		0	1	0	0	1
	5	1	0		0	0	0	0	1
	6	0	0		1	1	1	0	1
	7	0	0		0	0	0	0	1
	15	0	1	❻ viele Informationen, die sehr	0	1	0	1	1
	16	0	1	❻ kompakt, einfache Formulier	1	1	0	1	1
	17	1	1	❻ Praxis mit Beispielen	0 ❺	0 ❺	0 ❺	0 ❺	1
	usw.								

- numerische ❸ und alphanumerische (Text, String) ❹ Variablenausprägungen
- **Mehrfachangaben** ❺ benötigen pro Angabemöglichkeit eine eigene Spalte
  - dichotome Codierung: Antwort gegeben Code 1, sonst Code 0
- ❻ = Filterfrage: nur bei Code 1 (f_03) ein Eintrag (f_05_txt), sonst bleibt f_05_txt leer

Abbildung 14: Aufbau eines Datenfiles

Auch Datenfiles, die nicht aus Befragungen – sondern z.B. aus Inhaltsanalysen (vgl. das Codierschema bei Braunecker, 2023, S. 29) oder Beobachtungen – stammen, sind analog zu den beschriebenen BUCHdaten aufgebaut.

Eine Beobachtung könnte (hier vereinfacht bezogen auf das Beispiel bei Braunecker, 2023, S. 34) in der ersten Zeile die Variablen **Ort**, **Datum**, **Zeit**, **Beobachter:in** *usw. definieren und ab der zweiten Zeile je Einzelbeobachtung die dazugehörigen Angaben enthalten.*

4.3.2 | Daten selbst digital erfassen

Liegen Daten analog – z.B. auf Papier – vor, müssen sie vor der Analyse zunächst digitalisiert (= erfasst) werden.

Dies kann mit gebräuchlichen Officeprogrammen wie z.B. Excel oder auch gleich direkt mit Datenanalysesoftware wie SPSS erfolgen (vgl. Kapitel 6.3.1 ab Seite 120).

Daten (**in Excel**) zu **erfassen** bedeutet einfach, in die erste Tabellenzeile einer neuen Tabelle die Variablennamen der Erhebung zu schreiben. Jeder Variable wird eine neue Tabellenspalte zugeordnet. Ab der zweiten Zeile sind die Datensätze mit ihren Variablenausprägungen angeführt. Jeder Datensatz bekommt eine neue Zeile.

Bei **Mehrfachangaben** erhält jede mögliche Alternative eine eigene Tabellenspalte (mit eigenem Variablennamen) zugewiesen. Bei zutreffender Angabe eines Datensatzes wird an der entsprechenden Stelle (= Spalte) 1 codiert, bei NICHT zutreffender Angabe 0 (= dichotome Erfassung). Auswertungssoftware wie SPSS erlaubt es, Variablenspalten für die Auswertung als „zusammengehörig“ zu deklarieren, wenn sie Mehrfachangaben abbilden (vgl. Seite 145 im Kapitel 6.5.1).

Bei **offenen Angaben** ist es ratsam, in der Spalte der betreffenden Variable zunächst den kompletten Text zu erfassen. Zum weiteren Vorgehen bei der Analyse offener Fragen (= qualitativer Daten) finden sich in Kapitel 3.2 ab Seite 30 detaillierte Erläuterungen.

Drei Datensätze, mit Excel erfasst

lfdNr	f_01	f_02	f_03	f_04	f_05_txt ❶	f_06_1	f_06_2	f_06_3	f_06_4	f_06_5	f_06_6 ❺
14	0	0	❹ 0								
15	0	0	1	2	viele Information	2	2	3	2	2	1
16	0	1	1	2	kompakt, einfach	1	5	3	3	2	1

❺ f_06_7	f_06_8	f_06_9	f_07_txt ❶	f_08	f_09_1	f_09_2	f_09_3	f_09_4	f_09_5 ❺
					1			6	3
2	2	2	nützlich, informativ, sehr gut er	200,00	1	5	3	6	2
1	1	1	prägnant, allgemeinbildend, int	120,00	1	2	6	1	

❺ f_09_6	f_09_7	f_09_8	f_09_9	f_10_1	f_10_2	f_10_3	f_10_4	f_10_5	f_10_6
	4		6						
5	1	2	6	6	5	3	3	1	2
❸	5	5	6	5	4	4	3	4	6

❷ f_11_1	❷ f_11_2	❷ f_11_3	❷ f_11_4	f_12	f_13	f_14	f_15	f_16	f_17
0	0	0	0	1	8	62	1	1	1
0	1	0	1	1	3	38	3	12	4
1	1	0	1	1	1	29	3	10	8

Abbildung 15: Drei erfasste Datensätze der BUCHdaten[19]

Abbildung 15 zeigt beispielhaft drei in Excel erfasste Datenzeilen der BUCHdaten – die Wellenlinien kennzeichnen den Auswahlcharakter der Darstellung.

Grundsätzlich besitzen fast alle Variablen des Datenfiles numerisches Format. Ausgenommen sind die mit ❶ gekennzeichneten Datenspalten: Sie stellen Textvariablen offener Angaben (auch „String“-Variablen genannt) dar. Eine Mehrfachantworten-Codierung findet sich bei ❷. Nicht vorhandene, fehlende Werte (leere Datenzellen) sind durch ❸ gekennzeichnet. Sie sind leer, weil die entsprechenden Befragten keine Antwort gegeben haben. Die Zeile rechts neben ❹ enthält ebenfalls fehlende Werte – bis zur Variable **F_09_1**: *DIESE Zellen sind leer, weil sie aufgrund der Antwort auf Filterfrage 3 übersprungen werden. Die Itemlisten der Fragen 6 und 9 wurden durchnummeriert – z.B.* **F_06_1** *bis* **F_09_9** *(❺).*

[19] Aus formalen Gründen (Satzspiegelbreite dieses Buchs) ist die Darstellung auf vier untereinanderliegende Abschnitte unterteilt. Im Datenfile befinden sich die Abschnitte nebeneinander. Die Mehrfachantworten-Codierung der offenen Fragen 5 und 7 wurde hier, in den Rohdaten, ausgeblendet: Sie kann erst später erfolgen, nach Kategorienbildung aus allen Datensätzen (vgl. Seite 144 im Kapitel 6.5.1).

Auf Basis der soeben beschriebenen Darstellung beruhen alle **manuellen Datenerfassungen**. Dabei gilt es, folgende **Regeln** zu beachten:

- Spezifika für Variablennamen:

  Damit Variablennamen fehlerfrei in Auswertungsprogramme übernommen werden, sollten sie keine Leer- oder Sonderzeichen beinhalten. Auch Bindestrich, Beistrich (Komma) und Rufzeichen (!) erzeugen gerne Programmfehler. Erlaubt und anstelle von Leerzeichen gerne verwendet werden Unterstriche (_).[20]

- Leere Felder:

  Völlige Leerzeilen und Leerspalten innerhalb der Daten sollten vermieden werden. Sonst ist der Datenfile (für z.B. Excel) an diesen Stellen „zu Ende". Alle Daten rechts neben einer leeren Spalte oder unterhalb einer leeren Zeile können – z.B. beim Sortieren in Excel – durcheinandergeraten oder für die Datenanalyse überhaupt verloren gehen.

  In Auswertungsprogrammen gibt es in Datenspalten mit numerischen Codierungen keine völlig leeren Zellen: Zellen ohne Inhalt werden zu „ungültigen", „fehlenden Werten", gekennzeichnet mit einem Punkt (vgl. Kapitel 6.3.5 ab Seite 130). Lediglich bei Textvariablen gelten leere Felder als gültige Werte.

Manche streben bereits bei der Datenerfassung ein Mindestmaß an Fehlerkontrolle an.[21] Dazu können sie z.B. auf die **Datenüberprüfung von Excel** setzen: Diese führt direkt während der Dateneingabe definierte Konsistenzchecks durch. Bei Fehleingabe wird eine Warnung ausgegeben. Abbildung 16 auf Seite 47 zeigt ein diesbezügliches Beispiel für **Wochentag**:

- Die zu überprüfenden Zellen (in der Regel die gesamte Spalte) durch Klick auf den Spaltenbuchstaben markieren (❶).
- Im Menü **Daten ↪ Datenüberprüfung** im Dialogfeld als Einstellung **Ganze Zahl zwischen Minimum 1** (und) **Maximum 7** eingeben und auf OK klicken.
- Ab nun erscheint bei Eingabe einer anderen Zahl als 1 bis 7 eine optische (❷) und akustische Warnung.

Datenüberprüfungen dieser Art sind nur für die weitere Datenerfassung einstellbar. Sie gelten NICHT rückwirkend.

Wer **zur Datenerfassung Online-Befragungssoftware** einsetzt, definiert zur bloßen Dateneingabe ein Online-Formular. Verfügt die eingesetzte Software über Exportmöglichkeiten nach SPSS, liegen die Daten dann bereits im richtigen Auswertungsformat vor. Weitere Vor-

---

[20] In älteren Versionen mancher Auswertungsprogramme dürfen Variablennamen höchstens 8 Zeichen lang sein (in SPSS bis zu Version 12). Bis Microsoft Office 2007 kann ein Datenfile in Excel max. 256 Spalten (= Variablen) enthalten.

[21] Zur manuellen Datenerfassung gibt es auch Datenerfassungssoftware. Hier können bereits bei der Eingabe umfangreiche Konsistenzchecks – z.B. auf undefinierte Codierungen, unerlaubte Wertgrenzen oder Passgenauigkeit von Filter- und Folgefragen – erfolgen. Das spart Eingabezeit und sichert von Anbeginn an eine höhere Datenqualität. Allerdings sind derartige Programme komplex zu bedienen und benötigen Einarbeitungszeit. Deshalb kommt derartige Software bei empirischen EINZELstudien nur selten zum Einsatz. Hier ist es deutlich ökonomischer, ausschließlich auf die vor jeder Auswertung ohnehin nötigen Daten-Konsistenzchecks zu setzen (vgl. Kapitel 4.4 ab Seite 47).

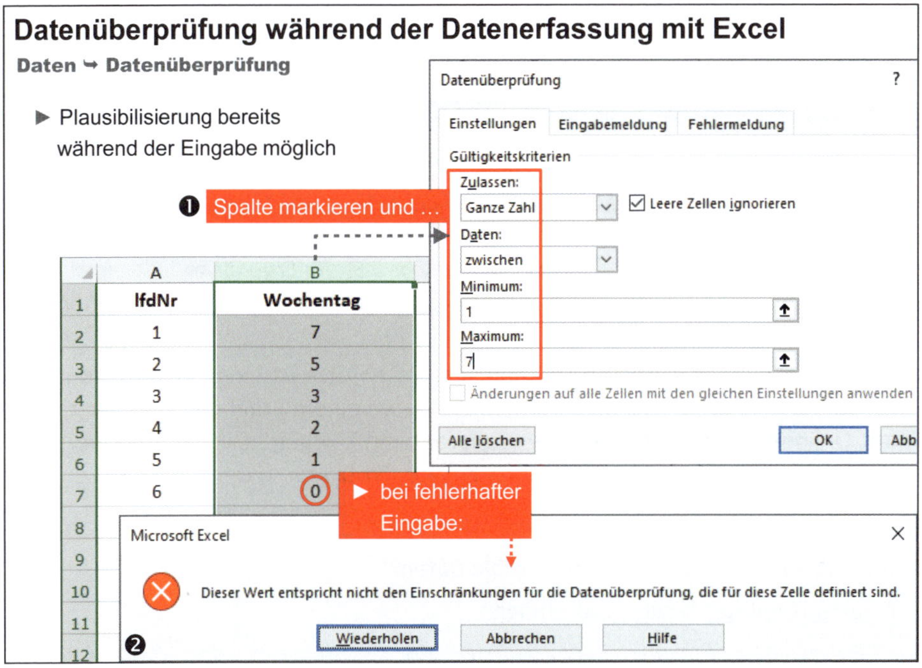

Abbildung 16: Datenüberprüfung während der Datenerfassung mit Excel

teile: Viele Konsistenzchecks (vgl. Kapitel 4.4 ab Seite 47) sind damit erledigt, (fast) alle Variablen- und Wertebeschriftungen bereits fertig ausformuliert (vgl. Kapitel 6.3.4 ab Seite 127). Diesem Zeitgewinn beim Start der Auswertung ist allerdings der Aufwand für die Programmierung des Online-Formulars gegenüberzustellen.

4.3.3 | Daten aus Erhebungssoftware

Daten, die **aus elektronischen Erhebungen** (Online-Formulare, Befragungssoftware) stammen, liegen bereits in digitaler Form vor. Gebräuchliche Datenformate, die Analysesoftware einlesen kann, sind Excel- oder reines Textformat: *.txt, *.csv, jeweils getrennt mit Semikolons (;) oder Tabulatoren.

Sehr oft erlaubt Erhebungssoftware auch den direkten Datenexport zur Analysesoftware SPSS. Das richtige Format dazu ist ***.sav** (vgl. Kapitel 6.3.1 ab Seite 120). Hierbei ist es wichtig, nach Möglichkeit auch gleich alle Variablen- und Wertebeschriftungen in den Datenexport „mitzunehmen" (vgl. Kapitel 6.3.4 ab Seite 127): Das erspart in weiterer Folge sehr viel an Definitionsaufwand vor der eigentlichen Auswertung.

4.4 | Daten plausibilisieren (screenen)

Liegen die Daten der Erhebung vor, sollte ein erster Schritt unbedingt darin bestehen, sich einen Überblick über die Datenlage zu verschaffen.

VOR jeder Datenanalyse ist es sehr ratsam, alle Datensätze auf ihre Konsistenz hin zu überprüfen. Bei Erhebungen, deren Daten händisch erfasst wurden, ist dieser vorbereitende Schritt sogar ein unbedingtes MUSS. Unplausible, inkonsistente Daten sorgen für „unschöne", ungenaue Ergebnisse, die bei der Interpretation Fragen aufwerfen können.

Im Datenfile einer Inhaltsanalyse ist jeder der 400 Zeitungsartikel mit dem Wochentag seines Erscheinens gekennzeichnet. Die Codierung erfolgt von 1 = „Montag" bis 7 = „Sonntag". Darüber hinaus sieht die Codierung keine weiteren Klassifizierungen vor. In zwei Datensätzen kommt nun aber Code 0 vor. Das macht z.B. die Ergebnistabelle einer Häufigkeitszählung unsauber: Zusätzlich zu den Wochentagen und deren Häufigkeit ihres Auftretens findet sich in der Ergebnistabelle ein Eintrag: „Code 0 – Häufigkeit von 0,5%".

Deshalb: Nur nach einer Konsistenzprüfung aller Datensätze ist eine „saubere" und problemlose Auswertung gesichert! Entstammen die Daten einem Erhebungstool (Befragungssoftware, Online-Befragung, Datenerfassungsprogramm), liegen sie in der Regel bereits (bis auf wenige Ausnahmen) schlüssig und plausibel vor. Trotzdem sollten auch hier zur Sicherheit Konsistenzchecks erfolgen.

Was sind nun aber inkonsistente, unplausible Daten?

- Eine Variable enthält falsche Codierungen:

  Das **Alter** *befragter Personen kennzeichnen Code 1 = „14 bis 29 Jahre", Code 2 = „30 bis 49 Jahre" und Code 3 = „50 Jahre plus". Bei drei Datensätzen enthält* **Alter** *Code 4.*[22]

- Eine Variable enthält unerlaubt Zellen ohne Wert:

  Eine Erhebung wird online und telefonisch durchgeführt. Die Variable **Befragungsart** *definiert mit Code 1 = „online" und Code 2 = „telefonisch". Bei fünf Datensätzen enthält diese Variable KEINEN Eintrag.*[23]

- Uneinheitliche Angaben bzw. Schreibweisen:

  Das Codierschema einer Inhaltsanalyse wissenschaftlicher Texte enthält – zur freien Texteingabe – die Variable **Titel_des_Autors**. *Dort wird bei einem Datensatz „Dr." eingetragen, bei einem anderen „Dr", bei einem dritten „Doktor". Das entspricht bei der Auswertung DREI verschiedenen Ergebniskategorien.*[24]

- Unplausible Extremwerte:

  Jemand gibt an, täglich 25 Tassen Kaffee zu trinken. Oder: 25 Stunden am Tag joggen ist ebenso unplausibel wie eine Tageszeitung, die 500 Seiten dick ist usw.[25]

- Unterschiedliche Fallzahl bei Filter- und Folgefragen:

  In den Ergebnisdaten einer Befragung werden 100 Personen abgebildet. Diese wurden unter anderem auch gefragt, ob sie in den letzten 12 Monaten zumindest EIN Fachbuch

---

[22] Lösung: Bei Papierbefragung Eintrag am Fragebogen überprüfen, ansonsten Eintrag entfernen (= Wert löschen).

[23] Lösung: Recherche in den Feldaufzeichnungen, eventuell auch Zuordnung über die Datensatznummer.

[24] Lösung: Schreibweise in den Rohdaten vereinheitlichen.

[25] Lösung: Bei Papierbefragung Eintrag am Fragebogen checken, ansonsten Eintrag entfernen (= den Wert löschen).

gelesen haben. 40 haben bejaht. Alle, die ein Fachbuch gelesen haben, sollten ihr zuletzt gelesenes Buch mit einer Schulnote beurteilen. Im Datenfile finden sich nun aber nicht 40 Schulnoten (von 40 Fachbuch-Lesenden), sondern 45 Fachbuch-Beurteilungen.[26]

- Inkonsistente Angaben:

  Eine Befragung erhebt, wie viel Prozent der Internetnutzung der letzten sieben Tage beruflich und privat erfolgt ist. Eine Person gibt an: 60% beruflich und 50% privat.[27]

Abbildung 17 zeigt eine effiziente Methode, mit Excel einen raschen Datenüberblick zu erlangen: Über den Befehl **Daten ➥ Filtern** werden bei jedem Merkmal seine im gesamten Datenstand vorkommenden – richtigen und falschen – Codierungen ersichtlich.

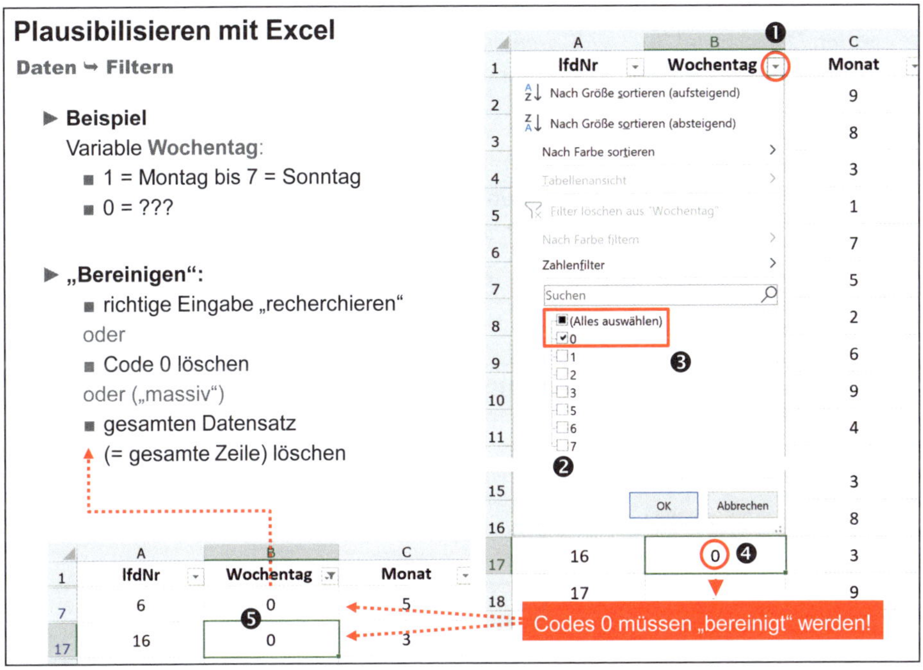

Abbildung 17: Daten mit Excel plausibilisieren

Die in Abbildung 17 *dargestellten Daten enthalten eine laufende Nummerierung der Datensätze (***lfdNr***) sowie die Variablen* **Wochentag** *und* **Monat**.

- Befindet sich der Cursor irgendwo innerhalb der Datentabelle erscheint bei Klick auf **Daten ➥ Filtern** rechts neben jeder Spaltenüberschrift ein kleines Dreieck (❶).
- Ein **Klick** auf das Dreieck zeigt alle bei dieser Variable vorkommenden Codes (❷).

[26] Lösung: Bei Nicht-Lesenden die Beurteilungen entfernen (= die Werte löschen). Oder – bei vielen vorliegenden Beurteilungen: Nicht-Lesende als Lesende codieren.

[27] Lösung: Neu proportionalisieren ▶ 60 + 50 = 110 ▶ 60 / 110 = 55%, 50 / 110 = 45%.

Nun können alle unplausiblen Einträge ausgewählt werden (❸): 0 wird markiert, bei 7 Wochentagen kann es keinen mit 0 codierten Tag geben. Danach blendet Excel alle Zeilen mit anderen als den gewählten Einträgen aus (physisch bleiben aber ALLE Datenzeilen im Datenfile erhalten).

In ❹ und ❺ ist ersichtlich, dass offenbar bei den Datensätzen mit **lfdNr** 6 und 16 bei **Wochentag** Code 0 erfasst wurde.

Eine praktikable Lösung würde im Beispiel nun darin bestehen, Code 0 zu löschen (= die beiden Werte zu entfernen): Damit entsteht bei beiden fehlerhaften Datensätzen bei **Wochentag** *ein „keine Angabe"-Eintrag (vgl. Kapitel 6.3.5 ab Seite 130).*

Liegt die Basiserhebung z.B. als Papierfragebogen vor, könnte auch über die am Papier notierte und in den Daten erfasste **lfdNr** *der richtige Eintrag nachrecherchiert werden.*

Ebenfalls möglich – und fast „überkorrekt" – wäre es, gleich den gesamten Datensatz (= die gesamte Datenzeile) aus den Daten zu entfernen: Wird das aber bei jedem Eingabefehler derart strikt gehandhabt, reduziert sich die Anzahl verwertbarer Datensätze wohl beträchtlich.

Der Datenfilter wird auf den aktuellen Datenbereich angewendet: Dieser ist durch die Position des Cursors definiert. Er gilt nach unten bis zur nächsten (völlig) leeren Zeile oder nach rechts bis zur nächsten (völlig) leeren Spalte.

UNTER leeren Zeilen liegende Zeilen bzw. NEBEN leeren Spalten liegende Spalten zählen NICHT mehr zum aktuellen Datenbereich!

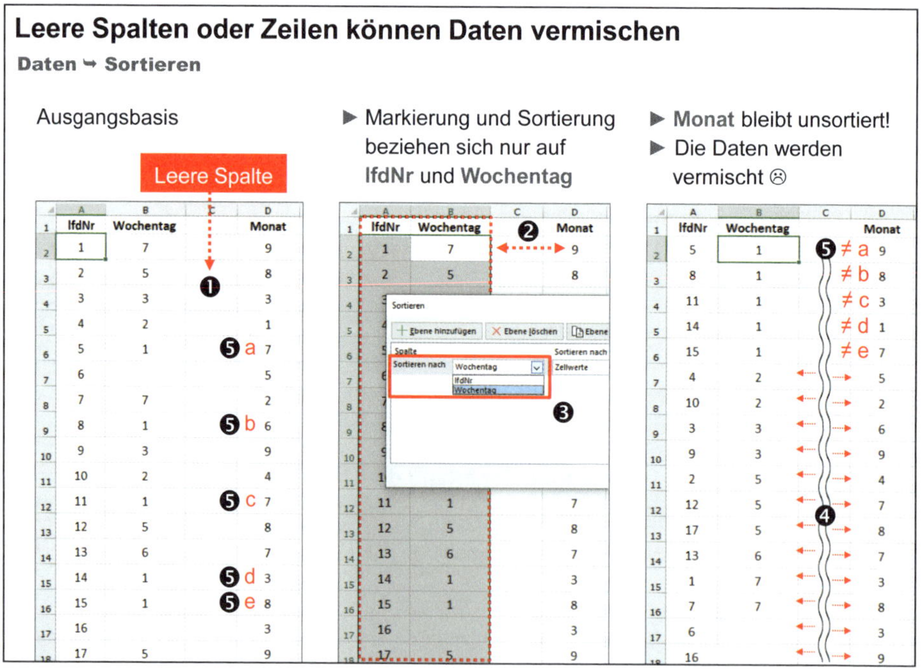

Abbildung 18: Leere Spalten oder Zeilen können Daten vermischen

Sie werden auch beim Löschen oder Sortieren nicht berücksichtigt! „Dazwischenliegende" völlig leere Zeilen oder Spalten sollten also möglichst vermieden werden, sonst kann der gesamte Datenstand „durcheinandergeraten". Abbildung 18 auf Seite 50 zeigt diese Problematik:

> *Durch die leere Spalte (❶ in Abbildung 18) beschränkt sich der Datenbereich auf* **lfdNr** *und* **Wochentag** *(❷). Auch die Sortierung (❸) umfasst nur diese beiden Variablen. Nach dem Sortieren – nach* **Wochentag** *– sind die Daten vermischt (❹), die Datensätze inkonsistent zu davor (❺): Die Einträge von* **Monat** *haben sich zu anderen Datensätzen verschoben.*

Sollen völlig leere Zeilen oder Spalten (bzw. darunter- oder danebenliegende Werte) bewusst mit zum Datenbereich zählen, muss dieser gesamte Bereich vor Aktivierung des Datenfilters, Sortierens usw. (mit der Maus) markiert werden.

Die soeben angesprochenen Daten-Funktionalitäten von Excel (Filter- und Sortierfunktion) eignen sich auch gut zum Auffinden eventuell gesuchter Dateneinträge.

Mit plausibilisierten und konsistenten Daten kann und darf die Auswertung beginnen. **Davor sollten die Originaldaten aber unbedingt noch extra gesichert werden!**

5 | Analyse quantitativer Daten: Statistische Grundlagen

▼ ***Abstract*** *(in diesem Kapitel geht's um …)* ▼

- **Deskriptive Statistik:**
  beschreibt vorhandene Daten, geht aber nicht generalisierend darüber hinaus

Analyse einzelner nominaler, ordinaler oder (quasi-)metrischer Variablen: erläutert werden absolute Häufigkeiten | Arten von Prozentwerten (kumulierte, gültige) | Zentralmaße (Mittelwert, Median, Modus) | Lagemaße (Quantile – Terzile, Quartile, Quintile, Dezile usw.) Minimum, Maximum | Modus, Spannweite, Quartilsabstand, Dezilabstand | Ausreißer, Extremwerte | Streuungsmaße (Varianz, Standardabweichung) | Normalverteilung (symmetrische Verteilung, Schiefe, Wölbung)

Kreuztabelle zur Zusammenhangsdarstellung nominaler oder ordinaler Variablen: erläutert werden absolute Häufigkeiten | Zeilen- und Spaltenprozent | abhängige und unabhängige Variablen | beobachtete und erwartete Werte | quadratische Kontingenz Chi^2 | Zusammenhangsmaß Cramérs *V*

Mittelwertsvergleich zur Zusammenhangs- bzw. Vergleichsdarstellung (quasi-)metrischer Variablen nach nominalen (ordinalen) Untergruppen ODER **(quasi-)metrischer Variablen im Vergleich zueinander:** erläutert werden tabellarische und grafische Darstellung (Boxplot) | abhängige und unabhängige Vergleiche | abhängige und unabhängige Variablen

Korrelation zur Zusammenhangs- bzw. Vergleichsdarstellung ordinaler oder (quasi-)metrischer Variablen: erläutert werden Kovarianz | Korrelationskoeffizient nach Pearson | Rangkorrelation nach Spearman mit und ohne Bindungen

- **Schließende Statistik:**
  schließt von Stichproben generalisierend auf dahinterstehende Grundgesamtheiten • erläutert werden der Begriff „Signifikanz" | inhaltliche Hypothese, statistische Null- und Alternativhypothese | Signifikanzniveau und Irrtumswahrscheinlichkeit | p-Wert | Signifikanz, Stichprobengröße und Unterschiedsstärke | ein- und zweiseitige Signifikanz | Freiheitsgrade

bei **Einzelvariablen:** statistische Schwankungsbreiten | Mittelwert-Konfidenzintervall • bei **Kreuztabellen:** Chi^2-Test • bei **Mittelwertsvergleichen:** Fehlerbalkendiagramme | Mittelwertsvergleichstest (Parameterverfahren und parameterfreie Verfahren) • bei **Korrelationen:** t-Statistik

Eine quantitative Datenanalyse (vgl. Kapitel 6 ab Seite 105) ist nur mit Kenntnis statistischer Grundlagen sinnvoll durchführ- und interpretierbar. Das folgende Kapitel fasst deshalb die notwendigen statistischen Begriffe überblicksmäßig zusammen. Alle Analyseschritte referenzieren dabei auf die Messniveaus in Kapitel 1.2 ab Seite 20.

Die Fallzahlen sind in den meisten der folgenden Berechnungsbeispiele zur besseren Übersicht klein gehalten. **In einem Realszenario wären sie deshalb für Ergebnisgeneralisierungen, die hier wiederholt zur Demonstration durchgeführt werden, NICHT geeignet!**

Auch bei den geprüften „Zusammenhängen" steht „leicht fassbar" über wissenschaftlich!

Am Ende dieses Kapitels findet sich eine zusammenfassende Übersicht, bei welchem Messniveau und welcher Merkmalskombination welche statistischen Maßzahlen und Analyseverfahren die richtigen sind (vgl. Kapitel 5.3 ab Seite 102).

5.1 | Deskriptive Statistik

Datenanalysen beginnen meist rein deskriptiv. Die **deskriptive Statistik** beschreibt und ordnet Merkmalsverteilungen – sie stellt sie dar. Das dient rein zur Informationsverdichtung der Einzeldatensätze. Oft deckt deskriptives Auswerten auch Zusammenhänge zwischen einzelnen Merkmalen auf.

Alle Analysen beziehen sich auf die vorliegenden Datensätze: Sie beschreiben die vorhandene Datenlage und „gehen nicht darüber hinaus".

Es erfolgt noch keine Projektion auf eine durch die Daten eventuell repräsentierte (vgl. Braunecker, 2023, S. 61–68) Grundgesamtheit (vgl. Braunecker, 2023, S. 45–47) – Ergebnisdaten entstammen ja oft einer Stichprobe (vgl. Braunecker, 2023, S. 68–76): Das Schließen von Stichproben auf dahinterstehende Grundgesamtheiten ist Aufgabe der **schließenden Statistik** (vgl. Kapitel 5.2 ab Seite 81).

5.1.1 | Häufigkeiten (absolut und prozentuell)

Absolutzahlen und **Prozentwerte** sind die einfachsten und in der Praxis beliebtesten Maßzahlen zur Beschreibung kategorialer (nominaler bzw. ordinaler) Daten. Häufigkeitszählungen ermitteln, wie oft jede Merkmalsausprägung in den Daten vorkommt.

Häufigkeitszählungen sollten zu Beginn jeder Auswertung bei allen Merkmalen erfolgen – noch vor jeder weiteren Datenanalyse. Dabei sind alle zulässigen und unzulässigen Codierungen (vgl. Kapitel 4.4 ab Seite 47) sowie die Missing Values (vgl. Kapitel 6.3.5 ab Seite 130) rasch überblickbar.

Zu unterscheiden ist zunächst zwischen absoluten und relativen Häufigkeiten. Statistisch formuliert: Eine absolute Häufigkeit gibt an, wie oft eine Ausprägung i des Merkmals X in einer Grundgesamtheit mit dem Umfang N oder einer Stichprobe mit dem Umfang n auftritt (= „Absolutzahlen"). Die relative Häufigkeit kennzeichnet, wie oft eine Ausprägung i des Merkmals X im Verhältnis zu einer Grundgesamtheit mit dem Umfang N oder im Verhältnis zu einer Stichprobe mit dem Umfang n auftritt (= „Prozentwerte").

Dazu kommen – in SPSS immer standardmäßig ausgewiesen – gültige und kumulierte Prozentwerte. Abbildung 19 auf Seite 54 veranschaulicht und erläutert die einzelnen Arten von Häufigkeiten bzw. Prozentwerten. Die Tabelle zeigt eine in fünf Klassen (= Gruppen) zusammengefasste (vgl. Kapitel 6.4.1 ab Seite 133) Häufigkeitsauszählung der Frage 16 der BUCHdaten (vgl. Frage 16 des Fragebogens auf Seite 18).

Absolute **Häufigkeiten** zählen, wie oft jede Merkmalsausprägung in den Daten vorkommt (❶). „Normale" **Prozentwerte** (❷) relativieren die Häufigkeiten an ALLEN Datensätze (❶). **Gültige Prozentwerte** (❸) schließen fehlende Werte aus (vgl. Kapitel 6.3.5 ab Seite 130).

Arten von Häufigkeiten und Prozentwerten

❶ **Häufigkeit** = Anzahl der Fälle je Merkmalsausprägung
► absolute Häufigkeiten

❷ **Prozent** = Anzahl der Fälle je Ausprägung, relativiert zu ALLEN Fällen
► relative Häufigkeiten

❸ **Gültige Prozente** = Anzahl der Fälle je Ausprägung, relativiert an nur jenen Fällen, die eine Merkmalsausprägung haben (also ohne „Fehlend")

❹ **Kumulierte Prozente** = Prozentwerte, summiert in steigender Reihenfolge der Merkmalsausprägungen, beginnend beim kleinsten Wert
► 29,2 + 20,7 = 49,9; 49,9 + 15,0 = 64,9 usw.

Wie viele Bücher lesen Sie im Schnitt pro Jahr? (in Klassen)

		Häufigkeit	Prozent	Gültige Prozente	❹ Kumulierte Prozente
Gültig	1 Buch	138	27,3	29,2 ❺	29,2
	2 Bücher	98	19,4	20,7 ❻	49,9 ❾
	3 bis 5 Bücher	71	14,1	15,0 ❼	64,9
	6 bis 10 Bücher	63	12,5	13,3 ❽	78,2
	mehr als 10 Bücher	103	20,4	21,8	100,0
	Gesamt	473	93,7	❸ 100,0	
Fehlend	System	32	6,3		
Gesamt		❶ 505	❷ 100,0		

Abbildung 19: Arten von Häufigkeiten und Prozentwerten

Die **kumulierten Prozentwerte** (❹) zählen zum (gültigen) Prozentsatz der ersten Kategorie (❺) den (gültigen) Prozentsatz der zweiten (❻) dazu. Zu dieser Summe wird die dritte Kategorie (❼) addiert. Zur neuen Summe kommt die vierte Kategorie (❽) usw. ❾ in Abbildung 19 kann z.B. wie folgt interpretiert werden:

Rund die Hälfte der Befragten, die eine Antwort gegeben haben (49,9%), lesen bis zu zwei Bücher pro Jahr. Die Gegenmenge – die zweite Hälfte mit 51,1% – liest mehr als zwei Bücher.

Für die in Abbildung 19 dargestellte Auswertung wurde **f_16** „klassiert": Besitzt ein – metrisches (vgl. Braunecker, 2023, S. 106) – Merkmal für eine Häufigkeitszählung zu viele Ausprägungen, ist es möglich, die Ausprägungen zu Klassen zusammenzufassen. Dabei ist jedoch Vorsicht geboten: Je breiter die einzelnen Klassen definiert werden, desto weniger von ihnen sind letztendlich vorhanden – der Informationsgehalt sinkt.

*Jemand hätte **f_16** nicht wie im Beispiel zu den fünf Klassen – „1 Buch" | „2 Bücher" | „3 bis 5 Bücher" | „6 bis 10 Bücher" | „mehr als 10 Bücher" – zusammenfassen können, sondern z.B. nur zu zwei: „1 bis 5 Bücher" und „6 Bücher und mehr": Dann ließe sich aus den Ergebnissen nur mehr herauslesen, dass knapp zwei Drittel (64,9 %) bis zu fünf Bücher lesen, der Rest mehr.*

Umgekehrt gilt aber auch: Je schmäler Klassen sind, desto mehr gibt es von ihnen – wieder sinkt der Informationsgehalt.

*Eine andere Person hätte aus **f_16** auch zehn oder mehr Klassen bilden können: „1 Buch" | „2 Bücher" | „3 oder 4 Bücher" | „5 oder 6 Bücher" | „7 oder 8 Bücher" | „9 oder 10*

Bücher" | „11 oder 12 Bücher" | „13 oder 14 Bücher" | „15 oder 16 Bücher" usw. Das stellt die gesamte Klassenbildung in Frage.

Die Wahl einer akzeptablen Klassenbreite wesentlich erleichtern können Quantile (vgl. Kapitel 5.1.2.5 ab Seite 59).

Eine sehr hohe Bedeutung kommt der **Basis von Prozentwerten** zu: Sie zu verschweigen oder gar nicht zu beachten, kann rasch zu großen Fehlinterpretationen führen.

Oft fehlt bei der Angabe von Prozentwerten die Information darüber, worauf sich die Relativierung bezieht. Dann bleibt die Menge unklar, die hinter dem Prozentwert steht.

Ein Unternehmen verkauft zwei Arten von Fahrrädern – solche um 10.000 € und solche um 100 €. Da sich der Verkauf der billigen Fahrräder im vergangenen Jahr rückläufig entwickelt hat (minus 20%), der Verkauf der teuren Modelle hingegen sprunghaft angestiegen ist (plus 200 %), stellt das Unternehmen die Produktion der billigen Räder ein und setzt nur noch auf Luxusmodelle. Ein Jahr später ist das Unternehmen nicht mehr am Markt.

Warum wohl? Im Vorjahr wurden 5.000 billige Räder (um 100 €) verkauft, heuer 4.000 (= minus 20%). Im Vorjahr wurde 1 Luxus-Rad (um 10.000 €) verkauft, heuer 3 (= plus 200%).

50% aus 4 Fällen sind statistisch anders zu beurteilen als 50% aus 400!

An dieser Stelle soll noch einmal auf die Gefährlichkeit hingewiesen werden, bei kleiner Datenbasis Häufigkeiten oder Prozentwerte zu interpretieren: Bei weniger als 50 Datensätzen sollten Häufigkeitsauszählungen unterbleiben! Ebenso gefährlich sind Prozentwert-Interpretationen bei weniger als 70 Fällen oder nicht repräsentativen (vgl. Braunecker, 2023, S. 61–68) Daten.

Zu sehr wird damit eine hier NICHT mögliche Generalisierbarkeit der Ergebnisse suggeriert (vgl. die Ausführungen zu Fallzahlen von Stichproben in Kapitel 3.3 ab Seite 36). Die Darstellung von (qualitativen) Ergebnissen auf Basis kleiner Fallzahlen erfolgt deshalb besser verbalisierend (vgl. Braunecker, 2023, S. 155, linke Seite der Abbildung). Dieses Thema hängt auch stark mit der „Ergebnisgüte" zusammen – Stichwort „statistische Schwankungsbreiten" (vgl. Braunecker, 2023, S. 82–93). DAS ist aber ein zentrales Thema der schließenden Statistik, die von wenigen Datensätzen auf durch sie repräsentierte viele schließen möchte (vgl. Kapitel 5.2 ab Seite 81).

5.1.2 | Zentral- und Lagemaße

Zur Darstellung (quasi-)metrischer Daten dienen Zentral- und Lagemaße sowie Streuungsmaße (vgl. Kapitel 5.1.3 ab Seite 64). **Zentralmaße** sind Mittelwert, Median und Modus. Als **Lagemaße** bezeichnet werden Minimum, Maximum und Quantile – z.B. Terzile, Quartile, Quintile, Dezile usw.

5.1.2.1 | Mittelwert (arithmetisches Mittel)

Mittelwert und Median (vgl. Kapitel 5.1.2.2 auf Seite 58) sind die in der Praxis beliebtesten Werte zur Beschreibung (quasi-)metrischer Verteilungen. Zur Berechnung eines **Mittelwerts (= arithmetisches Mittel)** werden alle Einzelwerte addiert und durch die Zahl der (gültigen) Messungen dividiert.

Das arithmetische Mittel ($\bar{x}$) berechnet sich nach der folgenden Formel, die auf den ersten Blick „schlimmer" aussieht, als sie sich bei näherer Betrachtung darstellt.

$$\bar{x} = \frac{1}{n} \bullet \sum_{i=1}^{n} x_i$$

$i=1$ = „erstes" Element
n = Anzahl der Elemente einer Stichprobe[28]
x_i = Merkmalsausprägung eines Elements

Die Formel lässt sich vereinfacht darstellen, denn ...

$$\sum_{i=1}^{n} x_i = (x_1 + x_2 + x_3 + \cdots + x_n)$$

... woraus folgt:

$$\text{arithmetisches Mittel (= Mittelwert)} = \bar{x} = \frac{(x_1 + x_2 + x_3 + \cdots + x_n)}{n}$$

Die Berechnung des Mittelwerts in Abbildung 20 auf Seite 57 für die Spalte **heuer** (❸) würde nach dieser Formel wie folgt aussehen:

$$\bar{x} = \frac{(1+1+1+2+2+2+3+3+3)}{9} = 2{,}0$$

Bei symmetrischen Verteilungen ist der Mittelwert eine gut interpretierbare Maßzahl. Wie Abbildung 20 auf Seite 57 zeigt, sinkt seine Aussagekraft aber bei unsymmetrischen Verteilungen (vgl. Kapitel 5.1.4 ab Seite 66) oder Extremwerten.

Die 20 von Person 7 im Abbildungsbeispiel gelesenen Bücher treiben den Mittelwert in der Spalte **im_Vorjahr** *in die Höhe: 4,0 (❹) sagt nur mehr wenig über die durchschnittliche Verteilung der restlichen 8 Personen aus. Für die Spalte* **heuer** *besitzt der Mittelwert von 2,0 (❶) aufgrund ähnlicher Ausprägungen hingegen viel bessere Aussagekraft.*

Mittelwerte lassen sich nicht nur – wie oben in der Formel – für einzelne Zahlen berechnen: Das **arithmetische Mittel** ist auch **aus Häufigkeitsverteilungen** schnell bestimmbar.

Eine Häufigkeitsverteilung der Spalte **heuer** *in Abbildung 20 auf Seite 57 hätte ergeben: „1 Buch" kommt 3 Mal vor, „2 Bücher" ebenfalls 3 Mal, genauso oft (3 Mal) „3 Bücher". Um auch aus dieser Häufigkeitsverteilung den Mittelwert rasch bestimmen zu können, müsste die Formel nur geringfügig adaptiert werden:*

$$\bar{x} = \frac{((1 \bullet 3) + (2 \bullet 3) + (3 \bullet 3))}{9} = 2{,}0$$

In der gängigen Auswertungspraxis kommt es auch vor (vor allem bei Indexberechnungen – vgl. Kapitel 6.4.2 ab Seite 137), Mittelwerte von (quasi-)metrischen Beurteilungsskalen auf „Prozentniveau" umrechnen zu müssen.

[28] Bei einer Umfrage ist das z.B. die Anzahl befragter Personen. In der Formel kann „Groß-N" (= Anzahl der Elemente einer Grundgesamtheit) „Klein-n" ersetzen. Der Mittelwert einer Grundgesamtheit wird als „µ" [mü:] bezeichnet.

Mittelwert und Median

❶ **Mittelwert** (arithmetisches Mittel)
= alle einzelnen Werte werden addiert und durch die Zahl der Messungen dividiert

@ Grundgesamtheit: ▼ $\mu = \frac{1}{N} \bullet \sum_{i=1}^{N} x_i$

@ Stichprobe: ▼ $\bar{x} = \frac{1}{n} \bullet \sum_{i=1}^{n} x_i$

❷ **Median**
= teilt eine Verteilung derart, dass sich 50% der in steigender Reihenfolge **geordneten** Messwerte unterhalb und 50% oberhalb befinden; bei gerader Fallzahl der Durchschnitt aus beiden mittleren Werten
▶ kennzeichnet bei einzelnen Extremwerten eine Verteilung besser als der Mittelwert

Anzahl gelesener Bücher

	befragte Person	❸ heuer	im_Vorjahr
1	1	1	1
2	3	1	1
3	5	1	2
4	9	2	2
5	2	2 ❷	2
6	4	2	2
7	8	3	3
8	6	3	3
9	7	3	20 ❹
	Mittelwert	❶ **2,0**	**4,0**
	Median	❷ **2**	**2**

Abbildung 20: Mittelwert (arithmetisches Mittel) und Median

Jemand möchte z.B. (österreichische) Schulnoten-Zufriedenheitsmittelwerte in Prozentergebnisse transferieren – vom Mittelwert 1 = bestmöglicher Wert = 100% „höchste Zufriedenheit" bis zum Mittelwert 5 = schlechtmöglichster Wert = 0% „völlige Unzufriedenheit".

Der kleinste mögliche Wert entspricht also 0%, der höchstmögliche 100%. Für eine österreichische 5er-Schulnoten-Skala dient folgende Umrechnungsformel:[29]

$$Prozentwert_{Schulnotenmittelwert} = \frac{6 - Schulnotenmittelwert - 1}{4} \bullet 100$$

*Bezogen auf einen Schulnotenmittelwert von **5,0** bei einer Zufriedenheitsanalyse würde das bedeuten: Prozentwert$_{Schulnotenmittelwert}$ = (6 – **5** – 1) / 4 • 100 = **0%** = völlig unzufrieden. Bei einem Schulnotenmittelwert von **1,0** wäre das Ergebnis (6 – **1** – 1) / 4 • 100 = **100%** = höchstmögliche Zufriedenheit. Ein Ratingmittelwert von **3,0** führt zu (6 – **3** – 1) / 4 • 100 = **50%** = mittlere Zufriedenheit.*

Ein zusätzlicher, sehr wichtiger Aspekt: Große Bedeutung kommt der Frage der Integration **fehlender Werte** in die Mittelwertsberechnung zu (vgl. dazu die Ausführungen in Kapitel 6.3.5 ab Seite 130).

[29] Die Subtraktion erfolgt, weil die Schulnotenskala im Unterschied zu Prozentwerten „verkehrt herum" gepolt ist (1 = bester, 5 = schlechtester Schulnotenmittelwert). Von 6 deshalb, weil die Schulnoten bei 1 und nicht bei 0 beginnen. „– 1" am Ende und „/ 4", weil die 5 Schulnoten 4 „Zwischenräume" aufweisen: zwischen 1 und 2, 2 und 3, 3 und 4 sowie 4 und 5. „• 100" hebt das Ergebnis schließlich auf Prozentbasis.

5.1.2.2 | Median

Wie der Mittelwert ist der Median ein **Zentralmaß**: Er liegt in der Mitte jeder Verteilung.

Der **Median** „teilt" mehrere Datensätze derart, **dass sich 50% aller** ihrer Größe nach aufsteigend sortierten **Messwerte unterhalb und 50% oberhalb von ihm befinden**.

Der Median bietet meist gegenüber dem Mittelwert Vorteile bei „Ausreißern" und schiefen Verteilungen. Dies deshalb, weil das Wesen von Normalverteilungen (vgl. Kapitel 5.1.4 ab Seite 66) dadurch bestimmt ist, dass die meisten Messwerte in der Mitte der Verteilung zu liegen kommen.

In Abbildung 20 auf Seite 57 wird rasch ersichtlich, dass der Median (❷) die vorhandene Verteilung besser kennzeichnet als der Mittelwert.

Zur Ermittlung des Medians wurden die 9 Personen aufgrund ihrer Messwerte geordnet. Der Wert der mittleren Person 2 (❷, gereiht an die fünfte Stelle) ist der gesuchte Median: 4 Personen liegen mit ihren Werten unter diesem Wert, 4 darüber.

Bei gerader Anzahl der Messwerte gibt es keinen mittleren Wert. Hier wird aus den beiden in der Mitte liegenden Werten der Durchschnitt gebildet. Dieser Wert bezeichnet dann den Median.

Achtung: NICHT der Rangplatz – im Beispiel in Abbildung 20 auf Seite 57 Person 2 in Zeile 5 – **ist der Median, sondern der Wert** (die Ausprägung), der sich auf diesem Platz befindet!

Im Beispiel ist das der Wert 2 (2 gelesene Bücher) und NICHT Rangplatz 5.

Ein weiterer Vorteil, den der Median bietet: Er ist auch bei ungleichen Klassenintervallen und offenen Randklassen bestimmbar. Hier wären Mittelwertsberechnungen unzulässig!

Bei den in Abbildung 19 auf Seite 54 dargestellten fünf Klassen – „1 Buch" | „2 Bücher" | „3 bis 5 Bücher" | „6 bis 10 Bücher" | „mehr als 10 Bücher" – liegt der Median bei 2 Büchern (❾).

5.1.2.3 | Modus

Der **Modus** (Modalwert) ist der Wert, der in einer Verteilung am häufigsten vorkommt. Treten mehrere Ausprägungen gleich oft am häufigsten auf, gibt es mehrere Modi.

In Abbildung 20 auf Seite 57 sind die Modi von **heuer** *1, 2 und 3 (alle Ausprägungen kommen 3 Mal vor). Bei* **im_Vorjahr** *ist der Modus 2 (Ausprägung 2 kommt 4 Mal vor, alle anderen seltener).*

5.1.2.4 | Minimum und Maximum

Das **Minimum** ist der kleinste Wert einer Verteilung, das **Maximum** der größte Wert. Dazwischen liegt die **Spannweite**.

Minimum und Maximum sind Lagemaße, die Spannweite ist ein Streuungsmaß (vgl. Kapitel 5.1.3 ab Seite 64). Die Spannweite ist der gesamte Bereich zwischen dem kleinsten und größten Wert (❼ in Abbildung 21 auf Seite 60). Für ihre Berechnung muss bloß das Minimum vom Maximum subtrahiert werden.

In Abbildung 20 auf Seite 57 ist das Minimum von **heuer** *1, das Maximum 3, die Spannweite 2. Bei* **im_Vorjahr** *ist das Minimum 1, das Maximum 20, die Spannweite somit 19.* [30]

5.1.2.5 | Quantile

Neben Minimum und Maximum sind weitere Lagemaße die Quantile.

Quantile ist der Sammelbegriff für **Terzile**, **Quartile**, **Quintile**, **Dezile**. **Diese Maße teilen eine Verteilung in drei, vier, fünf oder zehn gleich große Mengen auf.**

Abbildung 21 auf Seite 60 zeigt auf der linken Seite das Mengenprinzip der jeweiligen Lagemaße. Rechts daneben findet sich eine Häufigkeitszählung der metrischen Altersvariable **f_14** der BUCHdaten mithilfe der Analysesoftware SPSS. Anhand der kumulierten Prozentwerte (vgl. Seite 54 im Kapitel 5.1.1) lassen sich die den Lagemaßen entsprechenden Alterswerte leicht ablesen (❶, ❷, ❸ und ❹ in Abbildung 21 auf Seite 60). Überall dort, wo die jeweiligen Quantilsmengen den jeweiligen Grenzbereich der kumulierten Prozentverteilung überschreiten (bei Terzilen: 33,3%, 66,7%; bei Quartilen: 25%, 50%, 75%; bei Quintilen: 20%, 40%, 60%, 80%; bei Dezilen: 10%, 20%, 30%, 40% usw. bis 90%), liegt die Ausprägung (hier Altersjahr) des jeweiligen Lagemaßes.

Das Minimum (kleinster Wert, jüngste befragte Personen) liegt bei den neun 15-Jährigen (❺), das Maximum bezeichnet den größten Wert (älteste Person).[31] *Das erste Quartil (25% der Verteilung) z.B. liegt bei einem Alter von 29 (❷). Das erste Quintil (20% der Verteilung) liegt bei 27 Altersjahren (❸) und fällt damit mit dem zweiten Dezil (❹) zusammen. Das erste Dezil (10% aller Alterswerte) liegt bei 23 Jahren usw.*

Quantile erlauben einfache, mengenmäßig kumulierte Interpretationen.

Aus ❽ könnte abgelesen werden, dass ein Viertel der Befragten nicht älter als 29 Jahre ist. ❻ gibt den Hinweis darauf, dass rund jede zweite Person im Datenfile älter bzw. jünger als 43 Jahre ist usw.

Wie werden Quantile „manuell" berechnet?

1. Zunächst wird eine größenmäßig aufsteigende Rangreihe aller Messwerte gebildet.

2. Danach werden die Anzahl der Messwerte (n) und der Multiplikator für das zu berechnende Quantil (p) bestimmt. Bei Terzilen sind die Multiplikatoren 0,33 | 0,67, bei Quartilen 0,25 | 0,5 | 0,75, bei Quintilen 0,2 | 0,4 | 0,6 | 0,8, bei Dezilen 0,1 | 0,2 | 0,3 | 0,4 | 0,5 | 0,6 | 0,7 | 0,8 | 0,9.

3. Es folgt die Bildung des Produkts aus Messwertanzahl (n) und Multiplikator (p).

4a. Ist dieses Produkt KEINE ganze Zahl, wird auf die nächstgrößere ganze Zahl gerundet. Der Rangplatz dieser aufgerundeten Zahl muss gesucht werden: Der Wert auf diesem Platz bezeichnet das gesuchte Quantil.

4b. Ist das Produkt hingegen EINE ganze Zahl, muss der Rangplatz DIESER Zahl gesucht werden. Sein Wert und der darauffolgende nächste Wert werden gemittelt. Dieser Durchschnittswert bezeichnet den Wert des gesuchten Quantils.

---

[30] 3 – 1 = 2; 20 – 1 = 19.

[31] Das Maximum ist aus satztechnischen Gründen in der Abbildung nicht mehr enthalten.

Quantile

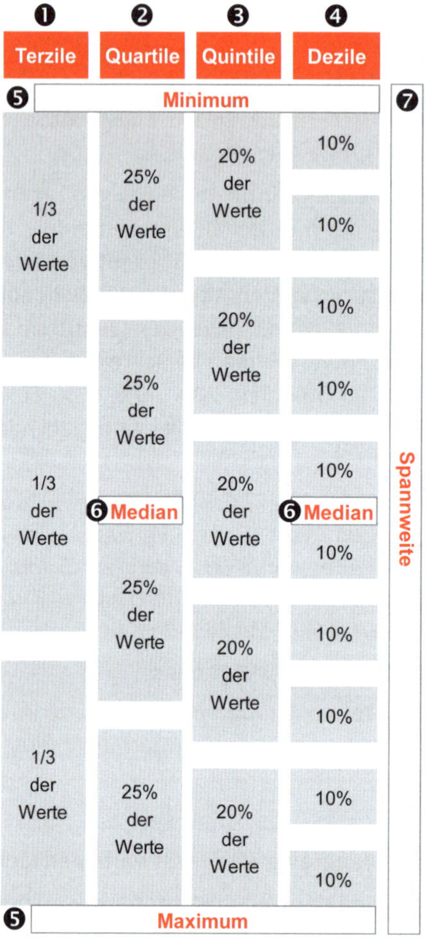

wenn *n* • *p* ≠ ganzzahlig:

$$x_p = x_{[n \cdot p]}$$

wenn *n* • *p* = ganzzahlig:

$$x_p = \frac{x_{n \cdot p} + x_{n \cdot p+1}}{2}$$

Umsetzung mit SPSS

f_14 Alter

	Häufigkeit ❾	Prozent	Gültige Prozente	Kumulierte Prozente ❿
❺ 15	9	1,8	1,8	1,8
16	14	2,8	2,8	4,6
17	2	,4	,4	5,0
18	6	1,2	1,2	6,1
19	2	,4	,4	6,5
20	8	1,6	1,6	8,1
21	1	,2	,2	8,3
22	5	1,0	1,0	9,3
23 ❹	9	1,8	1,8	11,1
24	6	1,2	1,2	12,3
25	16	3,2	3,2	15,4
26	14	2,8	2,8	18,2
27 ❸❹	17	3,4	3,4	21,6
28	10	2,0	2,0	23,6
29 ❷❽	11	2,2	2,2	25,7
30	16	3,2	3,2	28,9
31	17	3,4	3,4	32,3
32 ❶	12	2,4	2,4	34,7
33	11	2,2	2,2	36,8
34	8	1,6	1,6	38,4
35	5	1,0	1,0	39,4
36 ❸❹	4	,8	,8	40,2
38	6	1,2	1,2	41,4
39	1	,2	,2	41,6
40	13	2,6	2,6	44,2
41	9	1,8	1,8	45,9
42	9	1,8	1,8	47,7
43 ❷❹❻	15	3,0	3,0	50,7
44	9	1,8	1,8	52,5
45	9	1,8	1,8	54,3
46	4	,8	,8	55,0
47	9	1,8	1,8	56,8
48	9	1,8	1,8	58,6
49 ❸❹	9	1,8	1,8	60,4
50	9	1,8	1,8	62,2
51	11	2,2	2,2	64,4
52	8	1,6	1,6	65,9
53	3	,6	,6	66,5
54	7	1,4	1,4	67,9
55	15	3,0	3,0	70,9

usw.

Abbildung 21: Quantile

In zwei Formeln zusammengefasst:

wenn $n \bullet p$ = NICHT ganzzahlig: $x_p = x_{\lceil n \bullet p \rceil}$	wenn $n \bullet p$ = ganzzahlig: $x_p = \frac{x_{n \bullet p} + x_{n \bullet p+1}}{2}$
x_p = Quantilswert	n = Anzahl der Messwerte
x = Merkmalsausprägung	p = Multiplikator für das Quantil
„⌈" und „⌉" = aufrunden auf die nächste ganze Zahl	

Achtung: NICHT der Rangplatz ist das gesuchte Quantil, sondern der Wert (die Ausprägung), der sich auf diesem Platz befindet!

Die BUCHdaten enthalten 505 Datensätze (n). Ermittelt werden soll das erste, untere Quartil – sein Multiplikator (p) ist 0,25. Dieses berechnet sich aus den Absolutzahlen in Abbildung 21 auf Seite 60 wie folgt:

505 • 0,25 = 126,3: Das ist keine Ganzzahl, wird also aufgerundet. Das Alter (der Wert) am 127. Datensatz ist das gesuchte Quartil. Um zu diesem Wert zu gelangen, müssen einfach die Häufigkeiten (❾) der einzelnen Altersjahre aufsummiert werden, bis die 127. Person erreicht ist: Zu den 9 Personen, die 15 Jahre alt sind, werden die 14 16-Jährigen addiert (9 + 14 = 23), dazu die 2 17-Jährigen (23 + 2 = 25) usw. – bis zu den 10 28-Jährigen: Mit ihnen sind 119 Personen abgedeckt, die zwischen 15 und 28 Jahre alt sind).

Kommen nun noch die 11 29-Jährigen zu den bisher aufaddierten Werten, ergeben sich 130 Personen bzw. Datensätze (119 + 11 = 130). Die gesuchte 127. Person für das erste Quartil liegt somit in dieser Gruppe der 11 Personen mit 29 Jahren.

Wesentlich leichter können Quantile aus kumulierten Prozentwerten (vgl. Seite 54 im Kapitel 5.1.1) ermittelt werden. SPSS (und PSPP) weisen diese bei Häufigkeitszählungen standardmäßig aus.

In Spalte ❿ in Abbildung 21 auf Seite 60 finden sich die aus den gültigen Prozentwerten immer weiter aufsummierten Prozente: Zu den 1,8% 15-Jährigen werden die 2,8% 16-Jährigen addiert (= 4,6%). Dazu die 0,4% 17-Jährigen – ergibt 5,0% usw. Nach den 28-Jährigen liegt der kumulierte Wert noch bei 23,6% – also knapp unter den gesuchten 25% für das erste Quartil.

Der Sprung über die „25%-Marke" erfolgt bei den 29-Jährigen (auf 25,7%). Das heißt, innerhalb der 11 Personen, die 29 Jahre alt sind, liegt „die genaue Zielperson" am ersten Viertel der Gesamtverteilung.

Bei über kumulierte Prozentwerte ermittelten Quantilen ist es fast immer unerheblich, ob die Datensätze eine gerade oder ungerade Anzahl haben (vgl. Abbildung 22 auf Seite 62).

Nach der im Beispiel oben erfolgten Berechnung des ersten Quartils aus 505 Personen[32] musste auf die 127. Person aufgerundet werden (vgl. die links stehende Formel auf Seite 61): Diese Person hat – als eine der 11 Personen mit 29 Jahren – die Altersausprägung 29 Jahre (❶ in Abbildung 22, Altersverteilung ①).

[32] 505 • 0,25 = 126,3

Quantile über kumulierte Prozentwerte ermitteln

①

Person	f_14 Alter	Häufigkeit	Prozent	kumulierte Prozente
1 – 9	15	9	1,8	1,8
10 – 23	16	14	2,8	4,6
93 – 109	27	17	3,4	21,5
110 – 119	28	10	2,0	23,5
120	29	1	0,2	23,7
121	29	1	0,2	23,9
122	29	1	0,2	24,1
123	29	1	0,2	24,3
124	29	1	0,2	24,5
125	29	1	0,2	24,7
126	29	1	0,2	24,9
127	❶ 29	❷ 1	0,2	25,1
128	29	1	0,2	25,3
129	29	1	0,2	25,5
130	29	1	0,2	25,7
131 – 146	30	16	3,2	28,9
147 – 163	31	17	3,4	32,3
usw.	…	…	…	…

②

Person	f_14 Alter	Prozent	kumulierte Prozente
…	…	…	…
…	…	…	…
…	…	…	…
125	29	0,2	23,9
126	29	0,2	24,1
127	29	0,2	24,3
128	29	0,2	24,5
129	29	0,2	24,7
130	29	0,2	24,9
131 – 146	30	3,2	❸ 28,1
…	…	…	…

Abbildung 22: Quantile über kumulierte Prozentwerte ermitteln

Hätte die Berechnung eine ganze Zahl ergeben – bei 504 Datensätzen z.B. 126 –, müsste der Wert der 126. Person[33] *(= 29 Jahre) mit dem Wert der darauffolgenden Person (= 29 Jahre) gemittelt werden* (vgl. die rechts stehende Formel auf Seite 61)*: Das Ergebnis würde mit 29 Jahren ident bleiben (❷ bei ①).*

Nur in wirklich seltenen Grenzfällen findet der „Quantilssprung" von einer Merkmalsausprägung auf die andere statt. Dann kann das Quantil nicht direkt abgelesen werden:

Angenommen, die kumulierten Prozente liegen nach allen 29-Jährigen bei 24,9% – also ganz knapp „zu tief" für das erste Quartil (❸ bei Altersverteilung ② in Abbildung 22*). Nach der nächsten Alterskategorie sind aber bereits 28,1% erreicht. Hier wäre das gesuchte Quartil besser über die „n • p-Logik"* (vgl. die beiden Formeln auf Seite 61) *zu ermitteln.*[34]

Zwischen dem ersten ($x_{0,25}$) und dritten Quartil ($x_{0,75}$) liegt der **Quartilsabstand (Interquartilbereich)**. Er berechnet sich wie folgt: $x_{0,75} - x_{0,25}$. Zwischen dem ersten ($x_{0,1}$) und neunten Dezil ($x_{0,9}$) liegt der **Dezilabstand**. Er berechnet sich nach der Formel $x_{0,9} - x_{0,1}$.

In Abbildung 22 *liegt das erste Quartil ($x_{0,25}$) bei 29 Jahren (❶ bzw. ❷). Das vierte Quartil ($x_{0,75}$) befindet sich bei – in der Abbildung nicht mehr dargestellten*[35] *– 60 Jahren. Der Quartilsabstand ist also 31.*[36]

[33] 504 • 0,25 = 126

[34] Wenn n • p = genau 130 (Ganzzahl): (29 + 30) / 2 = 29,5; ansonsten aufrunden von 130 = 131. Platz = 30 Jahre.

[35] Ab 55 Jahren sind die Werte in der Abbildung aus satztechnischen Gründen nicht mehr dargestellt.

[36] 60 – 29 = 31

Boxplot für metrische Verteilungen

- **Boxplots** dienen zur Visualisierung und schnellen Beurteilung der Verteilung und Streuung von Variablen.
- Auch Gruppenvergleiche bzw. das Gegenüberstellen verschiedener Verteilungen sind damit sehr plakativ möglich.

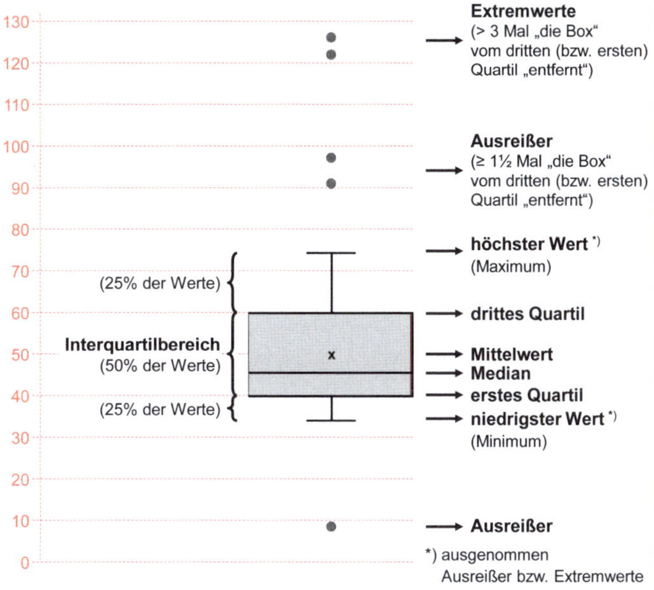

Abbildung 23: Boxplot (symbolische Darstellung)

In Abbildung 21 auf Seite 60 liegt das erste Dezil ($x_{0,1}$) bei 23 Jahren (❹), das neunte ($x_{0,9}$) bei – auch hier nicht (mehr) dargestellten – 69 Jahren. Der Dezilabstand beträgt also 46.[37]

Beide Maßzahlen sind Streuungsmaße (vgl. Kapitel 5.1.3 ab Seite 64).

Mittelwert, Median, Quartile und Quartilsabstand werden gerne in **Boxplots** visualisiert (vgl. Abbildung 23). Boxplots sind deshalb sehr gebräuchlich, weil sie einen raschen Überblick über Verteilungen liefern. Auch Ausreißer und Extremwerte sind gut ersichtlich.

Als **Ausreißer** gelten alle Werte ab einer Entfernung von eineinhalb Interquartilbereichen – gerechnet vom dritten (bzw. ersten) Quartil aus. Werte, die mehr als drei Interquartilbereiche vom dritten (bzw. ersten) Quartil entfernt liegen, werden **Extremwerte** genannt.

Neben inhaltlichen Informationen liefern Lagemaße auch Hinweise für Gruppenbildungen bei metrischen Variablen (vgl. Kapitel 6.4.1 ab Seite 133):

Jemand möchte z.B. die Altersverteilung aus Abbildung 21 auf Seite 60 in vier etwa gleich große Gruppen zusammenfassen. Dazu dienen Quartile: Die erste Altersgruppe müsste beim Umcodieren von 15 (Minimum) bis 29 (erstes Quartil ❷, $x_{0,25}$) Jahre definiert werden. Die zweite Altersgruppe beginnt bei 30 und endet bei 43 Jahren (zweites Quartil ❷, Median ❻, $x_{0,5}$) usw. Die dritte Altersgruppe würde von 44 bis 60 reichen, die letzte von 61 bis zum Maximum, das in den BUCHdaten bei 89 Jahren liegt.[38]

---

[37] 69 – 23 = 46

[38] Ab 55 Jahren sind die Werte in der Abbildung aus satztechnischen Gründen nicht mehr dargestellt.

5.1.3 | Streuungsmaße

Neben Lagemaßen besitzen bei (quasi-)metrischen Verteilungen **Streuungsmaße** große Bedeutung. Varianz und Standardabweichung sind die gebräuchlichsten Streuungsmaße. Auch Spannweite (vgl. Kapitel 5.1.2.4 auf Seite 58) und Quartils- bzw. Dezilabstand (vgl. Seite 62 in Kapitel 5.1.2.5) zählen zu den Streuungsmaßen: Sie wurden bereits bei den Lagemaßen näher beschrieben.

5.1.3.1 | Varianz

Varianz und Standardabweichung geben die Stärke der Streuung der Merkmalsausprägungen um den Mittelwert (= deren Variabilität) an.

Die Varianz ist die Summe aller quadrierten Abweichungen der einzelnen Messwerte vom Mittelwert (= arithmetischen Mittel), dividiert durch die Anzahl[39] der Messwerte. Sie gibt also **die durchschnittliche Abweichung aller quadrierten Messdifferenzen vom Mittelwert** an.

Die Varianz berechnet sich nach der folgenden Formel – dabei muss unterschieden werden, ob die Daten einer Grundgesamtheit (vgl. Braunecker, 2023, S. 45–47) entstammen ...

$$\sigma^2 = \frac{1}{N} \cdot \sum_{i=1}^{N} (x_i - \mu)^2$$

$i=1$ = „erstes" Element
N = Anzahl der Elemente einer Grundgesamtheit
x_i = Merkmalsausprägung eines Elements
μ = Mittelwert der Grundgesamtheit

... oder einer Stichprobe (vgl. Braunecker, 2023, S. 48–49):

$$s^2 = \frac{1}{n-1} \cdot \sum_{i=1}^{n} (x_i - \bar{x})^2$$

$i=1$ = „erstes" Element
n = Anzahl der Elemente einer Stichprobe
x_i = Merkmalsausprägung eines Elements
$\bar{x}$ = Mittelwert der Stichprobe

[39] Bei Grundgesamtheiten wird durch die Anzahl ALLER Messwerte dividiert, bei Stichproben durch die Anzahl aller Messwerte minus 1 – warum das?
Die Formel beinhaltet den Mittelwert. Dieser ist bei einer Grundgesamtheit real bekannt, bei einer Stichprobe nur geschätzt: Er ist ein Schätzwert für die Grundgesamtheit, geschätzt aus den Werten der EINEN Stichprobe. Diese EINE Stichprobe hätte zufällig auch andere Elemente beinhalten können als die vorliegenden. Dann wäre wahrscheinlich auch der Mittelwert ein (etwas) anderer und die Varianzberechnung hätte mit der gerade stattfindenden nichts mehr gemein. Damit ein durch andere Stichprobenelemente veränderter Mittelwert nicht „passieren" kann, wird von der Stichprobengröße EIN Fall abgezogen. Somit könnten sich theoretisch (durch zufällige andere Stichprobenelemente) alle Messergebnisse bis auf EINES verändern, um weiterhin bei der Abweichungssumme Null aller Messwerte zu bleiben: Denn ein Mittelwert ist so definiert, dass die Summe der Abweichung aller Messwerte von ihm Null ergibt. Das EINE unveränderte Messergebnis MUSS bei Veränderung aller anderen Messwerte „unangetastet" bleiben. Es ist eine „sich selbst ergänzende", aus den anderen variablen Werten resultierende Restmenge: um beim gerade betrachteten Mittelwert „zu bleiben" und nicht „über etwas anderes zu sprechen". Somit hat die Varianz einer Stichprobe n – 1 „Freiheitsgrade" (vgl. auch Kapitel 5.2.1.8 ab Seite 92). Die statistische Logik dahinter erläutert Kapitel 5.2.1.1 ab Seite 82.

Wie bereits beim Mittelwert (vgl. Kapitel 5.1.2.1 auf Seite 56) ausgeführt, lassen sich auch hier die beiden Formeln „einfacher" darstellen:

$$\text{Varianz (Grundgesamtheit)} = \sigma^2 = \frac{((x_1-\mu)^2 + (x_2-\mu)^2 + (x_3-\mu)^2 + \cdots + (x_N-\mu)^2)}{N}$$

$$\text{Varianz (Stichprobe)} = s^2 = \frac{((x_1-\bar{x})^2 + (x_2-\bar{x})^2 + (x_3-\bar{x})^2 + \cdots + (x_n-\bar{x})^2)}{n-1}$$

Durch die Quadrierung werden größere Abweichungen stärker gewichtet als kleine. Die Varianz wird oft nicht direkt interpretiert, sie stellt nur die Basis für die Standardabweichung dar. Die Quadrierung im Zuge der Varianzberechnung führt dazu, dass die Richtung der Abweichung eines Messwerts vom Mittelwert nach oben oder nach unten egalisiert wird.

Angenommen, der Mittelwert einer Schulnotenskala ergibt 3. Person A hat mit 4 beurteilt, weicht also um plus 1 vom Mittelwert ab. Person B hat Note 2 vergeben, weicht also um minus 1 ab. Ohne Quadrierung wäre die durchschnittliche Abweichung vom Mittelwert (-1 + 1) / 2 = 0: nicht korrekt. Mit Quadrierung: ($-1^2 + 1^2$) / 2 = (1 + 1) / 2 = 1: korrekt!

5.1.3.2 | Standardabweichung

Die **Standardabweichung** ist die **quadratische Wurzel der Varianz** und besser interpretierbar. Sie gibt an, wie stark die einzelnen Messwerte im Schnitt vom Mittelwert abweichen. Je größer die Standardabweichung ausfällt, desto weniger gut beschreibt ein Mittelwert eine Verteilung (❸ und ❹ in Abbildung 24 auf Seite 66).

Die Standardabweichung berechnet sich nach folgender Formel – wieder wird zwischen Grundgesamtheit und Stichprobe unterschieden (vgl. das vorherige Kapitel ab Seite 64):

Grundgesamtheit: $\sigma = \sqrt{\sigma^2}$	Stichprobe: $s = \sqrt{s^2}$

Bezogen auf die Spalte **heuer** in Abbildung 24 auf Seite 66 berechnet sich die Standardabweichung ❷ (aus der Varianz ❶) des Mittelwerts gelesener Bücher (einer Stichprobe von 9 Personen) wie folgt (❸):

$$s = \sqrt{\frac{1}{n-1} \bullet ((x_1-\bar{x})^2 + (x_2-\bar{x})^2 + (x_3-\bar{x})^2 + \cdots + (x_n-\bar{x})^2)}$$

$$\text{... also: } s = \sqrt{\frac{((1-2)^2 + (1-2)^2 + (1-2)^2 + (2-2)^2 + (2-2)^2 + (2-2)^2 + (3-2)^2 + (3-2)^2 + (3-2)^2)}{9-1}}$$

$$\text{... bzw.: } s = \sqrt{\frac{(1+1+1+0+0+0+1+1+1)}{8}} = \sqrt{\frac{6}{8}} = \sqrt{0{,}75} = \mathbf{0{,}866}$$

Die relativ geringe Standardabweichung von **heuer** *von 0,87 Büchern (❸) weist auf einen „gut verwendbaren" Mittelwert von 2,0 hin. Anders bei* **im_Vorjahr***: Hier streuen die gelesenen Bücher um mittlere 6 (!) Bücher (❹) um den Mittelwert von 4,0. Das macht diesen NICHT besonders tauglich und aussagekräftig.*

Mittelwert, Varianz **und Standardabweichung**

❶ **Varianz**
= durchschnittliche quadrierte Abweichung aller Messwerte vom Mittelwert

@ Grundgesamtheit:

$$\sigma^2 = \frac{1}{N} \cdot \sum_{i=1}^{N} (x_i - \mu)^2$$

@ Stichprobe:

$$s^2 = \frac{1}{n-1} \cdot \sum_{i=1}^{n} (x_i - \bar{x})^2$$

❷ **Standardabweichung**
= Wurzel der Varianz

@ Grundgesamtheit:

$$\sigma = \sqrt{\sigma^2}$$

@ Stichprobe:

$$s = \sqrt{s^2}$$

► **Je kleiner** die **Standardabweichung**, **desto besser** beschreibt der **Mittelwert** die Verteilung.

Anzahl gelesener Bücher

befragte Person	heuer	im_Vorjahr
1	1	1
3	1	1
5	1	2
9	2	2
2	2	2
4	2	2
8	3	3
6	3	3
7	3	20
Mittelwert	**2,0**	**4,0**
Varianz (hier: einer Stichprobe) ❶	**0,75**	**36,50**
Standardabweichung (hier: einer Stichprobe) ❷	**0,87** ❸	**6,04** ❹

Abbildung 24: Mittelwert (arithmetisches Mittel) und Standardabweichung

5.1.4 | Normalverteilung

Die wohl bedeutendste Verteilung in der Statistik ist die nach Ihrem Erfinder benannte **Gaußsche Normalverteilung**. Sie besitzt die Form einer Glockenkurve (① in Abbildung 25 auf Seite 67), mit folgender Bedeutung:

Durchschnittliche Wertausprägungen kommen häufig vor: je durchschnittlicher, desto häufiger (❶❷❸).

Kleiner und größer werdende Merkmalsausprägungen treten immer seltener auf: je kleiner, desto seltener (❹); je größer, desto seltener (❺).

In der Mitte einer normalverteilten, **symmetrischen Verteilung** liegen der Durchschnitt (Mittelwert, arithmetisches Mittel, vgl. Kapitel 5.1.2.1 ab Seite 55) und die häufigste Wertausprägung – der Modalwert (vgl. Kapitel 5.1.2.3 auf Seite 58). Auch der Median (vgl. Kapitel 5.1.2.2 auf Seite 58) fällt hier genau in die Mitte (❶, ❷, ❸ bei ① in Abbildung 25 auf Seite 67).

Verteilungen sind nicht immer symmetrisch, viele weisen eine **Schiefe** auf.[40] Ist die Verteilung **rechtssteil** bzw. linksschief (② in Abbildung 25), ist der Mittelwert kleiner als der Median, dieser wiederum kleiner als der Modalwert. Umgekehrt verhält es sich bei **linkssteiler**

[40] Bei symmetrischer Verteilung ist die Schiefe = 0. Eine Verteilung mit negativer Schiefe läuft nach links aus (linksschief) und ist damit rechtssteil. Eine Verteilung mit positiver Schiefe läuft nach rechts aus (rechtsschief) und ist damit linkssteil.

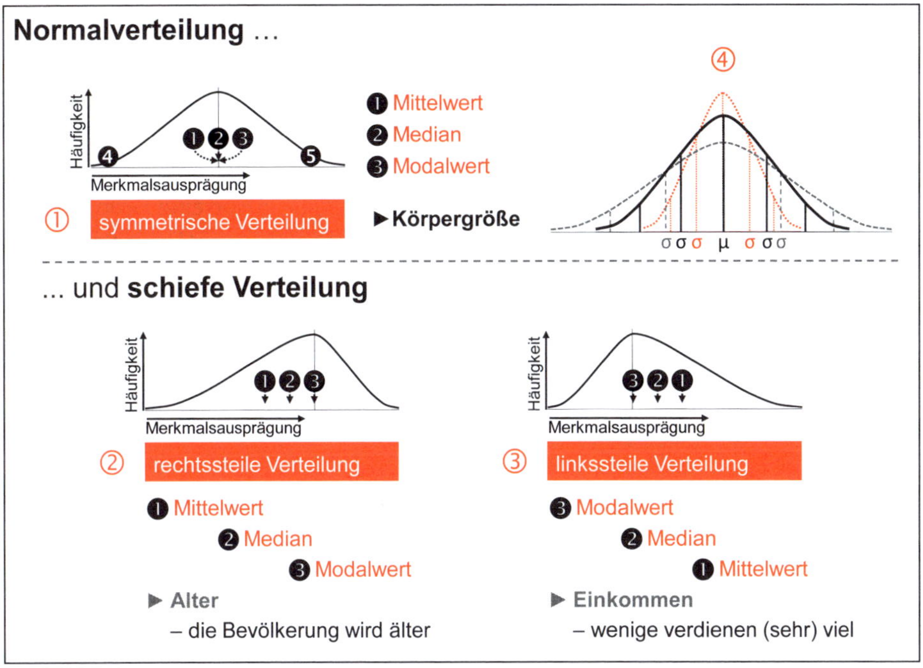

Abbildung 25: Normalverteilung und schiefe Verteilung

bzw. rechtsschiefer Verteilung (③): Hier ist der Mittelwert der größte Wert, der Median liegt darunter, der Modus ist noch kleiner.

Symmetrisch in unserer Bevölkerung verteilt ist z.B. die Körpergröße, rechtssteil das Alter (die Bevölkerung wird immer älter), linkssteil das Einkommen (wenige verdienen viel).

Verteilungen sind nicht immer „gleich hoch" – sie besitzen eine unterschiedliche **Wölbung** (④ in Abbildung 25). Schiefe und Wölbung haben eine eher untergeordnete Bedeutung bei der Interpretation statistischer Ergebnisse (vgl. Quatember, 2020, S. 62).

Verteilungen sind auch nicht immer „gleich breit": Je kleiner σ ['sig:ma] ausfällt, desto schlanker wird die Glockenkurve, je größer σ, desto breiter (④ in Abbildung 25). Mit der Standardabweichung σ hängt die so große Bedeutung der Normalverteilung für die Statistik zusammen: Damit ist die Variabilität von Stichprobenergebnissen angesprochen, die sich nach den Erkenntnissen der Theorie normal verteilen (vgl. Kapitel 5.2.1.1 ab Seite 82 bzw. Braunecker, 2023, S. 89–92).

5.1.5 | Kreuztabelle

Kreuztabellen sind die gebräuchlichste Form der Zusammenhangsdarstellung zwischen zwei nominal oder ordinal skalierten Variablen. Sie stellen **kombinierte Häufigkeitsauswertungen zweier Merkmale** dar. Mit ihnen lässt sich ermitteln, wie oft jede einzelne Ausprägung EINER Variable mit jeder einzelnen Ausprägung einer ANDEREN Variable in Kombination vorkommt. Damit sind **VariablenZUSAMMENHÄNGE** darstellbar.

Dabei geht es im Prinzip um folgende Frage: Unterscheiden sich Teilgruppen eines Datenbestandes (gebildet durch die Ausprägungen EINER Variable) mengenmäßig in Bezug auf die Merkmalsausprägungen einer ANDEREN Variable?

Soll eine Kreuztabelle (auch) metrische Variablen beinhalten, ist zuvor eine Gruppierung dieser Variable(n) nötig (vgl. Kapitel 6.4.1 ab Seite 133). Dabei dürfen nicht zu viele Gruppen entstehen, sonst wird die Kreuztabelle unübersichtlich.

In Kreuztabellen (Kontingenztabellen) werden die Ausprägungen des einen Merkmals den Zeilen zugeordnet, die Ausprägungen des anderen Merkmals den Spalten. Ermittelt wird für jede Merkmalskombination die Häufigkeit ihres Auftretens.

Abbildung 26 auf Seite 69 zeigt unter ① das Prinzip:

Dargestellt werden 200 bis 40-Jährige und 100 über 40-Jährige in Bezug auf ihren aktuellen Status als studierend oder nicht. 150 der Jüngeren studieren gerade, 50 nicht. Bei den Älteren studieren 30, 70 nicht.

Die Frage, die sich an die Kreuztabelle im Beispiel stellt, lautet: Welchen Zusammenhang gibt es zwischen Alter und Status als studierende Person? Aus den über Absolutzahlen ausgewiesenen Mengenverhältnissen lassen sich noch keine Rückschlüsse auf einen Variablenzusammenhang ziehen. Die Jüngeren sind die größere Gruppe (200 gegenüber 100 Älteren), demzufolge werden bei ihnen die absoluten Mengenzahlen generell größer ausfallen.

Prozentwerte werden nötig, um den Merkmalszusammenhang besser überprüfen zu können: Über die **relativen** Anteile der Studierenden innerhalb der Gruppen (jüngere versus ältere Personen) lässt sich rasch feststellen, ob die beiden miteinander gekreuzten Variablen zusammenhängen. Dabei ist es möglich, zeilenmäßig (③ in Abbildung 26 auf Seite 69) zu interpretieren oder spaltenmäßig (④):

Während unter den jüngeren Personen bis 40 Jahre drei Viertel (75%) gerade studieren, sind es unter den älteren lediglich 30% (③).

Oder ④: Mehr als acht von zehn Personen, die gerade studieren, sind bis zu 40 Jahre alt (83,3%). Bei den Nicht-Studierenden sind das weniger als halb so viele (41,7%).[41]

Das deutet auf eine Differenz bzw. einen **Unterschied** zwischen den Vergleichsgruppen, auf einen **Zusammenhang** (**Unterschied = Zusammenhang!**) zwischen den beiden Merkmalen **Alter** und **derzeit_studierend** hin: „Wenn Personen jünger (bis 40 Jahre alt) sind, dann haben sie eher Studierendenstatus, als wenn sie älter sind" (vgl. Kapitel 1.1 ab Seite 19). Also: Jüngeres Alter bedingt eher ein Studium als höheres Alter. Mit höherem Alter sinkt die Studierendenquote.

Kreuztabellen verbinden technisch zwei Merkmale, sie besitzen keine „Richtung". Es könnte aus der hier vorliegenden „dummen" Variablenzusammenführung daher auch der Schluss gezogen werden: Studium bedingt Alter. Mit einem Studium sinkt die Altersquote. Das macht inhaltlich natürlich keinen Sinn. Niemand wird jünger, wenn er studiert.

[41] 150 / 200 • 100 = 75%; 30 / 100 • 100 = 30%; 150 / 180 • 100 = 83,3%; 50 / 120 • 100 = 41,7%.

Kreuztabelle

Σ = in Summe

① **beobachtete Werte**

Alter	derzeit_studierend: ja	derzeit_studierend: nein	Σ
bis 40 J	❷ 150	50	**200**
über 40 J	30	❺ 70	**100**
Σ	**180**	**120**	**300**

② **erwartete Werte**

Alter	derzeit_studierend: ja	derzeit_studierend: nein	Σ
bis 40 J	❷ 120,0	❸ 80,0	**200**
über 40 J	❹ 60,0	❺ 40,0	**100**
Σ	**180**	**120**	**300**

③ **Zeilenprozent**

Alter	derzeit_studierend: ja	derzeit_studierend: nein	Σ
bis 40 J	*75,0*	*25,0*	***100,0***
über 40 J	*30,0*	*70,0*	***100,0***
Σ	❶ ***60,0***	***40,0***	***100,0***

④ **Spaltenprozent**

Alter	derzeit_studierend: ja	derzeit_studierend: nein	Σ
bis 40 J	*83,3*	*41,7*	***66,7***
über 40 J	*16,7*	*58,3*	***33,3***
Σ	***100,0***	***100,0***	***100,0***

Abbildung 26: Kreuztabelle

Damit sind die beiden Begriffe **abhängige und unabhängige Variable** angesprochen: Die **unabhängige Variable** (auch als **UV** bezeichnet) **ist** die **Ursache**, die **abhängige** (auch **AV**) die **Wirkung**. Anhand der UNABHÄNGIGEN Variable werden Datensätze in Gruppen aufgeteilt. Innerhalb der ABHÄNGIGEN Variable wird die Verteilung dieser Gruppen untersucht.

Hängt **derzeit_studierend** *vom* **Alter** *ab oder hängt das* **Alter** *von* **derzeit_studierend** *ab?*

Im Beispiel ist nur EINE der beiden Varianten anwendbar.

Alter *ist die unabhängige Variable,* **derzeit_studierend** *die abhängige. Vom Alter hängt es ab, ob Personen eher studieren oder nicht. Und nicht umgekehrt!*

In anderen Fällen können UV und AV aber durchaus auch wechselseitig sein:

Angenommen, jemand untersucht, ob **Alter** *und* **Studiendauer** *zusammenhängen: Längere Studiendauer führt zu höherem Alter. Umgekehrt könnte aber auch höheres Alter (z.B. aufgrund weniger Zeitbudget) „schuld“ an längerer Studiendauer sein.*

Welche Variable die beeinflussende (= unabhängige) ist, kann mit einer Kreuztabelle nicht überprüft werden! Diese Festlegung entsteht aus dem Forschungskonnex heraus.

Zurück zum Beispiel in Abbildung 26. Die **Stärke eines kreuztabellarischen Zusammenhangs** ist statistisch berechenbar. Dazu rücken Begriffe wie „beobachtete und erwartete Werte“, „Chi²“ und „Kontingenzkoeffizient“ in den Vordergrund.

Was sind beobachtete, was erwartete Werte? Die **beobachteten Werte** sind jene absoluten Häufigkeiten der Merkmalskombinationen, die das Ergebnis der Kreuztabelle darstellen

(① in Abbildung 26 auf Seite 69). Wegen ihnen wird eine Kreuztabelle eigentlich erzeugt. In der Abbildung darunter befindet sich die Tabelle mit den **erwarteten Werten** (②). Die erwarteten Häufigkeiten würden sich ergeben, wenn die beiden gekreuzten Variablen keinen Zusammenhang hätten: Wenn die eine Variable nicht die andere beeinflussen, wenn sie nicht zu mengenmäßigen Unterschieden in den Variablenausprägungen führen würde.

③ zeigt, dass sich Personen, die studieren, und solche, die das nicht tun, insgesamt (in Summe, Σ) mit 60 : 40 Prozent (❶) verteilen. Wenn **Alter** *keinen Einfluss auf diese Verteilung hätte, wären auch unter den bis- und über 40-Jährigen 60% Studierende: 40% Nicht-Studierende zu erwarten: Das wären unter den 200 bis 40-Jährigen 120 erwartete Studierende (60% aus 200, ❷ in ②) und 80 Nicht-Studierende (❸ in ②). Bzw. würden auch unter den 100 über 40-Jährigen 60% studieren und 40% nicht – also erwartete 60 (❹ in ②) und 40 Personen (❺ in ②).*

Ein Zusammenhang zwischen zwei Merkmalen (= Unterschied zwischen Vergleichsgruppen) ist umso größer, je mehr die beobachteten von den erwarteten Werten abweichen.

In der in Abbildung 26 vorliegenden Kreuztabelle kommt es zu derartigen Abweichungen zwischen beobachteten und erwarteten Werten – das zeigen ❷ und ❺ in ①: Tatsächlich vorhanden (= beobachtet) liegen 150 (anstelle erwarteter 120) jüngere Studierende vor (❷ in ① und ②) – also MEHR als erwartet. 70 (beobachtete) ältere Personen (anstelle erwarteter 40) studieren nicht (❺ in ① und ②) – also auch hier MEHR als erwartet.

Studieren dürfte nach dieser Datenlage also mit Alter zusammenhängen.

Aus einem Datenstand in die Kreuztabelle ausgezählt werden die beobachteten Werte. Die erwarteten Werte sind berechenbar – für jede Zellenkombination aus den Zeilen *i* (in Abbildung 26 auf Seite 69 **Alter**) und den Spalten *j* (**derzeit_studierend**). Die Formel zur Ermittlung erwarteter Werte lautet:[42]

erwarteter Wert der Zelle (Zeile *i*, Spalte *j*) einer Kreuztabelle:
$$E_{ij} = \frac{Zeilensumme}{n} \bullet Spaltensumme$$

Für ① berechnen sich die erwarteten Werte nach dieser Formel wie folgt (②):

200 / 300 • 180 = 120 (❷) | 200 / 300 • 120 = 80 (❸)
100 / 300 • 180 = 60 (❹) | 100 / 300 • 120 = 40 (❺)

Die Stärke des Zusammenhangs zwischen zwei Variablen hängt wie oben angeführt von der Größe des Unterschieds zwischen beobachteten und erwarteten Werten ab. Das gesamte Ausmaß der Abweichungen der beobachteten von den erwarteten Werten für ALLE Zellen einer Kreuztabelle ermittelt die **quadratische Kontingenz (Chi²-Koeffizient χ^2)**:

$$\chi^2 = \sum_{\substack{aller \\ Zellen}} \frac{(beobachtete\ Häufigkeit - erwartete\ Häufigkeit)^2}{erwartete\ Häufigkeit}$$

[42] Die Bezeichnungen in den in verschiedenen Statistikbüchern beschriebenen Formeln sind unterschiedlich. Deshalb erfolgen ab dieser Stelle immer wieder sprachliche Vereinfachungen.

Die Formel ist **der Reihe nach** auf alle Zellen der Kreuztabelle anzuwenden. Danach erfolgt die Summenbildung. Für Abbildung 26 auf Seite 69 berechnet sich Chi² wie folgt:

$$\chi^2 = \frac{(150-120)^2}{120} + \frac{(50-80)^2}{80} + \frac{(30-60)^2}{60} + \frac{(70-40)^2}{40}$$

... also: $\chi^2 = 7{,}5 + 11{,}25 + 15 + 22{,}5 = \mathbf{56{,}25}$

Chi² bildet die **Basis zur Berechnung von Zusammenhangsmaßen**. Ein sehr gebräuchliches Zusammenhangsmaß ist **Cramérs *V***.

$$V = \sqrt{\frac{\chi^2}{n \cdot (m-1)}}$$

χ^2 = Kontingenzkoeffizient
n = Gesamtsumme aller Fälle in der Kreuztabelle
m = kleinere der beiden Zahlen für die Anzahl der Zeilen oder Anzahl der Spalten der Kreuztabelle

Für das Beispiel in Abbildung 26 auf Seite 69 berechnet sich Cramérs *V* für die Kreuztabelle mit 2 Zeilen und 2 Spalten (*m* = 2, idente Anzahl an Zellen und Spalten) folgendermaßen:

$$V = \sqrt{\frac{56{,}25}{300 \cdot (2-1)}} = \sqrt{\frac{56{,}25}{300}} = \sqrt{0{,}1875} = \mathbf{0{,}43}$$

Cramérs *V* kann Werte zwischen 0 (kein Zusammenhang) und 1 (perfekter Zusammenhang) einnehmen: Über 0 bis 0,2 gilt[43] der Zusammenhang als schwach, ab 0,2 bis 0,6 als mittel, ab 0,6 als stark (vgl. Quatember, 2020, S. 73).

Im Beispiel ist also von einem mittleren Zusammenhang zwischen **Alter** *und* **derzeit_studierend** *auszugehen.*

Chi² benötigt auch der **Chi²-Signifikanztest** – ein weit verbreitetes Verfahren für Hypothesenprüfungen (vgl. Kapitel 5.2 ab Seite 81) nominaler oder ordinaler Variablenzusammenhänge (vgl. Kapitel 5.2.4 ab Seite 96).

Die **Darstellung von Prozentvergleichen** erfolgt rein zahlenmäßig (vgl. Abbildung 19 auf Seite 54, ❷, ❸, ❹) oder mit Balken- oder Säulendiagrammen. In der schließenden Statistik (vgl. Kapitel 5.2 ab Seite 81) werden gerne auch Fehlerbalken eingesetzt (vgl. Abbildung 34 auf Seite 94).

5.1.6 | Mittelwertsvergleich

Mittelwertsvergleiche sind die verbreitetste Form der Zusammenhangs- bzw. Vergleichsdarstellung (quasi-)metrischer Variablen nach nominalen (ordinalen) Untergruppen ODER (quasi-)metrischer Variablen im Vergleich zueinander.

[43] Statistikbücher sind sich nicht einig, ab wann ein Zusammenhang stark ist – deshalb erfolgt an dieser Stelle ein spezifischer Literaturhinweis.

Mittelwerte werden berechnet, wie in Kapitel 5.1.2.1 auf Seite 55 beschrieben. Der „Vergleich" besteht entweder darin, die Mittelwerte eines Merkmals nach Daten-Teilgruppen aufzusplitten, also einander gegenüberzustellen.

*Eine derartige Auswertung könnte z.B. den Mittelwert von Studierenden gelesener Bücher mit dem Mittelwert jener **anderen** Personen vergleichen, die NICHT studieren.*

Oder die Mittelwerte mehrerer Merkmale aller Datensätze werden miteinander verglichen.

Abbildung 20 auf Seite 57 z.B. vergleicht den Mittelwert von 9 Personen **heuer** *gelesener Bücher mit dem Mittelwert von **denselben** 9 Personen* **im_Vorjahr** *gelesener Werke.*

Der zuerst angesprochene Mittelwertsvergleich findet zwischen UNabhängigen Datensätzen statt, der zweite zwischen abhängigen: Zwei Mittelwerte werden dann **UNabhängig** miteinander verglichen, wenn dem Wert der EINEN Daten(teile) KEIN Wert der ANDEREN Daten(teile) zugeordnet werden kann: Es handelt sich um unabhängige Stichproben(-teile) oder Datensätze – z.B. anderer Personen.

Abhängig (**gepaart**, **verbunden**) findet ein Mittelwertsvergleich dann statt, wenn in den Daten jedem Wert des EINEN zu vergleichenden Merkmals genau ein Wert des ANDEREN zu vergleichenden Merkmals zugeordnet werden kann: Es handelt sich um abhängige Stichproben(-teile) oder Datensätze. „Abhängig" sind Vergleichs- und auch Wiederholungsmessungen – z.B. derselben Personen.

Wie bei Kreuztabellen (vgl. Seite 69 im Kapitel 5.1.5) und Korrelationen (vgl. Kapitel 5.1.7 ab Seite 73) gibt es auch bei Mittelwertsvergleichen **abhängige** (**AV**) und **unabhängige** (**UV**) **Variablen**.[44] Die UV ist die beeinflussende Variable, die AV die beeinflusste, deren Mittelwerte verglichen werden. Bei unabhängigen Mittelwertsvergleichen bildet die UV die nominalen (bzw. ordinalen) Untergruppen ab, deren Mittelwerte miteinander verglichen werden.

Angenommen, jemand vergleicht – wie oben angeführt – den Mittelwert gelesener Bücher von Studierenden mit jenem von Personen, die NICHT studieren: Hier wären die in den beiden Untergruppen der unabhängigen (nominalen) Variable **derzeit_studierend** *– „ja" und* **derzeit_studierend** *– „nein" entstehenden zwei Mittelwerte der abhängigen Variable* **gelesene_Bücher** *zu vergleichen.*

Kategoriale Variablen sind nicht „mittelwertstauglich" (vgl. Seite 22 im Kapitel 1.2). Damit können sie bei Mittelwertsvergleichen nicht in die Rolle der AV schlüpfen: Die Fragestellung ist hier nur in EINE Richtung möglich: Hängen die **gelesenen_Bücher** (= deren mittlerer Wert = AV) von **derzeit_studierend** (= UV) ab? Einen Mittelwert der kategorialen Ja-/Nein-Codierungen vom Studierendenstatus (als AV) nach gelesenen Büchern (als UV) auszuwerten wäre technisch zwar durchführbar, inhaltlich aber sinnlos und falsch.

Die **Darstellung von Mittelwertsvergleichen** erfolgt rein zahlenmäßig (vgl. Abbildung 20 auf Seite 57, ❶), mit nebeneinandergestellten Boxplots (vgl. Abbildung 23 auf Seite 63) oder mit Balken- oder Säulendiagrammen. In der schließenden Statistik (vgl. Kapitel 5.2 ab Seite 81) werden gerne auch Fehlerbalken eingesetzt (vgl. Abbildung 35 auf Seite 96 und Abbildung 37 auf Seite 99).

[44] **Diese beiden Begriffe haben mit abhängigen und unabhängigen Datensätzen bzw. Stichproben** (vgl. vorherige Absätze) **nichts gemein!**

5.1.7 | Korrelation

Korrelationsstatistiken liefern ein Maß für den Grad des Zusammenhangs zwischen zwei ordinalen oder metrischen Merkmalen (Variablen). Geprüft wird, ob die Werte EINER Variable zunehmen, je mehr die Werte der ANDEREN Variable ebenfalls zunehmen. Oder ob die einen Variablen-Ausprägungen zunehmen, je mehr die anderen abnehmen.

Das Wesen einer Korrelation lässt sich gut grafisch veranschaulichen: In einem **Streudiagramm** wird die Kombination der Ausprägungen der beiden Merkmale dargestellt. Dabei repräsentiert ein Punkt jeden einzelnen Datensatz. Die Platzierung jedes Punkts ergibt sich aus der Kombination seiner jeweiligen Ausprägung bei den beiden Merkmalen.

Abbildung 27 auf Seite 74 *veranschaulicht dieses Prinzip (in Darstellung ❶). Kombiniert werden die Merkmale* **Alter** *und gelesene* **Bücher_im_letzten_Jahr** *für 10 Personen. Rechts neben jedem Punkt ist seine Datensatznummer angeführt. Die erste Person (Datensatz 1) beispielsweise ist 30 Jahre alt und hat 2 Bücher gelesen. Person 2 im Alter von 20 Jahren hat gar kein Buch gelesen, Person 3 mit 24 Jahren 1 Buch usw.*

Ein Merkmalszusammenhang – eine hohe lineare Korrelation – liegt dann vor, wenn die Punkte, die die Datensätze repräsentieren, eine ellipsenförmige Wolke bilden.

Steigt die Punktwolke von links unten nach rechts oben an, deutet das auf einen **positiven Zusammenhang** hin: Je stärker das eine Merkmal ausgeprägt ist, desto stärker ist auch das andere Merkmal ausgeprägt.

Das ist in Abbildung 27 auf Seite 74 *bei ❷ der Fall. Die Interpretation lautet deshalb: „Je älter die Befragten sind, desto mehr Bücher haben sie gelesen."*

Sinkt die Punktwolke von links oben nach rechts unten ab, weist das auf einen **negativen Zusammenhang** hin: Je mehr Ausprägung das eine Merkmal aufweist, desto weniger stark herrscht das andere vor.

Das könnte sich z.B. zeigen, wenn **Alter** *und* **Kinobesuchshäufigkeit** *korreliert werden (❸* in Abbildung 27 auf Seite 74*): „Je älter Personen sind, desto seltener gehen sie ins Kino."*

Je größer der Zusammenhang (je höher die Korrelation) ist, desto schmäler wird die Ellipsenwolke – bis alle Punkte auf einer Geraden liegen (= höchster Zusammenhang). Ist der Punkteschwarm (relativ) verstreut angeordnet, liegt KEIN Variablenzusammenhang vor.

Dann präsentieren sich die Datenpunkte wie in Darstellung ❹ in Abbildung 27 auf Seite 72. *Hier würde KEIN Zusammenhang (keine Korrelation) zwischen den beiden Variablen bestehen. Die Anzahl der* **Urlaube** *hängt nicht mit dem* **Alter** *zusammen.*

Streudiagramme sind gut deutbar, solange beide Variablen metrisches Skalenniveau aufweisen. Je weniger Ausprägungen bei einer oder beiden Variablen vorliegen, desto schwieriger interpretierbar wird der Punkteschwarm – die Punkte werden „zu wenige".[45] Zusammenhänge von Ordinal- oder Ratingskalen lassen sich deshalb besser über errechnete Korrelationen (= **Korrelationskoeffizienten**) interpretieren. Diese Maßzahl wird auch für metrische Zusammenhänge oft und gerne berechnet.

[45] Zwei österreichische Schulnotenvariablen z.B. können maximal 5 mal 5 Merkmalskombinationen aufweisen.

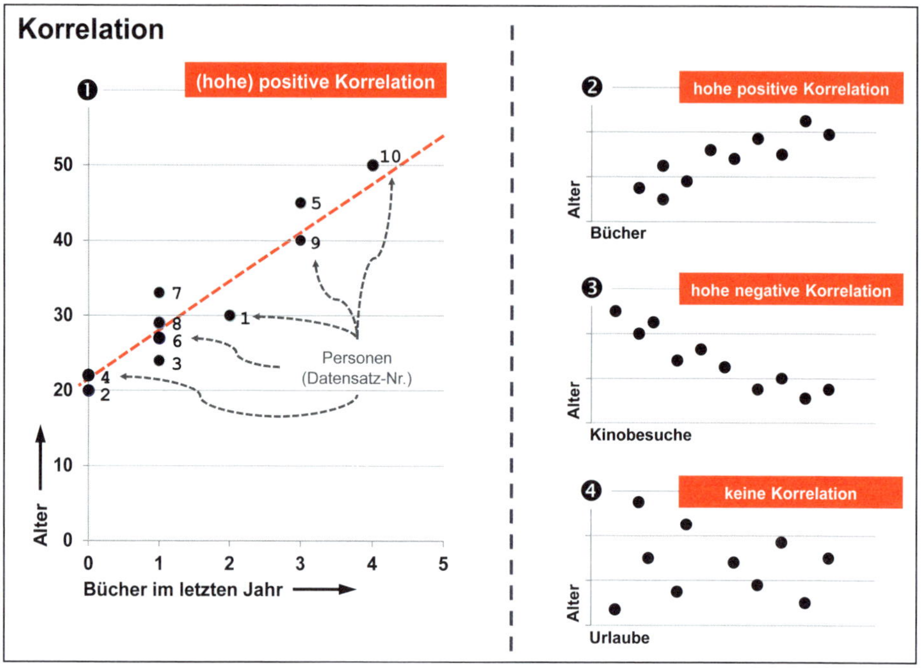

Abbildung 27: Korrelation

Korrelation: Stärken

positiver Korrelationskoeffizient	Korrelation	negativer Korrelationskoeffizient
bis +0,2	sehr gering	bis -0,2
> +0,2 bis +0,5	gering	< -0,2 bis -0,5
> +0,5 bis +0,7	mittel	< -0,5 bis -0,7
> +0,7 bis +0,9	hoch	< -0,7 bis -0,9
> +0,9	sehr hoch	< -0,9

Positive Korrelation:
„**Je mehr** X, **desto MEHR** Y"

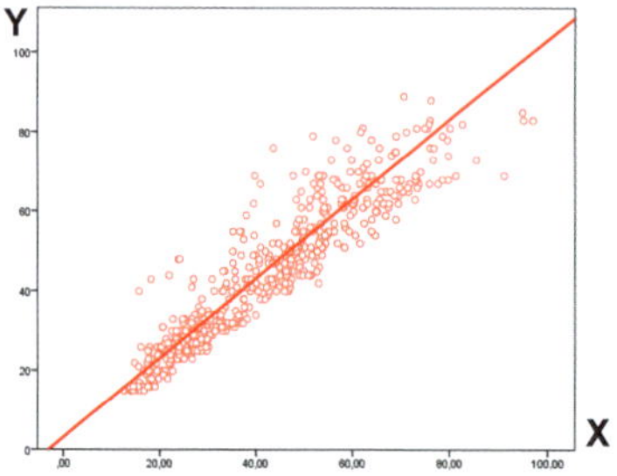

Negative Korrelation:
„**Je mehr** X, **desto WENIGER** Y"

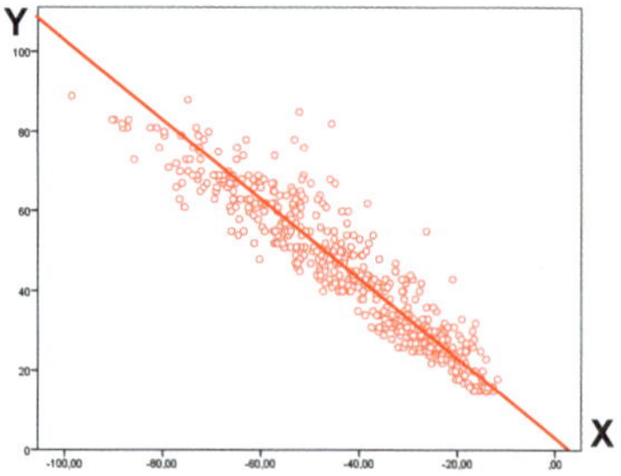

Abbildung 28: Korrelation: Stärken

Korrelationskoeffizienten können Werte zwischen -1 und 0 (negative Korrelation) bzw. zwischen 0 und +1 (positive Korrelation) einnehmen.

Ein **positiver Korrelationskoeffizient** bedeutet: **Je größer** der Wert der einen Variable ist, **desto größer** wird der Wert der anderen (und umgekehrt). Ein **negativer Korrelationskoeffizient** bedeutet einen gegenläufigen Trend: **Je größer** der Wert der einen Variable ist, **desto kleiner** wird der Wert der anderen (und umgekehrt).

Ergebnisse nahe 1 oder -1 kennzeichnen einen starken, solche nahe 0 keinen Zusammenhang. Erst ein Ergebnis ab 0,5 (-0,5) deutet auf einen mittleren Zusammenhang hin, ab 0,7 (-0,7) auf einen hohen, ab 0,9 (-0,9) auf einen sehr hohen (vgl. Abbildung 28 auf Seite 74). Diese Wertgrenzen werden in der statistischen Literatur nicht einheitlich gesehen.[46]

Ab wann von einer starken Korrelation gesprochen werden kann, ist jedenfalls auch themenabhängig. Zur besseren Beurteilbarkeit sollten deshalb bei metrischen Korrelationen auch die oben beschriebenen Visualisierungen mittels **Streudiagramm** erfolgen.

Die beiden Streudiagramme in Abbildung 28 auf Seite 74 *weisen auf hohe bis sehr hohe Zusammenhänge hin.*

Bei einem **Korrelationskoeffizienten von 1** gilt: perfekt funktionaler positiver Zusammenhang (ohne statistische Abweichungen) – „je größer X, desto größer Y". Ein **Koeffizient von -1** bedeutet: völlig linearer Negativzusammenhang – „je größer X, desto kleiner Y". Bei einem **Koeffizienten von 0** sind X und Y voneinander unabhängig.

Der Begriff „Zusammenhang" bedeutet aber NICHT, dass zwischen den beiden Merkmalen ein **KAUSALER Zusammenhang** besteht: Die „dummen" Korrelationsberechnungen überprüfen einfach die Datensätze mathematisch auf Gemeinsamkeiten beim Ansteigen oder Absinken ihrer Wertausprägungen.

Große Wertzusammenhänge von zwei Variablen müssen NICHT inhaltlich bedingt sein!

Würde jemand z.B. für ein europäisches Land über die letzten Jahre die Anzahl der Neuzulassungen von Elektroautos mit den Umsätzen des Online-Handels korrelieren: Neuzulassungen nehmen zu, Online-Umsätze ebenfalls. Die Herstellung von Kausalität zwischen den beiden Merkmalen würde – sinnfrei – ergeben: Je mehr Online-Umsätze, desto mehr Elektroautos werden zugelassen. Oder: je mehr Zulassungen, desto mehr Online-Handel.

Korrelationen verbinden – wie im Beispiel von soeben und analog zu Kreuztabellen (vgl. Kapitel 5.1.5 ab Seite 67) – zwei Merkmale technisch. Wie Kreuztabellen besitzen auch sie keine „Richtung".

*Angenommen, eine Korrelation untersucht den Zusammenhang von Studiendauer (***Semesteranzahl***) und* **Alter***. Ergebnis: je älter, desto höher die Semesteranzahl. Bzw.: je höher die Semesteranzahl, desto älter.*

---

[46] Manche Autoren sehen schon ab 0,2 (-0,2) oder 0,3 (-0,3) mittlere, ab 0,5 (-0,5) (vgl. Field, 2018, S. 343) oder 0,6 (-0,6) (vgl. Quatember, 2020, S. 78) starke Zusammenhänge, andere vertreten die in diesem Band artikulierte Sichtweise oder eine ähnliche (vgl. Steiner & Benesch, 2021, S. 142 unter Verweis auf Bühl, 2006; Duller, 2019, S. 152; 157). Grund dafür sind wohl bei menschlichen Eigenschaften eher selten vorhandene Korrelationen weit über ± 0,7.

Damit sind – wie bereits bei den Kreuztabellen und Mittelwertsvergleichen – wieder die beiden Begriffe **abhängige und unabhängige Variable** angesprochen: Die **unabhängige Variable** (auch als **UV** bezeichnet) **ist** die **Ursache**, die **abhängige** (auch **AV**) die **Wirkung**. Die unabhängige Variable beeinflusst die abhängige.

Welche Variable die beeinflussende ist, kann – wie bei Kreuztabellen – nicht überprüft werden! Diese Festlegung kann – wenn überhaupt möglich – nur aus dem Forschungskonnex heraus getroffen werden.

Längere Studiendauer führt natürlich zu höherem Alter. Umgekehrt könnte aber auch höheres Alter (z.B. aufgrund weniger Zeitbudget) längere Studiendauer bedingen.

Zur Berechnung – linearer – Korrelationskoeffizienten gibt es zwei verbreitete Arten:

Bei metrischen Daten erfolgt die Ermittlung des **Pearson-Korrelationskoeffizienten** – jedoch nur unter folgenden **Voraussetzungen**:

- Die zu korrelierenden Variablen besitzen metrisches Skalenniveau und
- es gibt keine Ausreißer bzw. Extremwerte (vgl. Abbildung 23 auf Seite 63).
- Ist auch eine Signifikanzprüfung (vgl. Kapitel 5.2.6 ab Seite 100) beabsichtigt, sollten beide zu korrelierenden Variablen auch normalverteilt sein.[47] In diesem Fall sollte die Stichprobe genügend Fälle – zumindest n > 30 – umfassen: Diese Empfehlung hängt mit dem **zentralen Grenzwertsatz** zusammen (vgl. Seite 82 im Kapitel 5.2).

Sind diese Voraussetzungen[48] nicht erfüllt, ist auch bei metrischen Daten auf die Berechnung einer Rangkorrelation zurückzugreifen.

Rangkorrelationen arbeiten mit Rangplätzen. Sie sind „weniger genau", ab ordinalem Skalenniveau jedoch immer anwendbar. Eine verbreitete Korrelationsberechnung dieser Art ist die **Spearman-Korrelation**.

Die **Pearson-Korrelation** ist höherwertiger („genauer"), weil sie über Streuungsmaße wie Kovarianz und Varianz berechnet wird. Die Ermittlung der Varianz wurde bereits in Kapitel 5.1.3.1 ab Seite 64 eingehend erläutert. Da es bei der Korrelation um den Zusammenhang ZWEIER Merkmale geht, kommt hier ein neuer Begriff ins Spiel – die Kovarianz.

Die **Kovarianz** analysiert nicht die Streuung EINES Merkmals um seinen Mittelwert, sondern die GEMEINSAME Variation von zwei Merkmalen um deren beider Mittelwerte. Die Kovarianz gibt Hinweise auf das gemeinsame Wachstumsverhalten von zwei Merkmalen. Die Berechnung der Kovarianz ist jener der Varianz (vgl. Kapitel 5.1.3.1 ab Seite 64) ähnlich. Anstelle der Quadrierung der Mittelwertsabweichungen bei EINER Variable werden hier einfach die Abweichungen bei ZWEI Variablen miteinander mulipliziert. Wie bei der Varianz unterscheidet sich die Berechnung der Kovarianz von Grundgesamtheiten gegenüber jener von Stichproben: Bei Stichproben wird durch „n – 1" dividiert, bei Grundgesamtheiten durch „N".[49]

---

47 Die Prüfung auf Normalverteilung mittels SPSS wird rund um Abbildung 83 auf Seite 167 beschrieben.

48 Keller sieht die Pearson-Korrelation besonders für lineare Zusammenhänge (vgl. Budrich et al., 2018, S. 58).

49 Zur unterschiedlichen Varianzberechnung von Stichprobe und Grundgesamtheit vgl. Fußnote 39 auf Seite 64. „n" bzw. „N" bezeichnet jeweils die Zahl der Fälle.

Die folgende Formel beschreibt die Berechnung der Kovarianz von Stichproben:

$$s_{xy} = \frac{1}{n-1} \bullet \sum_{i=1}^{n} (x_i - \bar{x}) \bullet (y_i - \bar{y})$$

s_{xy} = Kovarianz (einer Stichprobe)
i=1 = „erstes" Element
n = Anzahl der Stichprobenelemente
x_i = Ausprägung des einen zu korrelierenden Merkmals bei einem Element
$\bar{x}$ = Mittelwert des einen zu korrelierenden Merkmals (in der Stichprobe)
y_i = Ausprägung des anderen zu korrelierenden Merkmals bei einem Element
$\bar{y}$ = Mittelwert des anderen zu korrelierenden Merkmals (in der Stichprobe)

Die Kovarianz ist ein Zwischenschritt zur Korrelationsberechnung. Sie erlaubt zwar die Aussage „je größer, desto stärker", aber nicht, wie stark ein Zusammenhang ist. Aus diesem Grund wird noch eine Normierung durchgeführt, aus der erst der Korrelationskoeffizient resultiert: Er liegt immer zwischen +1 und −1.

$$r = \frac{s_{xy}}{\sqrt{s_x^2 \cdot s_y^2}} = \frac{s_{xy}}{s_x \cdot s_y}$$

r = Korrelationskoeffizient nach Pearson
s_{xy} = Kovarianz der beiden Merkmale
s_x = Standardabweichung des einen Merkmals
s_y = Standardabweichung des anderen Merkmals

Abbildung 29 auf Seite 78 veranschaulicht die Berechnung einer Pearson-Korrelation zwischen den Variablen Semester im Studium (**Semester**) und gelesene Fachbücher (**Bücher**) von sechs Personen: Dabei wird – hier zu Demonstrationszwecken rein „technisch" und „unwissenschaftlich" – der Zusammenhang zwischen Studiendauer und Fachbuchkonsum geprüft: In welcher Form steigt mit der Studiendauer der bisherige Fachbuchkonsum?

*Die Messwerte der 6 Personen (n = 6) befinden sich in den Spalten **x** und **y** (❶). Der Mittelwert von **Semester** beträgt 3,0, der von **Bücher** 4,0 (❷).*

Zur Ermittlung der Kovarianz (❸) als erstem Teil der Formel für den Korrelationskoeffizienten werden die Abstände jedes einzelnen Messwerts beider Variablen vom Mittelwert ermittelt (❹). Die Summe dieser Abstände muss immer 0 sein (❺)! Die Messwertabstände (❹) werden pro Datensatz miteinander multipliziert und summiert (❻).

*Die **Kovarianz** (❸) berechnet sich also folgendermaßen:* $s_{xy} = \frac{8}{6-1} = 1,6$

Im nächsten Schritt erfolgt die Ermittlung der Varianzen beider Variablen (vgl. Kapitel 5.1.3.1 ab Seite 64). Die Varianzen betragen für
*(❾) **Semester** (x):* $s_x^2 = \frac{10}{6-1} = 2,0$*; (❿) **Bücher** (y):* $s_y^2 = \frac{8}{6-1} = 1,6$.

Alle Inputs für den Korrelationskoeffizienten sind damit vorhanden: $r = \frac{1,6}{\sqrt{2,0 \bullet 1,6}} = 0,89$

Ergebnis: Es besteht ein starker – technischer – Zusammenhang zwischen Studiendauer und Fachbuchkonsum: je fortgeschrittener das Semester, desto höher der Fachbuchkonsum.

Korrelation nach Pearson

Person	Semester	Bücher			❻	❼	❽
i	x ❶	y	$x_i - \bar{x}$ ❹	$y_i - \bar{y}$	$(x_i - \bar{x}) \bullet (y_i - \bar{y})$	$(x_i - \bar{x})^2$	$(y_i - \bar{y})^2$
1	2	3	-1	-1	1	1	1
2	1	2	-2	-2	4	4	4
3	3	4	0	0	0	0	0
4	3	5	0	1	0	0	1
5	5	5	2	1	2	4	1
6	4	5	1	1	1	1	1
$\sum$			**0** ❺	**0**	**8** ❻	**10** ❼	**8** ❽
$\bar{x}$	**3,0** ❷						
$\bar{y}$		**4,0**					

Kovarianz (einer Stichprobe)

$$s_{xy} = \frac{1}{n-1} \bullet \sum_{i=1}^{n} \overset{❻}{(x_i - \bar{x}) \bullet (y_i - \bar{y})} \; ❸$$

Varianzen (einer Stichprobe)

$$s_x^2 = \frac{1}{n-1} \bullet \sum_{i=1}^{n} \overset{❼}{(x_i - \bar{x})^2} \; ❾ \qquad s_y^2 = \frac{1}{n-1} \bullet \sum_{i=1}^{n} \overset{❽}{(y_i - \bar{y})^2} \; ❿$$

Korrelationskoeffizient (Pearson)

$$r = \frac{s_{xy} \; ❸}{\sqrt{s_x^2 \bullet s_y^2}} \quad ❾ \; ❿$$

Abbildung 29: Korrelation nach Pearson

Der „weniger gute" **Spearman-Koeffizient** ermittelt Korrelationen über Rangplätze (und nicht Streuungsmaße wie Kovarianz und Varianz). Für Spearmans Rho gibt es zwei Formeln: je nachdem, ob es idente Rangplätze „Bindungen" (Ties) gibt – vgl. Seite 80 – oder nicht.

Abbildung 30 auf Seite 79 demonstriert (mit zu Abbildung 29 analogen Variablen und Werten) die **Berechnung MIT Bindungen**. Wieder wird der Zusammenhang zwischen Studiendauer und Fachbuchkonsum geprüft, wieder lautet die Forschungsfrage: In welcher Form steigt mit der Studiendauer der bisherige Fachbuchkonsum? Die dazugehörige Formel bezieht sich nun jedoch auf Rangplätze:

$$r_s = \frac{\sum_{i=1}^{n}(R(x_i) - \bar{R}(x)) \bullet (R(y_i) - \bar{R}(y))}{\sqrt{\sum_{i=1}^{n}(R(x_i) - \bar{R}(x))^2 \bullet \sum_{i=1}^{n}(R(y_i) - \bar{R}(y))^2}}$$

r_s = Korrelationskoeffizient nach Spearman
n = Anzahl der Stichprobenelemente
$i=1$ = „erstes" Element
$R(x_i)$ = Rangplatz des einen zu korrelierenden Merkmals bei einem Element
$\bar{R}(x)$ = Durchschnitts-Rangplatz des einen zu korrelierenden Merkmals
$R(y_i)$ = Rangplatz des anderen zu korrelierenden Merkmals bei einem Element
$\bar{R}(y)$ = Durchschnitts-Rangplatz des anderen zu korrelierenden Merkmals

Rangkorrelation nach Spearman (mit Bindungen)

Person i	Semester x	Rang $R(x_i)$ ❶	Bücher y	Rang $R(y_i)$ ❷	$R(x_i)-\bar{R}(x)$ ❺	$R(y_i)-\bar{R}(y)$	$(R(x_i)-\bar{R}(x)) \cdot (R(y_i)-\bar{R}(y))$	$(R(x_i)-\bar{R}(x))^2$	$(R(y_i)-\bar{R}(y))^2$
1	2	2. 2	3	2. 2	-1,5	-1,5	2,25	2,25	2,25
2	1	1. 1	2	1. 1	-2,5	-2,5	6,25	6,25	6,25
3	3	3. ❸ 3,5	4	3. 3	0,0	-0,5	0,0	0,0	0,25
4	3	4. ❸ 3,5	5	4. ❸ 5	0,0	1,5	0,0	0,0	2,25
5	5	6. 6	5	5. ❸ 5	2,5	1,5	3,75	6,25	2,25
6	4	5. 5	5	6. ❸ 5	1,5	1,5	2,25	2,25	2,25
Σ					**0,0**	**0,0**	**14,5** ❻	**17,0** ❼	**15,5** ❽
$\bar{R}(x)$		**3,5** ❹							
$\bar{R}(y)$				**3,5** ❹					

Rangkorrelationskoeffizient (Spearman, mit Bindungen)

$$r_s = \frac{❻}{\sqrt{❼ \cdot ❽}} = \frac{\sum_{i=1}^{n}(R(x_i)-\bar{R}(x)) \cdot (R(y_i)-\bar{R}(y))}{\sqrt{\sum_{i=1}^{n}(R(x_i)-\bar{R}(x))^2 \cdot \sum_{i=1}^{n}(R(y_i)-\bar{R}(y))^2}}$$

(Zähler: ❻; Nenner: ❼ und ❽)

Abbildung 30: Rangkorrelation nach Spearman (mit Bindungen)

Rangkorrelation nach Spearman (ohne Bindungen)

Person i	Semester x	Rang $R(x_i)$ ❶	Bücher y	Rang $R(y_i)$ ❷	Rangdifferenz D_i ❸	Rangdifferenz² D_i^2 ❹
1	2	2. 2	3	2. 2	0,0	0,0
2	1	1. 1	2	1. 1	0,0	0,0
3	3	3. 3	4	3. 3	0,0	0,0
4	4	4. 4	6	5. 5	-1,0	1,0
5	5	5. 5	5	4. 4	1,0	1,0
6	6	6. 6	7	6. 6	0,0	0,0
Σ					**0,0**	**2,0** ❺

Rangkorrelationskoeffizient (Spearman, ohne Bindungen)

$$r_s = 1 - \frac{6 \cdot ❺}{n \cdot (n^2-1)} = 1 - \frac{6 \cdot \sum_{i=1}^{n} D_i^2}{n \cdot (n^2-1)}$$

Abbildung 31: Rangkorrelation nach Spearman (ohne Bindungen)

Was sind nun aber **Bindungen**?

Bei einer Rangkorrelation wird für jeden Wert der zu korrelierenden Variablen sein jeweiliger Rangplatz (der Größe nach aufsteigend) ermittelt (❶ und ❷ in Abbildung 30 auf Seite 79). Hat eine Variable bei mehreren Datensätzen idente Ausprägungen – und damit Rangplätze (❸), wird von „Bindungen" (Ties) gesprochen. Bei Rangplatzbindungen bekommen alle Werte, die mehrfach auftreten, ihren mittleren Rangplatz zugewiesen.

Bei **Semester** *sind die Werte bei Person 3 und 4 ident: (3. + 4.) / 2 = 3,5. Rangplatz; bei* **Bücher** *besitzen Person 4, 5 und 6 denselben Wert: (4. + 5. + 6.) / 3 = 5. Rang.*

Je mehr Bindungen auftreten, desto weniger aussagekräftig wird dadurch der Rangkorrelationskoeffizient.

Aus den (finalen) Rangplätzen wird zunächst für beide Variablen der Mittelwert (mittlerer Rangplatz, ❹) errechnet. Nun erfolgt für jeden Messwert beider Variablen (**x**, **Semester**; **y**, **Bücher**) dessen Differenz (❺) zum mittleren Variablen-Rangplatz (❹). Die Rangdifferenzen müssen in Summe 0 ergeben. Danach werden die beiden Rangdifferenzen jedes Datensatzes miteinander multipliziert, die jeweiligen Ergebnisse daraus summiert (❻). Schließlich erfolgt noch pro Datensatz für jede der beiden Variablen eine Quadrierung ihrer Rangdifferenz. Auch diese Ergebnisse werden summiert (❼ und ❽).

Nunmehr liegen alle Inputs für die Formel vor. Spearmans Rho mit Rangplatzbindungen berechnet sich daraus wie folgt: $\boldsymbol{r_s} = \frac{14{,}5}{\sqrt{17{,}0 \bullet 15{,}5}} = \mathbf{0{,}89}$

Das Ergebnis ist ident zum Pearson-Koeffizienten (vgl. Abbildung 29 auf Seite 78): Es besteht ein starker – hier technischer – Zusammenhang zwischen Studiendauer und Fachbuchkonsum: je fortgeschrittener die Semester, desto höher der Fachbuchkonsum.

Treten KEINE Rangplatzbindungen (keine identen Werte) auf, wird die Formel zur Ermittlung der Spearman´schen Rangkorrelation einfacher und kürzer. Abbildung 31 auf Seite 79 veranschaulicht das diesbezügliche Vorgehen mit zu Abbildung 30 auf Seite 79 fast analogen Variablen und Werten – nur fehlen hier jetzt bei beiden Variablen **Semester** (x) und **Bücher** (y) die Wertgleichheiten.

In der Formel für eine **Rangkorrelation nach Spearman OHNE Bindungen** (❶ in Abbildung 31 auf Seite 79) geht es wieder – im Unterschied zum Pearson-Koeffizienten – um Rangplätze: hier um quadrierte Rangplatzdifferenzen. Die Formel lautet:

$$r_s = 1 - \frac{6 \bullet \sum_{i=1}^{n} {D_i}^2}{n \bullet (n^2 - 1)}$$

r_s = Korrelationskoeffizient nach Spearman
i=1 = „erstes" Element
n = Anzahl der Stichprobenelemente
${D_i}^2$ = quadrierte Differenz aller Rangplätze

Wieder werden in einem ersten Schritt für jede der beiden Variablen die Rangplätze der einzelnen Wertausprägungen ermittelt (❶ und ❷). Danach wird für jeden der 6 Datensätze (n = 6) die Differenz der Rangplätze beider Merkmale berechnet (❸) – die Summe aller

Rangdifferenzen muss 0 sein. Anschließend erfolgt die Quadrierung jeder einzelnen Rangdifferenz (❹), die Ergebnisse daraus werden summiert (❺).

Damit liegen wieder alle für die Formel benötigten Werte vor. Spearmans Rho OHNE Rangplatzbindungen berechnet sich wie folgt: $r_s = 1 - \frac{6 \bullet 2}{6 \bullet (6^2 - 1)} = 1 - \frac{12}{6 \bullet 35} = \mathbf{0{,}94}$

(Auch) 0,94 signalisiert starken – technischen – Zusammenhang zwischen Studiendauer und Fachbuchkonsum: je fortgeschrittener die Semester, desto höher der Fachbuchkonsum.

5.2 | Schließende Statistik

Nach der Übersicht, die die deskriptive Statistik (vgl. Kapitel 5.1 ab Seite 53) über die Datenlage herstellt, versucht die schließende Statistik eine Projektion: ein „Hochziehen" der Ergebnisse auf die durch die Daten repräsentierte (vgl. Braunecker, 2023, S. 61–65) Grundgesamtheit (vgl. Braunecker, 2023, S. 45–47).

Das macht nur dann Sinn, wenn es sich um Ergebnisdaten aus einer Stichprobe (vgl. Braunecker, 2023, S. 68–81) handelt.

Bei Vollerhebungen oder wenn eine Erhebung von vorneherein keinen Anspruch auf Datenprojektion hat, macht schließende Statistik keinen Sinn!

Die **schließende Statistik** (auch **Inferenzstatistik** oder **induktive Statistik**) überprüft: Kann von Stichprobenergebnissen auf die oder das rückgeschlossen werden, woraus die Stichprobe gezogen wurde (Grundgesamtheit)? Erlauben die Ergebnisse Aussagen über die Grundgesamtheit, gehen also über Ergebnisse einzelner Fälle hinaus? Sind Zusammenhänge zwischen einzelnen Merkmalen „signifikant"?

Dazu muss die Stichprobe auch repräsentativ (vgl. Braunecker, 2023, S. 61–65) und zufällig sein. Bei NICHT zufälligen Stichproben (vgl. Braunecker, 2023, S. 74–76) ist das Anwenden mathematischer Zufallstheorien eigentlich unzulässig: Durch den fehlenden Zufall wird statistischen Schwankungsbreiten und Signifikanzprüfungen die „Berechnungsbasis" entzogen (vgl. Kapitel 5.2.1.1 ab Seite 82).

Trotzdem weist die (studentische) Erhebungspraxis auch bei nicht zufälligen Stichproben „Quasi-Schwankungsbreiten" oder Signifikanzen aus. Argumentiert wird das gerne mit dem dadurch erzielbaren „Gefühl" für die Datenqualität der Stichprobe.

5.2.1 | Was bedeutet Signifikanz: Theorie

Signifikanzprüfungen drehen sich um folgende Fragen: Besteht ein Ergebnisunterschied zwischen einzelnen Merkmalen? Oft auch: BEWIRKT EIN Merkmal einen Ergebnisunterschied bei einem ANDEREN Merkmal (vgl. dazu die Begriffe „unabhängige" und „abhängige Variable" auf den Seiten 69, 72 und 76 in den Kapiteln 5.1.5, 5.1.6 und 5.1.7)? Ist der Ergebnisunterschied (= „Zusammenhang") zwischen den Merkmalen **signifikant**?

Signifikant sind Ergebnisunterschiede aus einer Zufallsstichprobe dann, wenn sie **auf die** durch die Stichprobe repräsentierte **Grundgesamtheit REAL übertragbar** sind: Die Unterschiede treten dann **nicht nur in EINER Stichprobe** (die gerade aktuell analysiert wird) auf, sondern kommen **wahrscheinlich in (fast) ALLEN Stichproben**, die zufällig aus der Grundgesamtheit gezogen werden könnten, so oder ähnlich vor.

Denn: Zwischen Teilgruppen (oder Werten) gefundene Ergebnisunterschiede sind groß genug, um sie in (fast) jeder Zufallsstichprobe aus dieser Grundgesamtheit zu vermuten.

In der Regel gelangt ja bloß EINE Stichprobe zur Analyse. Theoretisch könnten aber immer und immer wieder Zufallsstichproben aus derselben Grundgesamtheit gezogen werden. Und egal, wie oft durch den Zufall eine neue, wieder andere Stichprobe entstehen würde: Ist ein Ergebnisunterschied (groß und) signifikant, wird er (fast) immer, in allen potenziell möglichen Stichproben, vermutet. DAS lässt dann den Schluss zu, dass es diesen Ergebnisunterschied in der Grundgesamtheit tatsächlich – real – so gibt.

5.2.1.1 | Normalverteilung – die „Idee" hinter Signifikanzprüfungen

Angenommen, aus einer Grundgesamtheit (vgl. Braunecker, 2023, S. 45–47) werden wiederholt (viele) Stichproben (vgl. Braunecker, 2023, S. 48–49) genügend großen Umfangs zufällig gezogen. In jeder Stichprobe wird dasselbe Merkmal gemessen. Dabei wird sich Folgendes zeigen – das „weiß" die Statistik, ausgedrückt im sogenannten **zentralen Grenzwertsatz**:

Die Anteile (%) oder Mittelwerte (Ø) eines Merkmals verteilen sich über verschiedene zufällige Stichproben aus derselben Grundgesamtheit normal – wenn die Stichproben groß genug sind. Auch unabhängig davon, wie das Merkmal selbst in der Grundgesamtheit verteilt ist.

Mit anderen Worten: Wird in einer Reihe von Zufallsstichproben aus derselben Grundgesamtheit dasselbe erhoben, verteilt sich dieses Erhobene normal. Also NICHT: Das Merkmal selbst (z.B. das Alter in Jahren und dessen Messwerte) ist normalverteilt. Sondern die ERGEBNISSE zum selben Merkmal (z.B. der Mittelwert des Alters) in unterschiedlichen Stichproben sind normalverteilt (vgl. Braunecker, 2023, S. 89–92).

Ein Gedankenexperiment: Aus einer Grundgesamtheit Studierender werden per Zufall 100 Stichproben zu je 200 Personen gezogen. Also 100 mal 200 Personen. Für jede dieser 100 Stichproben wird der Mittelwert gelesener Bücher der 200 Personen berechnet – der Mittelwert aus den Angaben der jeweils 200 Personen. Ergebnis: Die 100 Mittelwerte, die dabei entstehen, verteilen sich normal.

Das bedeutet aber nicht, dass sich innerhalb der einzelnen 100 Stichproben auch die Anzahl gelesener Bücher der jeweils 200 einzelnen Personen normal verteilen muss. Die Angaben der einzelnen Personen KÖNNEN normalverteilt sein, MÜSSEN es aber nicht.

Es geht hier um die Normalverteilung des ERGEBNISSES (Prozent- oder Mittelwert) eines gemessenen Merkmals über ALLE Stichproben, nicht um die Einzelausprägungen des Merkmals selbst INNERHALB der EINZELNEN Stichproben! Statistikbücher beziffern in der Regel Stichprobengrößen ab ZUMINDEST 30 Fällen als ausreichend groß für die (beginnende) Gültigkeit dieses zentralen Grenzwertsatzes. „Gültiger" wird der Grenzwertsatz mit steigender Stichprobengröße. Vor allem dann, wenn das Merkmal selbst (also seine Einzelausprägungen) NICHT normalverteilt vorliegt.

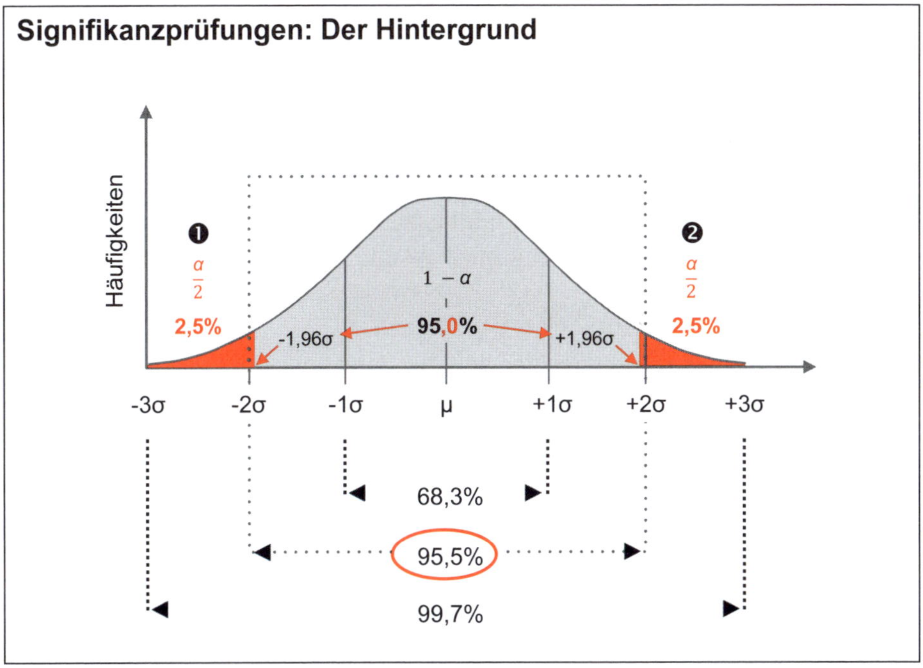

Abbildung 32: Hintergrund von Signifikanzprüfungen

Die Theorie des zentralen Grenzwertsatzes nimmt also – bei ausreichend großen Samples – an: Die Prozentanteile bzw. Mittelwerte der Merkmalsausprägungen (theoretisch sehr) vieler Stichproben aus derselben Grundgesamtheit (die ja gezogen werden könnten) nähern sich mit steigender Stichprobenanzahl mehr und mehr einer Normalverteilung an: 100% aller (unendlich) möglichen Stichproben liegen mit ihren Anteilen bzw. Mittelwerten der Merkmalsausprägungen unter der Normalverteilungskurve (vgl. Abbildung 32: die Gesamtfläche unter der Normalverteilungskurve ist immer gleich 1 bzw. 100%).

Die Normalverteilung ist symmetrisch. Sie wird durch den Mittelwert μ [mü:] – das ist der tatsächliche (Prozent- oder Mittel-)Wert der Grundgesamtheit – und durch die Standardabweichung σ [ʻsig:ma] eindeutig beschrieben.

Die Wendepunkte der Kurve liegen bei einer Standardabweichung von ± 1σ – dadurch bekommt sie ihre charakteristische Glockenform. Durch ± 1σ wird ein Bereich gebildet, der 68,3% der Fläche umfasst: Etwa zwei Drittel aller aus der Grundgesamtheit bildbaren Stichproben ergeben also einen – merkmalsbezogenen – (Prozent- oder Mittel-)Wert, der nicht weiter als ± 1σ vom realen Wert der Grundgesamtheit abweicht (entfernt liegt).

Im Entfernungsbereich ± 2σ von μ liegen sogar **95,5% aller erzielbaren Ergebnisse**: Bei unendlich vielen möglichen Stichproben aus der Grundgesamtheit liegen 95,5% der Merkmalsausprägungen maximal innerhalb dieser Grenzen vom tatsächlichen Wert μ der Grundgesamtheit entfernt.

± 1,96 • σ von μ entfernt liegen genau 95,**0**% aller möglichen Ergebnisse aller Stichproben.

5.2.1.2 | Signifikanzniveau (Irrtumswahrscheinlichkeit)

Basierend auf diesen Erkenntnissen verwendet die empirische Sozialforschung bei statistischen Berechnungen üblicherweise einen sogenannten **Vertrauensbereich** (auch **Konfidenz**- oder **Sicherheitsniveau**) von 95%. Damit sind 95% aller möglichen Stichprobenergebnisse abgedeckt (vgl. Abbildung 32 auf Seite 83).[50]

Die geringe Restmenge – eine **Irrtumswahrscheinlichkeit** von 5% – wird in Kauf genommen:[51] Mit dieser Wahrscheinlichkeit kann die Behauptung, etwas wäre „signifikant", falsch sein (= Fehler erster Art: **α-Fehler**, vgl. Kapitel 5.2.1.4 ab Seite 86). Diese Grenze von 5% wird auch als **Signifikanzniveau** α bezeichnet.

α liegt je zur Hälfte am linken und rechten äußeren Rand der Normalverteilungsfläche (❶ und ❷ in Abbildung 32). Das Konfidenzniveau wird auch als 1 – α (1 – 0,05) bezeichnet.

5.2.1.3 | Statistische Zusammenhänge und Hypothesen – H_0 und H_1

Signifikanzprüfungen können für einzelne Variablen und für Variablenzusammenhänge erfolgen.

Bei Einzelvariablen werden bei kategorialen Daten (nominal, ordinal) meist die **Schwankungsbreiten von Prozentwerten** interpretiert (vgl. Braunecker, 2023, S. 83–92 und Kapitel 5.2.2 ab Seite 93). Bei (quasi-)metrischen Ergebnissen gelangen **Mittelwert-Konfidenzintervalle** zur Anwendung (vgl. Braunecker, 2023, S. 92–93 und Kapitel 5.2.3 ab Seite 95).

Zur Überprüfung signifikanter **Variablenzusammenhänge** gibt es – je Skalenniveau und Auswertungsroutine – unterschiedliche Signifikanztests. Bei **Kreuztabellen** ist das am meisten verbreitete Verfahren wohl der Chi²-Test. Zu **Mittelwertsvergleichen** können Mittelwert-Konfidenzintervalle eingesetzt werden. Sehr verbreitet sind auch die speziellen Signifikanztests für Mittelwertsvergleiche (Parameterverfahren und parameterfreie Verfahren). Bei **Korrelationen** finden Überprüfungen auf Signifikanz der Variablenzusammenhänge über t-Statistiken statt.

Mit den konkreten Testverfahren für jede Art von Variablenzusammenhang beschäftigen sich die drei Kapitel 5.2.4, 5.2.5, 5.2.6 ab den Seiten 96, 99 und 100. Die softwaremäßige Anwendung mit SPSS erläutern alle Subkapitel „Schließende Analyse" in Kapitel 6.5 ab Seite 143. Hier wird auch ein „Entscheidungsbaum für Auswertungen" (vgl. Kapitel 6.6 ab Seite 193) zur Verfügung gestellt, der alle Datenanalyseverfahren überblicksmäßig zusammenfasst.

Werden Variablen (Merkmale) auf signifikante Zusammenhänge hin untersucht, kommen zwei Hypothesen zur näheren Betrachtung – die **Nullhypothese H_0** und **die Alternativhypothese H_1 bzw. H_A**. Diese beiden **statistischen Hypothesen** sind bei Signifikanzprüfungen immer „da", auch wenn sie vielleicht nicht direkt „ausgesprochen" werden.

---

[50] Dreifache σ-Werte besitzen ein Sicherheitsniveau von 99,7%. Ansprüche von ± 3σ („Six-Sigma") stellen z.B. oft medizinische bzw. pharmazeutische Studien oder die Qualitätssicherung.

[51] In den Sozial- und Wirtschaftswissenschaften. Andere Disziplinen setzen diese Grenze niedriger an.

Im **Unterschied** zu **inhaltlichen** fokussieren **statistische Hypothesen** auf die konkrete Operationalisierung – z.B. auf die Art und Formulierung der Fragen in einem Fragebogen. Sie bilden die Technik der Ergebnisanalyse ab und dienen der Signifikanzprüfung.[52]

Bei Kreuztabellen z.B. referenzieren statistische Hypothesen auf Prozentanteile, bei Mittelwertsvergleichen auf Durchschnittswerte.

In Kapitel 1.3 ab Seite 22 wurden – bezogen auf den Beispielfragebogen dieses Buchs auf Seite 17 und Seite 18 – verschiedene INHALTLICHE Hypothesen aufgestellt. Die erste (ungerichtete) zielt auf eine Kreuztabelle ab:

***H** $_{I}$: Wenn Personen gerne lesen, dann unterscheiden sie sich in ihrem Fachbuchkonsum von anderen Personen.*

↘ *Kreuztabelle Frage 1 mit Frage 3*

Die (ungerichteten) STATISTISCHEN Hypothesen dazu könnten folgendermaßen lauten:

*H_0: **Statistische Nullhypothese:** Der **Prozentanteil** von Personen, die jährlich Fachbücher lesen, ist unter jenen, die gerne lesen, gleich groß (ähnlich) wie unter jenen, die nicht gerne lesen.*

*H_A bzw. H_1: **Statistische Alternativhypothese:** Der **Prozentanteil** von Personen, die jährlich Fachbücher lesen, ist unter jenen, die gerne lesen, anders als unter jenen, die nicht gerne lesen.*

Beispielhaft eine andere inhaltliche Hypothese (gerichtet) für einen Mittelwertsvergleich:

***H** $_{II}$: Wenn Personen gerne lesen, dann lesen sie jährlich mehr Bücher, als wenn sie nicht gerne lesen.*

↘ *Mittelwertsvergleich Frage 16 nach Frage 1*

Die statistische (hier gerichtete) Formulierung dazu:

*H_0: **Statistische Nullhypothese:** Der **Mittelwert** der jährlichen Lesemenge an Büchern ist bei jenen, die gerne lesen, gleich groß wie (oder kleiner als) bei nicht gerne Lesenden.*

*H_A bzw. H_1: **Statistische Alternativhypothese:** Der **Mittelwert** der jährlichen Lesemenge an Büchern ist bei jenen, die gerne lesen, größer als bei nicht gerne Lesenden.*

Abschließend ein (wieder gerichtetes) Beispiel für eine Korrelation:

***H** $_{III}$: Je älter Personen sind, desto mehr Bücher pro Jahr lesen sie.*

↘ *Korrelation (Streudiagramm) Frage 14 mit Frage 16*

Und wieder die statistische (ungerichtete) Formulierung dazu:

*H_0: **Statistische Nullhypothese:** Der Korrelationskoeffizient zwischen Alter und jährlicher Lesemenge an Büchern ist 0.*

*H_A bzw. H_1: **Statistische Alternativhypothese:** Der Korrelationskoeffizient zwischen Alter und jährlicher Lesemenge an Büchern ist ungleich 0.*

---

[52] Statistische Quellen sind sich bei der Definition des Unterschieds zwischen inhaltlichen und statistischen Hypothesen nicht einig. Die hier beschriebene quellenzusammenfassende Abgrenzung strebt aus Sicht des Autors nach Klarheit, Verständlichkeit und praktischer Umsetzbarkeit.

Da die tatsächlichen, realen Werte innerhalb der Grundgesamtheit nicht bekannt sind, müssen sie aus einer Stichprobe geschätzt werden. Dieses Schätzen erfolgt in den Wirtschafts- und Sozialwissenschaften – im Gegensatz zu den Naturwissenschaften – NICHT deterministisch ...

Also nicht – z.B. im Falle des Mittelwertvergleichs: Alle Personen, die gerne lesen, lesen mehr Bücher als jene Personen, die nicht gerne lesen.

... sondern probabilistisch:

Unter gerne Lesenden finden sich gegenüber nicht gerne Lesenden MEHR Personen, die VIELE Bücher lesen – dargestellt durch die Mittelwerte dieser beiden Gruppen. Oder: Bei gerne Lesenden ist es wahrscheinlicher, auf Personen zu treffen, die viele Bücher lesen.

Daneben wird es auch unter NICHT gerne Lesenden Personen geben, die viele Bücher lesen. Aber eben seltener („unwahrscheinlicher"). Der Mittelwert gelesener Bücher wird hier (in der Gruppe der Personen, die nicht gerne lesen) wahrscheinlich niedriger sein.

Die **Nullhypothese** (H_0) geht von KEINEM (realen) Unterschied zwischen Vergleichsgruppen und damit keinem Merkmalszusammenhang in der Grundgesamtheit aus.

In der der Grundgesamtheit entstammenden Stichprobe gefundene Ergebnisse (Ergebnisunterschiede) sind bloß Zufall. Sie treten nur in der gerade analysierten Stichprobe auf, in vom Zufall anders „gemischten" Stichproben, die sich ja ergeben hätten können, wahrscheinlich nicht. Zwischen den untersuchten Variablen besteht kein systematischer Zusammenhang. Die unabhängige Variable hat keinen Einfluss auf die abhängige.

Die **Alternativhypothese** (H_1, H_A) vermutet EINEN **Unterschied** zwischen Vergleichsgruppen. Sie geht von einem Merkmalszusammenhang in der Grundgesamtheit aus.

In der der Grundgesamtheit entstammenden Stichprobe gefundene Ergebnisse (Ergebnisunterschiede) sind KEIN Zufall. Sie treten nicht nur in der gerade analysierten Stichprobe auf, sondern in vom Zufall anders „gemischten" Stichproben, die sich ja ergeben hätten können, wahrscheinlich ebenso. Zwischen der untersuchten unabhängigen und abhängigen Variable besteht EIN systematischer Zusammenhang. Die unabhängige Variable HAT Einfluss auf die abhängige.

Oft lässt sich nicht festlegen, welches Merkmal das abhängige und welches das unabhängige ist (vgl. die diesbezüglichen Erläuterungen bei Kreuztabellen, Mittelwertsvergleichen und Korrelationen auf den Seiten 69, 72 und 76) – dann entscheidet der Forschungskonnex.

5.2.1.4 | Signifikanzprüfung, α- und β-Fehler

Wie in Kapitel 5.2.1.2 ab Seite 84 angesprochen, ist in den Sozial- und Wirtschaftswissenschaften ein Signifikanzniveau von 5% üblich. Diese Schwelle ist für jede Forschung im Vorfeld (individuell) festzulegen und kann auch größer oder kleiner sein! Unabhängig davon versuchen alle zur Überprüfung von Zusammenhängen eingesetzten Signifikanztests, folgende Frage zu beantworten:

Wie wahrscheinlich ist ein in der vorhandenen und analysierten Stichprobe gefundenes (oder „extremeres") Ergebnis, wenn für die Grundgesamtheit die Nullhypothese H_0 gilt?

Wahrscheinlichkeiten (vgl. Kapitel 5.2.1.5 ab Seite 87) **unter dem Schwellwert des Signifikanzniveaus** (in den Sozial- und Wirtschaftswissenschaften meist 5%) **bedeuten: „signifikant": Die H_0 wird abgelehnt, die H_1 (vorläufig) akzeptiert.** Ab einer Wahrscheinlichkeit am Signifikanzniveau-Schwellwert (5%) wird die H_0 nicht abgelehnt, die H_1 nicht (vorläufig) akzeptiert.

Also: Wie wahrscheinlich ist die gefundene (oder eine noch größere) Ergebnisdifferenz

- in EINER Stichprobe – eben der vorhandenen und ausgewerteten,
- unter unendlich vielen anderen möglichen Stichproben,
- unter der Annahme, dass für die Grundgesamtheit „es besteht kein Unterschied" gilt?

Liegt diese Wahrscheinlichkeit unter dem Schwellwert des Signifikanzniveaus, wird die Nullhypothese abgelehnt und die Alternativhypothese (vorläufig) akzeptiert. **Signifikant ist ein Ergebnis also dann, wenn es sich mit der Nullhypothese nicht vereinbaren lässt.**

Angenommen, eine Grundgesamtheit von Personen, die bewegungsarm und ungesund leben, wird mittels Stichprobe untersucht. Im Vergleich dazu eine zweite Grundgesamtheit, die einen gesunden und sportlichen Lebensstil verfolgt. Ebenfalls mittels Stichprobe. Analysiert wird in beiden Gruppen der Anteil an Personen mit Bluthochdruck. Die H_0 behauptet: Der Anteil an Personen mit Bluthochdruck ist unter gesund und ungesund Lebenden ident. Die Stichprobenergebnisse werfen (aber) 80% mit Bluthochdruck unter den „ungesunden" Personen aus und nur 30% mit Bluthochdruck unter den „gesunden".

Wie wahrscheinlich ist es nun, in allen potenziell möglichen Stichproben, die aus den beiden Grundgesamtheiten theoretisch gezogen werden könnten, keinen derartigen (oder noch größeren) Unterschied (80% versus 30%) zu erhalten – um der Nullhypothese folgen zu können? Diese „behauptet" ja, der Lebensstil hat keinen Einfluss, die beiden Prozentwerte müssten dann ja ähnlich (oder ident) sein. Das ist wohl GAR nicht wahrscheinlich! Die Wahrscheinlichkeit, einen derartigen Ergebnisunterschied zwischen „gesund" und „ungesund" auch nur in irgendeiner anderen Stichprobe NICHT zu bekommen, sinkt gegen Null. Also wohl auch die Wahrscheinlichkeit, dass die Nullhypothese nicht abzulehnen ist. Dementsprechend HAT der Lebensstil wohl Einfluss. Und die Nullhypothese „hat nicht recht" und muss der Alternativhypothese „den Weg räumen".

Würde tatsächlich, real, „Wertegleichheit" bestehen (= H_0), wäre ein Ergebnis wie das gefundene – die 80% versus 30% – (extrem) unwahrscheinlich (unter 5%).

Wenn die Nullhypothese zurückgewiesen wird, kann das aber auch fälschlich geschehen – wir sprechen hier ja von Wahrscheinlichkeiten und „Irrtümern".

Wenn die H_0 aufgrund einer Stichprobenerhebung zurückgewiesen wird, obwohl sie in der Realität der Grundgesamtheit eigentlich DOCH gelten würde, passiert ein **Fehler erster Art** (**α-Fehler**): Jemand glaubt, etwas WÄRE signifikant, obwohl es das nicht ist.

Umgekehrt kann es vorkommen, dass die H_0 NICHT abgelehnt wird, obwohl sie in der Realität der Grundgesamtheit gar nicht gilt. Hier tritt der **Fehler zweiter Art** (**ß-Fehler**) auf: Jemand glaubt, etwas wäre NICHT signifikant, obwohl es das eigentlich ist.

5.2.1.5 | p-Wert

Woher kommen nun Ergebniswahrscheinlichkeiten unter Nullhypothesenbedingungen? Analyseprogramme wie SPSS liefern bei allen Signifikanztests einen sogenannten p-Wert.

Der **p-Wert** wird in Form einer Kommazahl zwischen 0 und 1 angegeben und **muss mit 100 multipliziert werden**, um einem richtigen Prozentwert zu entsprechen (vgl. alle Subkapitel „Schließende Analyse“ in Kapitel 6.5 ab Seite 143).

Der p-Wert drückt die Wahrscheinlichkeit aus, mit der
- unter der Annahme, in der Grundgesamtheit gilt die Nullhypothese (= „kein Unterschied“, „kein Zusammenhang“),
- das Ergebnis der Stichprobe
- mindestens den analysierten („ausgewerteten“) Wert oder einen größeren annimmt.

Der p-Wert ist die Grenze, ab der die Nullhypothese gerade noch abgelehnt werden und – als Gegenmenge auf 100% Wahrscheinlichkeit – die Alternativhypothese (vorläufig) akzeptiert werden kann.

Wenn ein Ergebnis – bei Gültigkeit der Nullhypothese – eine Wahrscheinlichkeit (p-Wert) besitzt, die UNTER dem Signifikanzniveau α (von meist 5%) liegt, gilt es als signifikant. Die Nullhypothese H_0 wird verworfen, die Alternativhypothese H_1 wird (vorläufig) akzeptiert.

Besitzt das Ergebnis – bei Gültigkeit der Nullhypothese – eine Wahrscheinlichkeit (p-Wert) GLEICH oder GRÖSSER dem Signifikanzniveau (meist 5%), gilt es als NICHT signifikant. Die Nullhypothese H_0 wird NICHT abgelehnt, die Alternativhypothese H_1 nicht akzeptiert.

Die Werte liegen dann (zu) nahe beieinander, ein Ergebnis wie das gefundene tritt – unter „H_0-Bedingungen“ – wahrscheinlich (viel) öfter auf – eben 5% oder öfter.

Der p-Wert erlaubt auch Aussagen über die **Signifikanzstärke** (vgl. Kapitel 5.2.1.7 ab Seite 91): Je kleiner der p-Wert ist, desto stärker sprechen die Daten **GEGEN die Nullhypothese** und **FÜR die Alternativhypothese**. Üblich sind folgende Interpretationsgrenzen bzw. Kennzeichnungen durch „*“-Symbole.

p-Wert > 0,1	= > 10%:	schwache oder keine Beweislast gegen H_0		
p-Wert ≥ 0,05	= ≥ 5%:	mäßige Beweislast gegen H_0	▶ nicht signifikant	n.s.
p-Wert **< 0,05**	= **< 5%:**	moderate Beweislast gegen H_0	▶ **signifikant**	*
p-Wert **< 0,01**	= **< 1%:**	starke Beweislast gegen H_0	▶ **hoch signifikant**	**
p-Wert **< 0,001**	= **< 0,1%:**	sehr starke Beweislast gegen H_0	▶ **höchst signifikant**	***

Werden Signifikanzen manuell, über Formelberechnungen, **geprüft**, muss über sogenannte **Teststatistiken** ein für das gewünschte Signifikanzniveau „kritischer Grenzwert“ ermittelt und dem eigenen Ergebnis gegenübergestellt werden.

Was sind Teststatistiken? Jeder Signifikanztest beruht auf einer ihm eigenen Formel. Wird diese Formel auf die eigenen Daten angewendet, ergibt sich aus ihr ein Testwertergebnis. Dieses EINE Testwertergebnis kennzeichnet die EIGENE Datenlage. Die statistische THEORIE hat für jeden Signifikanztest VIELE solcher Testwerte (für unterschiedliche Merkmalskombinationen und Stichprobengrößen) berechnet und in Übersichtstabellen – den Teststatistiken – niedergeschrieben. Jeder dieser Testwerte tritt mit einer bestimmten Wahrscheinlichkeit auf, die mit einem der oben beschriebenen p-Werte korrespondiert.

Bei der Signifikanzprüfung muss nun bloß der selbst errechnete, eigene, EINE Testwert mit einem „kritischen Grenzwert“ aus der Teststatistik verglichen werden. Der kritische Grenzwert ergibt sich aus der eigenen Datenlage – Anzahl der Zellen einer Kreuztabelle oder Menge der Messwerte (vgl. Kapitel 5.2.1.8 ab Seite 92) – und dem gewünschten Signifikanzniveau (p-Wert): Der kritische Wert muss in der Teststatistik-Tabelle quasi im „Schnittpunkt“ von eigener Datenlage und gewünschtem Signifikanzniveau gesucht und abgelesen werden. Der kritische Grenzwert stellt die Schwelle dar, bis zu der der eigene, für das eigene Ergebnis selbst errechnete Testwert als „signifikant“ gelten kann.

Ist der kritische Grenzwert kleiner als der eigene, selbst errechnete Testwert, kann das eigene Ergebnis als signifikant angesehen werden. Die H_0 wird verworfen, die H_1 (vorläufig) akzeptiert. Umgekehrt: Ist der Grenzwert größer als der selbst ermittelte Testwert, gilt das Ergebnis als NICHT signifikant: Die H_0 wird nicht abgelehnt, die H_1 nicht akzeptiert.

Das diesbezügliche Vorgehen bei Kreuztabellen, Mittelwertsvergleichen und Korrelationen wird in späteren Kapiteln beispielhaft beschrieben (vgl. die drei Kapitel 5.2.4, 5.2.5, 5.2.6 ab den Seiten 96, 99 und 100).

5.2.1.6 | Das Prinzip ein- und zweiseitig signifikanter Unterschiede

Signifikanzprüfungen müssen in EINE oder ZWEI Richtungen erfolgen – je nachdem, wie es die Forschungsfrage bzw. Hypothese vorgibt. Zweiseitige Prüfungen basieren auf ungerichteten, einseitige auf gerichteten Hypothesen (vgl. Braunecker, 2023, S. 20–21).

Ein Beispiel soll den Unterschied beschreiben. Dazu wird die zweite der in Kapitel 1.3 ab Seite 22 aufgestellten Hypothesen herangezogen. Sie referenziert – wie alle anderen Hypothesen – auf den Beispielfragebogen dieses Buchs auf Seite 17 und Seite 18:

> ***H** $_{II}$: Wenn Personen gerne lesen, dann lesen sie jährlich mehr Bücher, als wenn sie nicht gerne lesen.*
>
> ↘ *Mittelwertsvergleich Frage 16 nach Frage 1*

Diese Hypothese ist gerichtet und müsste einseitig (**rechtsseitig**) überprüft werden: Die Hypothese „fordert“ einen Prüfblick nur in EINE – aus Sicht beider Merkmale „doppelt positive“ – Richtung: Bedeutet gerne lesen („positive Richtung“) auch mehr Bücher („positive Richtung“) lesen? Keinen Fokus richtet diese Hypothese auf die Frage, ob Personen, die gerne lesen, vielleicht gleich viele oder sogar weniger Bücher („negative Richtung“, einseitig **linksseitig**) lesen als Personen, die NICHT gerne lesen. Eine UNgerichtete Hypothese würde hingegen in ZWEI Richtungen „blicken“ (**zweiseitig**) – in Richtung eines positiven ODER eines negativen Zusammenhangs.

Im Folgenden werden einander die statistischen Null- und Alternativhypothesen für alle drei Varianten gegenübergestellt:

***Zweiseitiges** Testproblem (ungerichtet):*

> *H_0: Der **Mittelwert** der jährlichen Lesemenge an Büchern ist bei jenen, die gerne lesen, **gleich groß** wie bei jenen, die nicht gerne lesen.*
>
> *H_1: Der **Mittelwert** der jährlichen Lesemenge an Büchern ist bei jenen, die gerne lesen, **anders** als bei jenen, die nicht gerne lesen.*

***Einseitig linksseitiges** Testproblem (gerichtet):*

> *H_0: Der **Mittelwert** der jährlichen Lesemenge an Büchern ist bei jenen, die gerne lesen, **gleich groß** wie **oder größer** als bei jenen, die nicht gerne lesen.*
>
> *H_1: Der **Mittelwert** der jährlichen Lesemenge an Büchern ist bei jenen, die gerne lesen, **kleiner** als bei jenen, die nicht gerne lesen.*

***Einseitig rechtsseitiges** Testproblem (gerichtet):*

> *H_0: Der **Mittelwert** der jährlichen Lesemenge an Büchern ist bei jenen, die gerne lesen, **gleich groß** wie **oder kleiner** als bei jenen, die nicht gerne lesen.*
>
> *H_1: Der **Mittelwert** der jährlichen Lesemenge an Büchern ist bei jenen, die gerne lesen, **größer** als bei jenen, die nicht gerne lesen.*

Ob eine Hypothesenprüfung ein- oder zweiseitig erfolgt, muss im Vorfeld einer Erhebung entschieden werden – bereits ganz zu Beginn, bei der Formulierung der Forschungsfragen bzw. Hypothesen (vgl. Kapitel 1.1 ab Seite 19). Der Einfachheit halber – und weil es Analysesoftware wie SPSS meist vorgibt – wird in der Praxis sehr oft zweiseitig getestet. Abbildung 33 auf Seite 91 zeigt den Unterschied, ausgehend von einem Signifikanzniveau α von 5%.

SPSS gibt bei den meisten Signifikanztests einen **zweiseitigen Signifikanzwert** aus (❶). Das bedeutet im Fall signifikanter Ergebnisse, dass sich Stichproben-Vergleichsgruppen „irgendwie" überzufällig voneinander unterscheiden.

Gibt es aber (z.B. theoriegestützt) eine Vermutung über die RICHTUNG des Unterschieds, ist der **einseitige Signifikanzwert** richtiger: Er **entspricht dem halben zweiseitigen Wert**.

Ein zweiseitiger p-Wert eines Signifikanztests von 0,08 würde beispielsweise bei einer Signifikanzgrenze von 5% als „nicht signifikant" interpretiert werden. Bei einseitiger Teststellung würde der zweiseitige p-Wert von 0,08 nur mehr der Hälfte, also 0,04, entsprechen. Bei derselben Signifikanzgrenze von 5% wäre DIESES Ergebnis signifikant.

Bei **zweiseitiger Signifikanzprüfung** wird der p-Wert für jede Seite der Verteilung (links und rechts) halbiert: Der für jede Seite der Verteilung halbierte p-Wert (❶) wird dem für jede Seite der Verteilung halbierten Signifikanzniveau α (❷) gegenübergestellt. Ist der „doppelte halbierte" p-Wert kleiner als das „doppelte halbierte" Signifikanzniveau α – ist in diesem Fall also 2 • ❶ < 2 • ❷ –, kann von einem signifikanten Unterschied gesprochen werden.

Auch bei **einseitiger Signifikanzprüfung** muss ein vorliegender zweiseitiger p-Wert für jede Seite der Verteilung (links und rechts) halbiert werden (❶): SPSS prüft ja meist zweiseitig. Hier „befindet" sich jetzt jedoch das GESAMTE – nicht halbierte – Signifikanzniveau nur auf der linken (❸) oder rechten Seite (❹) der Verteilung: Die Signifikanzprüfung findet jetzt nur in EINE Richtung statt, die andere Richtung liegt nicht „im Blickfeld". Hier gilt jetzt also: Ist der halbierte p-Wert (❶) kleiner als das (nicht halbierte) Signifikanzniveau α (❸ oder ❹), wird von einem signifikanten Unterschied gesprochen.

FÜR eine einseitige Hypothesenformulierung spricht, dass sie genauer ist und – wegen der Halbierung des p-Werts – „schneller" zu signifikanten Ergebnissen führt.

GEGEN eine einseitige Hypothesenprüfung spricht die „Gefährlichkeit", eventuell trotz sig-

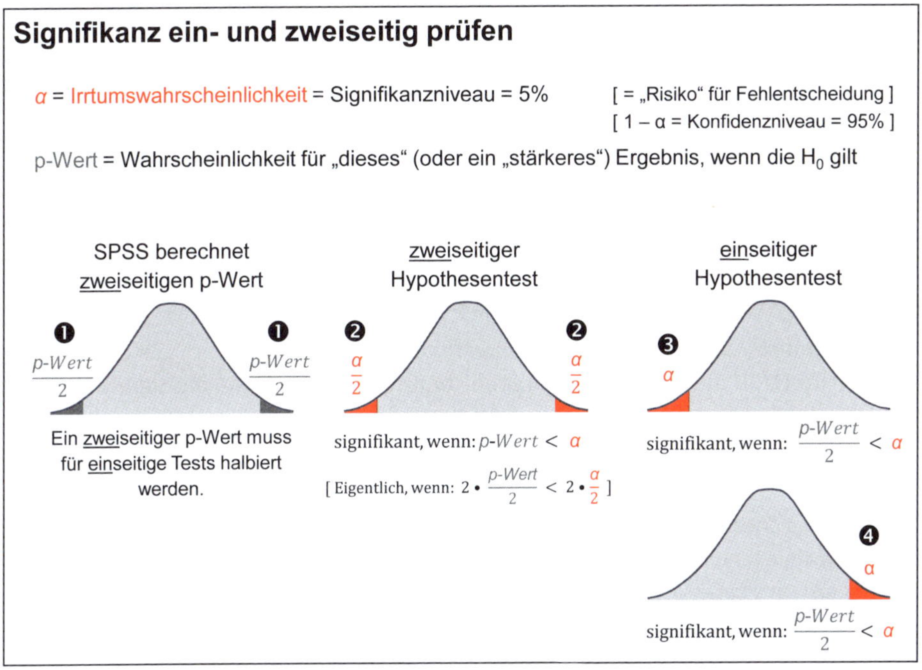

Abbildung 33: Signifikanz ein- und zweiseitig prüfen

nifikanter Ergebnisse die Nullhypothese nicht ablehnen zu dürfen: Angenommen, ein Ergebnisunterschied wird lediglich dahingehend überprüft, ob er größer ist. Diese einseitige Überprüfung liefert keine Signifikanz. Die Ergebniszahlen würden aber signifikant zeigen, dass der Unterschied eigentlich KLEINER ist. Dennoch darf die Nullhypothese nicht verworfen werden! Die Prüfung hat ja per Definition nur in die eine „größer“-Richtung geblickt.

Beim rechtsseitigen Testproblem ...

> *H_0: Der Mittelwert der jährlichen Lesemenge an Büchern ist bei jenen, die gerne lesen, gleich groß wie oder kleiner als bei jenen, die nicht gerne lesen.*
>
> *H_1: Der Mittelwert der jährlichen Lesemenge an Büchern ist bei jenen, die gerne lesen, größer als bei jenen, die nicht gerne lesen.*

... dürfte die H_0 auch dann nicht verworfen werden, wenn der Mittelwert der jährlichen Lesemenge unter Leseaffinen zwar nicht größer, jedoch – bei doppelseitiger Prüfung – signifikant kleiner ausfallen würde.

5.2.1.7 | Signifikanz – Stichprobengröße – Unterschiedsstärke

Ein signifikantes Ergebnis hängt nicht nur von der Unterschiedsstärke ab. Daneben spielen auch vor allem die Samplegröße und oft allgemeine Rahmenbedingungen wichtige Rollen.

Bei **großen Stichproben** können bereits (sehr) kleine Unterschiede zwischen zu vergleichenden Gruppen (= schwache Zusammenhänge) signifikant sein. Derartige Unterschiede sind dann aber inhaltlich kaum relevant! Bei **kleinen Stichproben** hingegen müssen Unterschiede ziemlich groß (= stark) ausfallen, um als signifikant zu gelten. Daran sind die Berechnungsformeln der statistischen Verfahren schuld.

Auch das **„Rundherum" einer Erhebung** (gesellschaftlicher Wandel, Rahmenbedingungen, methodisches Setting wie Fragestellung, Erhebungsinstrument, Stichprobenziehung, Stichprobengröße, Art der Datenanalyse usw.) hat oft Einfluss auf die Ergebnisse.

Aus diesen Gründen ist es sehr empfehlenswert, immer die Stärke von Ergebnisunterschieden UND die Stärke der Signifikanz (vgl. Kapitel 5.2.1.5 ab Seite 87) UND die Rahmenbedingungen der Erhebung gemeinsam in die Interpretation miteinfließen zu lassen.

Signifikanz ist nicht „alles"! Der Schwellenwert von 5% sollte nicht zum „Erfolgs-Schalter" werden! INHALTLICH interpretierbare Ergebnisunterschiede rund um die Signifikanzgrenze – z.B. bei $p = 0{,}051$ oder 0,07 – müssen nicht gleich als „zusammenhangslos" gekennzeichnet werden. Hier lässt sich in vielen Fällen durchaus von „Tendenz zur Signifikanz" bzw. „tendenziellem Zusammenhang" sprechen.

Fazit: Deutlich sicherer ist es in vielen Fällen, die **Nullhypothese zwar „vorläufig" nicht zu verwerfen,** danach die Ergebnisse aber noch umfassend aus ihrem inhaltlichen Zusammenhang heraus zu interpretieren.[53]

Abschließend: **Signifikanz bedeutet auch nicht Kausalität** (vgl. dazu Seite 75 im Kapitel 5.1.7)!

5.2.1.8 | Freiheitsgrade – ein Exkurs

Bevor in folgenden Kapiteln Signifikanztests für Variablenzusammenhänge detailliert werden, ist der Begriff „Freiheitsgrade" zu erläutern: Diese dienen (bei „manueller" Signifikanzprüfung) zur Auffindung kritischer Grenzwerte in Teststatistiken (vgl. Seite 88 im Kapitel 5.2.1.5).

Freiheitsgrade (auch *df*, = **degrees of freedom**) sind voneinander unabhängige Beobachtungen bzw. die Anzahl frei wählbarer Elemente in einer Berechnung.

Was bedeutet das?[54] Aus EINER Stichprobe wird ein Ergebnis ermittelt. Dieses Ergebnis stellt einen Schätzwert für die „hinter der Stichprobe stehende" Grundgesamtheit dar. Es steht als „Repräsentant" für den wahren, realen Wert der gesamten Grundgesamtheit im Fokus der Betrachtung. Die zentrale Frage lautet: Wie gut konnte die eine Stichprobe (als eine unter vielen möglichen) den wirklichen Wert der Grundgesamtheit widerspiegeln?

Die EINE Stichprobe enthält zufällige Elemente der Grundgesamtheit. Sie hätte auch völlig andere Elemente beinhalten können – der Zufall hat ja ausgewählt. Freiheitsgrade geben nun an: Wie viele Wertausprägungen (von Stichprobenelementen) eines (Prozent- oder Mittelwert-)Ergebnisses einer Zufallsstichprobe wären höchstens – theoretisch, durch zufällige andere Stichprobenelemente – variierbar, um noch beim selben Ergebnis zu bleiben: dem Ergebnis, das ja für die Grundgesamtheit aus der Stichprobe geschätzt wurde.

[53] Die hier artikulierten Gedanken entstammen einem themenspezifischen Meinungsaustausch im Jahr 2019, zwischen Ass.-Prof. Ing. Mag. Dr. Klaus Lojka, dem damaligen Studienprogrammleiter am Institut für Publizistik- und Kommunikationswissenschaft der Universität Wien, und dem Autor dieses Buchs.

[54] In der statistischen Literatur finden sich zu Freiheitsgraden zwar viele, aber knappe und oft interpretationsbedürftige Ausführungen. Der Autor versucht hier, das Thema mit eigenen Worten „unstatistisch" zu umschreiben.

Aus drei Zahlen wird ein Mittelwert berechnet. Soll dieser ident bleiben, wären zwei der drei Zahlen frei veränderbar. Um den identen Mittelwert beizubehalten, würde sich die dritte Zahl aus den beiden veränderten „ergeben" – von diesen also vorgegeben sein.

*Der Mittelwert aus den Zahlen 2, 3 und 4 lautet 3: (2 + 3 + 4) / 3 = 3. Wenn der Mittelwert unverändert 3 bleiben soll, sind maximal zwei der drei Zahlen beliebig austauschbar: Wird z.B. die erste Zahl auf 7, die zweite Zahl auf 1 verändert, MUSS die dritte Zahl dann 1 sein. Sonst ergibt sich nicht mehr derselbe Mittelwert von 3: (7 + 1 + **1**) / 3 = 3. Der Mittelwert der drei Zahlen hätte im Beispiel also zwei Freiheitsgrade (= Austauschmöglichkeiten). Die dritte Zahl ist NICHT beliebig, sie resultiert aus den beiden anderen.*

Welche rechnerische „Flexibilität" ist also möglich, Stichprobenelemente per Zufall zu variieren, ohne dabei auch das Ergebnis selbst zu verändern? Wie viele Variationen sind höchstens möglich, um die Interpretation des EINEN Ergebnisses, das im Fokus steht, durch ein anderes, paralleles, das „daneben tritt", nicht zu verwässern bzw. zu verunmöglichen (vgl. auch Fußnote 39 auf Seite 64)? Das Thema steht in Zusammenhang mit theoretisch oftmalig wiederholbaren Stichprobenziehungen (zentraler Grenzwertsatz, vgl. Kapitel 5.2.1.1 ab Seite 82.

In der Praxis dienen Freiheitsgrade auch dazu, die mögliche Variabilität (und damit Güte, weil bessere statistische Absicherung durch höhere Fallzahl) von Ergebnissen beurteilen zu können.

Bei kategorialen **Kreuztabellen sind viele Freiheitsgrade eher „schlecht":** Hier referenzieren die *df* auf die Anzahl der Zellen in der Kreuztabelle. Je mehr Zellen (*df*) eine Kreuztabelle enthält, desto schwieriger kann sich die Interpretation des Variablenzusammenhangs gestalten: Welche Ausprägungen hängen mit welchen wie zusammen?

Bei metrischen **Mittelwertsvergleichen** (z.B. T-Test) **sind viele Freiheitsgrade „gut"**: Hier bezeichnen die *df* die Anzahl der Messungen, aus denen sich die zu vergleichenden Mittelwerte zusammensetzen. Je mehr Freiheitsgrade (und damit Messwerte) einem Ergebnis zugrunde liegen, desto hochwertiger (statistisch abgesicherter) ist es zu betrachten.

5.2.2 | Signifikanz bei Häufigkeiten

Die statistische Aussagekraft der Häufigkeit einzelner Ausprägungen einzelner Variablen (vgl. Kapitel 5.1.1 ab Seite 53) wird bei kategorialen Daten (nominal, ordinal) meist über die Schwankungsbreiten von Prozentwerten bewertet.

Fehlerspannen zu berechnen ist wohl die populärste und verbreitetste „statistische Aktivität". Für ALLE Prozentergebnisse aus Zufallsstichproben gilt immer folgender Grundsatz:

Tatsächliches Ergebnis einer Erhebung	=	Ergebnis aus der Stichprobe ± Schwankungsbreite

Die Größe der Schwankungsbreite hängt ab

- von der Stichprobengröße,
- vom Ergebnis-Prozentwert,
- von der Wahrscheinlichkeit („Treffsicherheit"), mit der die Schwankungsbreite gelten soll,
- und oft auch von der Größe der Grundgesamtheit.

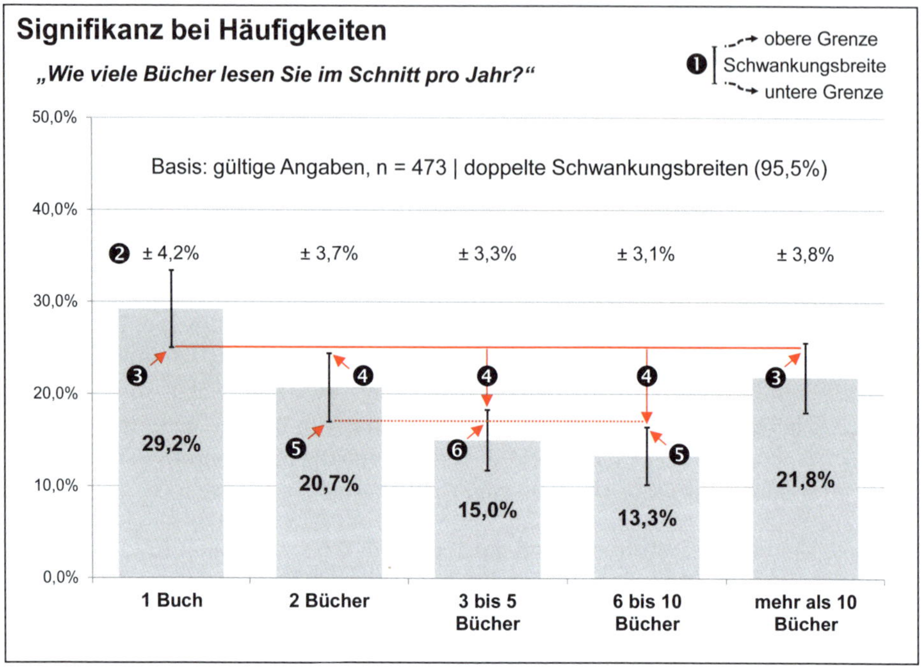

Abbildung 34: Signifikanz bei Häufigkeiten

Das Thema wird sehr detailliert bei Braunecker, 2023, S. 83–92 erläutert. Die Berechnungsformel für die statistische Unschärfe ist relativ einfach:

$$\sigma = \sqrt{\frac{p * (100 - p)}{n}}$$

σ = Schwankungsbreite

p = Stichprobenergebnis (Prozentanteil)

n = Stichprobengröße

Eine derart berechnete Schwankungsbreite σ gilt mit nur 68,3% Wahrscheinlichkeit (Sicherheit, vgl. Abbildung 32 auf Seite 83). Um die Aussagekraft auf 95,5% (oder genau 95%) zu erhöhen, wird σ in der Regel verdoppelt (oder mit 1,96 multipliziert).

Abbildung 34 stellt die Ergebnisdaten aus Abbildung 19 auf Seite 54 beispielhaft dar. Die Fehlerbalken (❶) repräsentieren die Größe der statistischen ±-Schwankungsbreiten (❷).[55] Wenn sie sich nicht überlappen, liegen signifikante Häufigkeitsunterschiede vor.

Abbildung 34 verweist auf einen „so gut wie“ (vgl. Kapitel 5.2.1.7 auf Seite 91) signifikanten Unterschied zwischen den Angaben „1 Buch“ und „mehr als 10 Bücher“ (❸). Signifikant seltener als „1 Buch“ sind die Angaben „2“, und vor allem „3 bis 5“ und „6 bis 10 Bücher“ (❹): Diese Häufigkeiten liegen auch bei Berücksichtigung der größten Schwankungsbreite nach oben noch unter der roten Linie.

Von „2 Büchern“ unterscheiden sich wiederum „6 bis 10 Bücher“ (❺): Der kleinste Wert

[55] Die Schwankungsbreiten wurden für die Darstellung mit der angeführten Formel im Hintergrund berechnet.

von „2 Bücher" ist noch immer größer als der größte von „6 bis 10 Bücher". „3 bis 5 Bücher" hingegen überlappen sich mit den Fehlerbalken von „2 Bücher" und „6 bis 10 Bücher" (❻) – hier liegen also keine signifikanten Prozentunterschiede vor.

Alle Werte, bei denen sich die Fehlerbalken überlappen, liegen innerhalb der statistischen Unschärfe und würden bei einer Ergebnisübertragung auf eine Grundgesamtheit keine realen Unterschiede darstellen.

Umfasst die Stichprobe bereits einen größeren Teil einer (größenmäßig bekannten) Grundgesamtheit, muss als Multiplikator auch der sogenannte Endlichkeitsfaktor beachtet werden. Er verkleinert die statistische Unschärfe – in der folgenden Formel grau hinterlegt:

$$\sigma = \sqrt{\frac{p * (100 - p)}{n}} \bullet \sqrt{\frac{N - n}{N - 1}}$$

N = Größe der Grundgesamtheit

n = Stichprobengröße

Die Praxis der meisten Ergebnisdarstellungen arbeitet mit vorgefertigten Schwankungsbreitentabellen (vgl. Braunecker, 2023, S. 95): Diese zeigen die maximale Ergebnisunschärfe für unter schiedliche Prozentwerte und Fallzahlen. Nicht zuletzt lässt sich aus ihnen auch bereits im Vorfeld einer Erhebung die für die geforderte Ergebnisgüte (= maximal zulässige Schwankungsbreite) nötige Stichprobengröße ablesen (vgl. Braunecker, 2023, S. 94–95).

5.2.3 | Signifikanz bei Mittelwerten

Die statistische Aussagekraft der Mittelwerte einzelner Variablen (vgl. Kapitel 5.1.2.1 ab Seite 55) wird bei (quasi-)metrischen Daten meist über das Konfidenzintervall für den Mittelwert bewertet.

Diese „Schwankungsbreiten" des arithmetischen Mittels sind aus dem **Standardfehler** des Mittelwerts berechenbar: Dieser wird (wie die „Prozent-Schwankungsbreite") verdoppelt und ergibt dann das **Konfidenzintervall des Mittelwerts** bei einer Sicherheit von 95,5%.

Die Schwankungsbreiten von Mittelwerten werden bei Braunecker, 2021, S. 92–93 ausführlich erläutert. Wie für die Prozent-Schwankungsbreiten ist auch die Berechnungsformel für das Mittelwert-Konfidenzintervall wenig komplex:

Konfidenzintervall des Mittelwerts (bei 95,5%)

$$\mathrm{KI} = \frac{s}{\sqrt{n}} * 2$$

s = Standardabweichung

n = Stichprobengröße

Die Berechnung der Standardabweichung erläutert Kapitel 5.1.3.2 ab Seite 65. Abbildung 35 auf Seite 96 stellt ein Beispiel mit den Mittelwerten (arithmetische Mittel) gelesener Bücher von zehn Personen im Quartalsvergleich dar. Die Fehlerbalken (❶) visualisieren die Größe der Konfidenzintervalle des Mittelwerts (❷).[56] Die Interpretation folgt derselben Logik wie bei Prozentwertdifferenzen: Überall, wo sich die statistische Unschärfe nicht überlappt, treten signifikante Mittelwertsunterschiede auf.

[56] Die Konfidenzintervalle wurden für die Darstellung mit der angeführten Formel im Hintergrund berechnet.

Signifikanz bei Mittelwerten

Anzahl gelesener Bücher

befragte Person	erstes Quartal	zweites Quartal	drittes Quartal	viertes Quartal
1	2	1	3	2
2	3	1	4	1
3	2	4	5	1
4	2	1	5	2
5	1	4	5	1
6	2	1	4	2
7	3	2	4	2
8	2	4	3	4
9	2	1	3	10
10	1	1	4	15
Mittelwert	**2,0**	**2,0**	**4,0**	**4,0**
Standardabweichung (hier: einer Stichprobe)	**0,67**	**1,41**	**0,82**	**4,71**

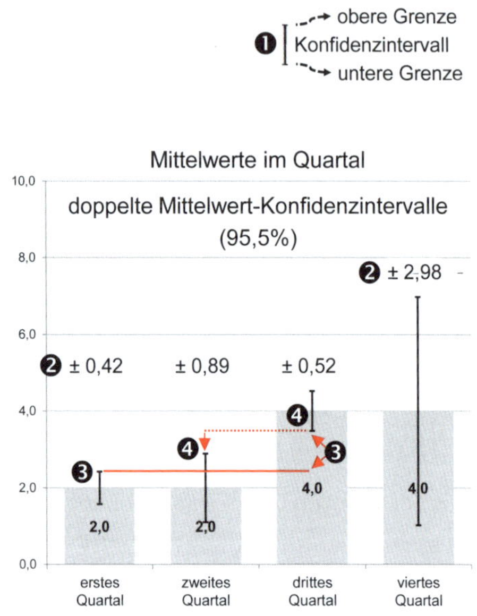

Abbildung 35: Signifikanz bei Mittelwerten

Zwischen dem ersten und dritten Quartal (❸) besteht ein signifikanter Mittelwertsunterschied gelesener Bücher: Wird zum Mittelwert des ersten Quartals die Fehlerspanne dazugerechnet (2,0 + 0,42), ist der Wert noch immer geringer als der des dritten Quartals mit subtrahierter Unschärfe (4,0 – 0,52).

Auch zwischen dem zweiten und dritten Quartal lässt sich auf diese Betrachtungsart ein signifikanter Mittelwertsunterschied festmachen (❹).

Alle weiteren Vergleiche liegen innerhalb statistischer Unschärfe und wären bei der Projektion auf eine Grundgesamtheit keine realen Unterschiede.

Im soeben angeführten Beispiel wurden die Fehlerspannen der Mittelwerte der einzelnen vier Variablen (Quartale) nicht nur gesondert betrachtet, sondern auch bereits miteinander verglichen. Da es sich hier um die Werte derselben 10 Personen handelt, war dieser Vergleich ein **abhängiger** (vgl. Seite 72 im Kapitel 5.1.6). Ein **UNabhängiger Mittelwertsvergleich** wird – nach derselben Interpretationslogik – in Kapitel 5.2.5 ab Seite 99 – erläutert. Die dazu passenden statistischen Tests mit der Analysesoftware SPSS finden sich in Kapitel 6.5.4.2 ab Seite 162.

Auch Mittelwert-Konfidenzintervalle werden bei im Verhältnis zu Stichproben kleineren Grundgesamtheiten durch den Endlichkeitsfaktor (vgl. Kapitel 5.2.2 ab Seite 93) reduziert.

5.2.4 | Signifikanz bei Kreuztabellen

Die Signifikanz des Zusammenhangs von zwei nominalen oder ordinalen Variablen lässt sich am besten durch eine Kreuztabelle (vgl. Kapitel 5.1.5 ab Seite 67) und einen Chi²-Test beurteilen.

Signifikanz bei Kreuztabellen

	beobachtete Werte		erwartete Werte		Zeilenprozent		Spaltenprozent	
	derzeit_studierend		derzeit_studierend		derzeit_studierend		derzeit_studierend	
Alter	ja	nein	ja	nein	ja	nein	ja	nein
bis 40 J	150 ❶	50	120,0 ❶	80,0	75,0 ❷	25,0	83,3 ❷	41,7
über 40 J	30	70	60,0	40,0	30,0	70,0	16,7	58,3

$$\chi^2 = \sum_{\substack{aller\\Zellen}} \frac{(beobachtete\ Werte - erwartete\ Werte)^2}{erwartete\ Werte} = \frac{(150-120)^2}{120} + \frac{(50-80)^2}{80} + \frac{(30-60)^2}{60} + \frac{(70-40)^2}{40}$$

$$\chi^2 = 7{,}5 + 11{,}25 + 15 + 22{,}5 = \mathbf{56{,}25}$$ ❸

Wenn $\chi^2_{empirisch} > \chi^2_{kritisch}$ ► ~~H_0~~

$$df = (Spalten - 1) \bullet (Zeilen - 1) = \mathbf{1}$$ ❺

$\chi^2_{empirisch} > \chi^2_{kritisch\ (\alpha_{0,05})}$ ► ~~H_0~~ ❻ *

$\chi^2_{empirisch} > \chi^2_{kritisch\ (\alpha_{0,01})}$ ► ~~H_0~~ ❼ **

$\chi^2_{empirisch} > \chi^2_{kritisch\ (\alpha_{0,001})}$ ► ~~H_0~~ ❽ ***

❹ **Teststatistik Chi²: kritische Werte**

Anzahl Freiheitsgrade	Konfidenzniveau (1 – α)			
df	0,90	0,95	0,99	0,999
❺ 1	2,71	❻ 3,84	❼ 6,63	❽ 10,83
2	4,61	5,99	9,21	13,82
3	6,25	7,81	11,34	16,27
4	7,78	9,49	13,28	18,47
5	9,24	11,07	15,09	20,52
usw.	10,64	12,59	16,81	22,47

Abbildung 36: Signifikanz bei Kreuztabellen

Im Unterschied zu den statistischen Schwankungsbreiten einzelner Variablenausprägungen (vgl. Kapitel 5.2.2 ab Seite 93) werden hier nicht bloß einzelne Prozenthäufigkeiten nebeneinandergestellt und jeweils (einzeln) auf ihre statistische Unschärfe überprüft. Eine kreuztabellarische Analyse geht darüber hinaus:

Kreuztabellen verbinden („kombinieren“) zwei Merkmale miteinander und untersuchen die gegenseitige Variabilität der Ausprägungen zu- und miteinander in absoluten und (vor allem) prozentuellen Häufigkeiten.

Das Wesen von Kreuztabellen, ihre Begrifflichkeiten und Interpretation werden ausführlich in Kapitel 5.1.5 ab Seite 67 erläutert. Auch die für die Signifikanzprüfung nötige Maßzahl **Chi²** wird dort beispielhaft berechnet (vgl. Seite 70). Chi² wiederum ist auch Basis für das ebenfalls beschriebene und berechnete Zusammenhangsmaß **Cramérs *V*** (vgl. Seite 71).

Während der Chi²-Test die SIGNIFIKANZ von Variablenzusammenhängen in einer Kreuztabelle überprüft, ermittelt Cramérs *V* deren STÄRKE.

Der **Chi²-Test** überprüft also die SIGNIFIKANZ eines kreuztabellarischen Variablenzusammenhangs: Kann (darf) der Zusammenhang, den eine Kreuztabelle zeigt, auf die „hinter den Ergebnissen stehende“ Grundgesamtheit übertragen werden? Ist aus den Stichprobenergebnissen auf die Realität zu schließen (vgl. Kapitel 5.2.1 ab Seite 81)?

Abbildung 36 verwendet die Daten aus Abbildung 26 auf Seite 69 im Kapitel 5.1.5. Dort wird Chi² berechnet, der Unterschied zwischen beobachteten und erwarteten Werten (❶) sowie die Zeilen- und Spaltenprozente (❷) im Hinblick auf einen Merkmalszusammenhang beschrieben.

Jüngeres Alter geht eher mit Studierendenstatus einher als höheres Alter. Der Chi²-Wert (❸) bildet den Ausgangswert für den Signifikanztest.

Um das Ergebnis auf Signifikanz zu prüfen, ist nichts weiter zu tun, als den aus den Daten der Kreuztabelle berechneten Chi²-Wert (= $\chi^2_{empirisch}$) mit einem kritischen Grenzwert (= $\chi^2_{kritisch}$) aus der Chi2-Testverteilung (❹ in Abbildung 36) abzugleichen. Ist der selbst ermittelte Chi²-Wert $\chi^2_{empirisch}$ größer als der kritische $\chi^2_{kritisch}$ aus der Teststatistik, ist das Ergebnis signifikant (vgl. Kapitel 5.2.1 ab Seite 81).

Wie lässt sich der kritische Chi²-Wert ermitteln? Dazu werden zunächst die Freiheitsgrade (vgl. Kapitel 5.2.1.8 ab Seite 92) der Kreuztabelle benötigt. Diese ermitteln sich über die Anzahl der Zellen, die die Kreuztabelle enthält (❺).

Die Kreuztabelle im Beispiel besitzt 2 Zeilen – „bis 40 J" und „über 40 J" – und 2 Spalten – „ja" und „nein". Die Freiheitsgrade df sind also (2 Zeilen – 1) • (2 Spalten – 1) = (1 • 1) = 1.

Die Teststatistik (vgl. Seite 88 im Kapitel 5.2.1.5) ist in Abbildung 36 auf Seite 97 nur stark auszugsweise dargestellt (❹) – darauf weisen die Wellenlinien hin.[57] Jede ZEILE der Teststatistik (nach Engelhardt, 2020) enthält die Chi²-Grenzwerte für die entsprechenden Freiheitsgrade.

Im Beispiel liegen die Grenzwerte für EINEN Freiheitsgrad (df 1, ❺) in der ersten Zeile.

In den SPALTEN der Teststatistik befindet sich für jedes Signifikanzniveau der entsprechende Grenzwert. Dieser beträgt bei einem Signifikanzniveau α (vgl. Kapitel 5.2.1.2 ab Seite 84) von 5%[58] 3,84 (❻). Bei hoher Signifikanz mit einem α von 1% (0,99) ist der kritische Wert 6,63 (❼), bei höchster Signifikanz liegt der Grenzwert bei 10,83 (❽) – vgl. Seite 88 im Kapitel 5.2.1.5.

Nun kann die Signifikanzprüfung erfolgen: Ist der errechnete Chi²-Wert (❸) größer als der kritische am 5%- (❻), 1%- (❼) oder noch höheren (❽) Signifikanzniveau? Wenn dem so ist, ist das Ergebnis am jeweiligen Signifikanzniveau signifikant.

56,25 ist größer als 3,84. 56,25 ist auch noch größer als 6,63. Und 56,25 übertrifft auch deutlich 10,83.

Der Zusammenhang ist also nicht nur signifikant (*), sondern auch hoch- (**) und sogar höchst signifikant (***).

Die Nullhypothese wird verworfen, die Alternativhypothese (vorläufig) akzeptiert. Es ist völlig unwahrscheinlich, ein derartiges Ergebnis unter der Annahme der Gültigkeit der H_0 in der Grundgesamtheit zu erhalten. Ältere Personen haben eher seltener Studierendenstatus als jüngere – diese Annahme stützen die vorhandenen Daten.

Auf Basis dieser Vergleichslogik zwischen ermittelten und kritischen Testwerten „funktionieren" alle Signifikanztests.

Analysesoftware erspart das mehrfache Abgleichen auf unterschiedlichen Signifikanzschwellen wie ❻, ❼ und ❽ in Abbildung 36 auf Seite 97: SPSS und andere Analyseprogramme werfen gleich einen „Signifikanz-Prozentwert" für die Wahrscheinlichkeit des ermittelten

[57] In Statistikbüchern werden jeder Teststatistik – meist im Anhang – eine oder mehrere Seiten Platz eingeräumt.

[58] Konfidenzniveau 1 – α = 1 – 0,05 = 0,95.

Signifikanz bei Mittelwertsvergleichen

Anzahl gelesener Bücher

befragte Person	Alter	erstes Quartal	erstes Quartal
1	bis 40 J	2	
2	bis 40 J	3	
3	bis 40 J	2	
4	bis 40 J	2	
5	bis 40 J	1	
6	über 40 J		4
7	über 40 J		3
8	über 40 J		5
9	über 40 J		4
10	über 40 J		5
Mittelwert		2,0	4,2
Standardabweichung (hier: einer Stichprobe)		0,71	0,84

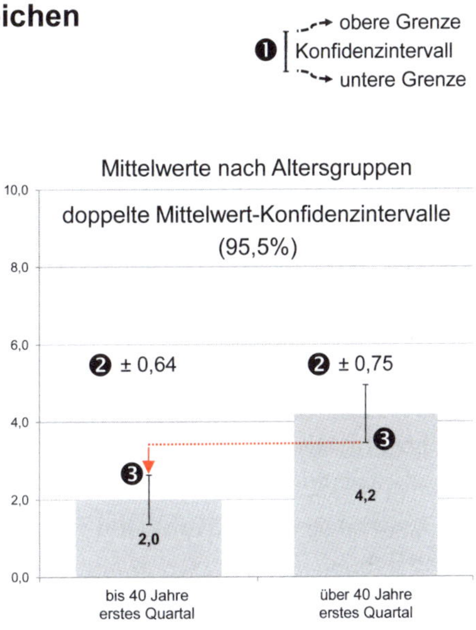

Abbildung 37: Signifikanz bei Mittelwertsvergleichen

(oder stärkeren) Ergebnisses unter den Bedingungen der H_0 aus (vgl. im Detail dazu Kapitel 5.2.1.5 ab Seite 87). Chi²-Tests über SPSS werden in Kapitel 6.5.3.2 ab Seite 156 beschrieben.

5.2.5 | Signifikanz bei Mittelwertsvergleichen

Wie bei einzelnen Mittelwerten (im Vergleich zueinander) kann auch die Signifikanz von Mittelwertsunterschieden nominaler Vergleichsgruppen (vgl. Kapitel 5.1.6 ab Seite 71) rasch über das **Konfidenzintervall für den Mittelwert** bewertet werden. Die Visualisierung erfolgt wieder am besten mittels Fehlerbalkendiagramms.

Die Schwankungsbreiten von Mittelwerten werden bei Braunecker, 2023, S. 92–93 ausführlich erläutert. Die Berechnung zeigt Kapitel 5.2.3 ab Seite 95.

Abbildung 37 zeigt ein Beispiel für einen Mittelwertsvergleich zwischen fünf Personen bis 40 Jahre und 5 Personen über 40 Jahre. Es handelt sich hier um nominale Vergleichsgruppen. Verglichen werden die durchschnittlich gelesenen Bücher (im ersten Quartal eines Jahres). Die Fehlerbalken (❶) zeigen die Größe der Konfidenzintervalle des Mittelwerts am 95,5% Konfidenzniveau (❷).[59]

Und wieder folgt die Interpretation der „Überlappungslogik“: Wenn sich die statistische Unschärfe nicht überlappt, treten signifikante Mittelwertsunterschiede (also reale, in der Grundgesamtheit) auf, sonst nicht.

[59] Die Konfidenzintervalle wurden für die Darstellung im Hintergrund berechnet.

Im Beispiel haben die jüngeren Personen im ersten Quartal durchschnittlich 2,0, die älteren durchschnittlich 4,2 Bücher gelesen. Es sieht also danach aus, als würde die Lesemenge mit dem Alter deutlich zunehmen. Wird die statistische Unschärfe in die Interpretation miteinbezogen, bestätigt sich der große Abstand: Die Fehlerbalken überlappen sich nicht (❸). Ältere Personen über 40 lesen im Schnitt deutlich mehr als Jüngere bis 40.

Der hier beschriebene **Mittelwertsvergleich** war ein **UNabhängiger**: Miteinander verglichen wurden die Werte nominaler Subgruppen – je fünf Personen jüngerer und älterer Altersgruppe. Ein **abhängiger Mittelwertsvergleich** wird – nach derselben Interpretationslogik – in Kapitel 5.2.3 ab Seite 95 erläutert. Die zu beiden Vergleichsarten passenden statistischen Tests (mit der Analysesoftware SPSS) finden sich in Kapitel 6.5.4.2 ab Seite 162.

Im Unterschied zu den Mittelwert-Konfidenzintervallen werden bei Mittelwert-Vergleichstests nicht bloß einzelne Variablenausprägungen nebeneinandergestellt und jeweils (einzeln) auf ihre statistische Unschärfe hin überprüft. Statistische Mittelwerts-Vergleichstests gehen darüber hinaus:

Mittelwerts-Vergleichstests verbinden („kombinieren") zwei oder mehr Merkmale miteinander und untersuchen die gegenseitige Variabilität der Mittelwerte zu- und miteinander.

5.2.6 | Signifikanz bei Korrelationen

Die Signifikanz des Zusammenhangs zweier ordinaler oder metrischer Variablen lässt sich durch eine Korrelation (vgl. Kapitel 5.1.7 ab Seite 73) und eine sogenannte **t-Statistik** beurteilen.

In Kapitel 5.1.7 ab Seite 73 wurden Korrelationskoeffizienten berechnet. Für die in diesem Kapitel demonstrierte Signifikanzprüfung wird der aus den Daten der Abbildung 29 berechnete Pearson-Koeffizient von Seite 77 herangezogen: r = 0,89. Wie bei allen Tests auf Signifikanz lautet die Frage: Kann (darf) der Zusammenhang, den der Korrelationskoeffizient zeigt, auf die „hinter den Ergebnissen stehende" Grundgesamtheit übertragen werden? Ist es möglich, aus den Stichprobenergebnissen auf die Realität zu schließen (vgl. Kapitel 5.2.1 ab Seite 81)?

Abbildung 38 auf Seite 101 zeigt das Vorgehen bei der Signifikanzprüfung. Diese ist in ihrer Vorgehensweise sehr ähnlich zur Signifikanzprüfung bei Kreuztabellen (vgl. Kapitel 5.2.4 ab Seite 96). Einziger Unterschied: Bei Korrelationen erfolgt die Berechnung eines empirischen t-Wertes, der mit einem kritischen t-Wert aus der t-Verteilung abgeglichen werden muss.

Um das Ergebnis auf Signifikanz zu prüfen, ist nichts weiter zu tun, als aus dem Korrelationskoeffizienten einen empirischen t-Wert zu ermitteln (= $t_{empirisch}$). Dieser muss mit einem kritischen Grenzwert (= $t_{kritisch}$) aus der t-Verteilung (❸ in Abbildung 38 auf Seite 101) abgeglichen werden. Ist der ermittelte empirische t-Wert größer als der kritische, ist das Ergebnis signifikant (vgl. Kapitel 5.2.1 ab Seite 81).

Die Formel zur Berechnung des empirischen t-Wertes aus dem Korrelationskoeffizienten (einer Stichprobe) lautet:

$$t = \frac{r \bullet \sqrt{n-2}}{\sqrt{1-r^2}}$$

t = Prüfgröße der t-Verteilung
r = Korrelationskoeffizient nach Pearson
n = Anzahl der Stichprobenelemente

Signifikanz bei Korrelationen

Person i	Semester x	Bücher y
1	2	3
2	1	2
3	3	4
4	3	5
5	5	5
❹ 6	4	5

$r = 0,89$ ❶

$$t = \frac{r \cdot \sqrt{n-2}}{\sqrt{1-r^2}}$$

$$t = \frac{0,89 \cdot \sqrt{6-2}}{\sqrt{1-0,89^2}} = \frac{0,89 \cdot \sqrt{4}}{\sqrt{0,2079}} = 3,90$$ ❷

$$df = (n-2) = 6-2 = 4$$ ❹

Wenn $|t_{empirisch}| > t_{kritisch}$ ► $\not{H_0}$

$t_{empirisch} > t_{kritisch(\alpha_{0,05})}$ ► $\not{H_0}$ * ❼

$t_{empirisch} > t_{kritisch(\alpha_{0,01})}$ ► H_0 ✓ ✗ ❽

❸ t-Verteilung: kritische Werte

Anzahl Freiheitsgrade ❹ df	Konfidenzniveau (1 – α) ❻ 0,95	❺ 0,975	❻ 0,99	❺ 0,995
1	6,314	12,706	31,821	63,656
2	2,920	4,303	6,965	9,925
3	2,353	3,182	4,541	5,841
❹ 4	2,132	❼ 2,776	3,747	❽ 4,604
5	2,015	2,571	3,365	4,032
6	1,943	2,447	3,143	3,707
7	1,895	2,365	2,998	3,499
8	1,860	2,306	2,896	3,355
9	1,833	2,262	2,821	3,250
10	1,812	2,228	2,764	3,169
usw.	1,796	2,201	2,718	3,106

Abbildung 38: Signifikanz bei Korrelationen

Der empirische t-Wert aus einem Korrelationskoeffizienten von 0,89 (❶ in Abbildung 38 auf Seite 101) beträgt im Beispiel also 3,90 (❷):

$$t = \frac{0,89 \cdot \sqrt{6-2}}{\sqrt{1-0,89^2}} = \frac{0,89 \cdot \sqrt{4}}{\sqrt{0,2079}} = 3,90$$

Zur Ermittlung des kritischen t-Werts werden die Freiheitsgrade (vgl. Kapitel 5.2.1.8 ab Seite 92) der Korrelation benötigt. Diese ergeben sich über die Anzahl der Messwerte, aus denen die Korrelation resultiert (❹ in Abbildung 38).

Das Beispiel basiert auf 6 Messwerten. Die Freiheitsgrade df sind also 6 – 2 = 4.

Die Teststatistik (vgl. Seite 88 im Kapitel 5.2.1.5) ist in Abbildung 38 nur stark auszugsweise dargestellt.[60] Jede ZEILE der Teststatistik (nach Duller, 2019, S. 307) enthält die t-Grenzwerte für die entsprechenden Freiheitsgrade.

Im Beispiel liegen die Grenzwerte für VIER Freiheitsgrade (df 4, ❹) in der vierten Zeile.

In den SPALTEN der Teststatistik befindet sich für jedes Signifikanzniveau der entsprechende Grenzwert. t-Statistiken erlauben EINseitiges Testen auf Signifikanz (vgl. Kapitel 5.2.1.6 ab Seite 89). Aus diesem Grund sind die kritischen t-Werte in der Abbildung EINseitig kritisch. Die im Beispiel vorliegende Korrelation soll hier zur Demonstration ZWEIseitig auf Signifikanz getestet werden – also ohne sich auf einen positiven oder negativen Zusammenhang festzulegen.

[60] In Statistikbüchern werden jeder Teststatistik – meist im Anhang – eine oder mehrere Seiten Platz eingeräumt.

Wird dazu das übliche Signifikanzniveau α von 5% oder 1% gewählt, muss der jeweils kritische Testwert den Spalten ❺ entnommen werden ($1-\frac{\alpha}{2}$). Würde der Test einseitig erfolgen, wären die richtigen Werte in den Spalten ❻ abzulesen.

Der kritische zweiseitige t-Wert *in Abbildung 38 auf Seite 101* *lautet am Signifikanzniveau α von 5%* ***2,776*** *(❼, 4 Freiheitsgrade,* $1-\frac{\alpha}{2}=0{,}975$*).*

Bei einem höheren Signifikanzniveau von α = 1% lässt sich ein kritischer Wert von ***4,604*** *ablesen (❽).*

Nun kann die Signifikanzprüfung erfolgen: Ist der errechnete t-Wert (❷) größer als der kritische (❼) am Signifikanzniveau von 5% bzw. (❽) am Signifikanzniveau von 1%?

3,90 ist größer als 2,776. 3,90 ist aber KLEINER als 4,604.

Damit ist der Zusammenhang also zwar signifikant (*), jedoch nicht hochsignifikant (**) – vgl. „Signifikanzstärke" auf Seite 88.

Die Nullhypothese wird verworfen, die Alternativhypothese (vorläufig) akzeptiert. Es ist unwahrscheinlicher als 5%, ein derartiges Ergebnis unter der Annahme der Gültigkeit der H_0 *in der Grundgesamtheit zu erhalten. Mit steigendem Semester steigt die Büchernutzung. Höheren Maßstäben an die Signifikanz (α = 1%) würde das Ergebnis jedoch nicht mehr genügen.*

Auf Basis dieser Vergleichslogik zwischen ermittelten und kritischen Testwerten funktionieren alle Signifikanztests.

Analysesoftware wie SPSS erspart das Abgleichen zwischen empirischen und kritischen Werten und wirft gleich einen Wahrscheinlichkeitswert des ermittelten (oder stärkeren) Ergebnisses unter den Bedingungen der H_0 aus (vgl. im Detail dazu Kapitel 5.2.1.5 ab Seite 87). Signifikanzprüfungen von Korrelationen über SPSS werden in Kapitel 6.5.5.2 ab Seite 191 beschrieben.

5.3 | Was wann wie auswerten?

Abbildung 39 auf Seite 103 fasst das gesamte Kapitel 5 ab Seite 52 in einem Überblick zusammen: Wo (bei welchen Fragestellungen und dazu „passendem" Skalenniveau) gelangen welche Maßzahlen bzw. Verfahren zur Anwendung?

Die Tabelle führt Beispiele für die Analyse einzelner und zusammenhangsmäßig verbundener Variablen an. Das Schema ist – je Skalenniveau – mit kurzen, exemplarischen Fragenformulierungen, den dahinterstehenden Fragestellungen und den nötigen Analyseschritten in SPSS versehen. Es wird ergänzt durch Kapitelhinweise.

- Für **einzelne nominale** oder **ordinale Variablen** bieten sich deskriptiv einfache Häufigkeitszählungen (ab Seite 53), schließend Schwankungsbreiten von Prozentwerten (ab Seite 93) an.
- **Einzelne metrische Variablen** oder solche **aus Ratingskalen** werden mit deskriptiven Statistiken (ab Seite 55) ausgewertet, schließend mit Konfidenzintervallen (ab Seite 95).
- **Zwei nominale** oder **ordinale Variablen** werden in Form von Kreuztabellen miteinander verknüpft (deskriptiv ab Seite 67, schließend ab Seite 96).

- Befasst sich die Auswertung mit **metrischen Variablen** oder solchen **aus** (quasi-metrischen) **Ratingskalen im Vergleich zueinander** oder **nach nominalen Untergruppen**, gelangen Mittelwertsvergleiche (deskriptiv ab Seite 71, schließend ab Seite 99) zum Einsatz.
- Liegen **metrische** (oder ordinale) **Variablen** bzw. solche **aus Ratingskalen** vor, die **mit metrischen** (oder ordinalen) **Variablen** oder solchen **aus Ratingskalen in Zusammenhang** gebracht werden sollen, dienen dazu Korrelationen (deskriptiv ab Seite 73, schließend ab Seite 100).

Das Auswertungsverfahren wird durch das Messniveau bestimmt

Variable 1		Variable 2		Verfahren	Fragestellung(en)
nominal oder ordinal	*Wie alt sind Sie?* *– bis 40 J* *– über 40 J*			Häufigkeitsverteilung ▶ Kapitel 5.1.1, 5.2.2 und SPSS 6.5.1	*Wieviel % sind bis 40 Jahre alt, wieviel % sind älter?*
Skala oder metrisch	*Benoten Sie bitte* *X: 1 2 3 4 5* *Wie alt sind Sie?* |_|_|			deskriptive Statistik oder explorative Datenanalyse ▶ Kapitel 5.1.2 – 5.1.4, 5.2.3; SPSS 6.5.2	*Welche Benotung wird im Schnitt vergeben?* *Wie ist das Durchschnittsalter?*
nominal oder ordinal	*Wie alt sind Sie?* *– bis 40 J* *– über 40 J*	nominal oder ordinal	*Wie groß sind Sie?* *– bis 175 cm* *– 176 bis 190 cm* *– über 190 cm*	Kreuztabelle ▶ Kapitel 5.1.5, 5.2.4; SPSS 6.5.3	*Sind jüngere Personen bis 40 eher über 175 cm groß als ältere?* *▶ „Wenn bis 40, dann eher über 175 groß?“*
Skala oder metrisch	*Benoten Sie bitte* *X: 1 2 3 4 5* *Wie groß sind Sie?* |_|_|_|	Skala oder metrisch nominal oder ordinal	*Benoten Sie bitte* *Y: 1 2 3 4 5* *Wie alt sind Sie?* *– bis 40 J* *– über 40 J*	Mittelwertsvergleich oder explorative Datenanalyse ▶ Kapitel 5.1.6, 5.2.5; SPSS 6.5.4	*Welcher mittlere Beurteilungsunterschied besteht zw. X und Y?* *Sind Jüngere im Schnitt größer?* *▶ „Wenn bis 40, dann im Schnitt größer?“*
Skala oder metrisch	*Benoten Sie bitte* *X: 1 2 3 4 5* *Wie alt sind Sie?* |_|_|	Skala oder metrisch	*Benoten Sie bitte* *Y: 1 2 3 4 5* *Wie groß sind Sie?* |_|_|_|	Korrelation ▶ Kapitel 5.1.7, 5.2.6; SPSS 6.5.5	*Welchen Zusammenhang gibt es* *– zwischen Beurteilung X und Y?* *– zwischen Alter und Größe?* *▶ „Je jünger, desto größer?“*

Abbildung 39: Das Auswertungsverfahren wird durch das Messniveau bestimmt

Ein weitaus detaillierteres Eingehen auf die im Einzelnen anzuwendenden Analyseverfahren, deren Darstellungsmöglichkeiten, Voraussetzungen und Implikationen ohne und mit SPSS findet sich im **„Entscheidungsbaum für Auswertungen“** in Kapitel 6.6 ab Seite 193.

6 | Analyse quantitativer Daten mit SPSS (PSPP)

Der zweite Abschnitt dieses Buchs beschäftigt sich mit der softwaregestützten Auswertung empirischer Erhebungen.

Basis dazu bildet der **Fragebogen dieses Buchs** (vgl. Seite 17 und Seite 18) mit korrespondierendem **Datenfile** (BUCHdaten, beides frei zugänglich unter howtodo.at bzw. auf utb.de).

www.utb.de/do/10.36198/9783838561615-m01

Zusatzmaterial

howtodo.at/downloads/Fragebogen_BUCHdaten.pdf

www.utb.de/do/10.36198/9783838561615-m02

Zusatzmaterial

howtodo.at/downloads/BUCHdaten.sav

Die kapitelmäßige Gliederung folgt den Schritten üblicher Datenanalysen. Viele Querverweise verbinden zu den in vorderen Buchteilen skizzierten thematischen Grundlagen.

Der Beginn widmet sich der technischen Programmanwendung (Erläuterung der Fenster, vgl. Kapitel 6.2 ab Seite 106). In den nächsten Schritten werden verschiedene Möglichkeiten angesprochen, Datensätze zu handeln (vgl. Kapitel 6.3 ab Seite 120) und für die spätere Analyse eventuell noch besser zu strukturieren (vgl. Kapitel 6.4 ab Seite 133). Nach ausführlichen Darstellungen deskriptiver und schließender Analyseroutinen (vgl. Kapitel 6.5 ab Seite 143) gibt ein Entscheidungsbaum Überblick über alle Verfahren (vgl. Kapitel 6.6 ab Seite 193). Den Abschluss bilden beispielhafte Ausführungen zu Analyseplanung und Bericht (vgl. Kapitel 6.7 ab Seite 197).

6.1 | Datenanalysesoftware – SPSS und PSPP

Alle folgenden Erläuterungen basieren auf der seit Ende 2022 aktuellen **SPSS-Version 29**. Die meisten Ausführungen sind auch auf die **Freeware PSPP** anwendbar.

PSPP ist eine SPSS „nachgebaute" Software. Details zu beiden Produkten finden sich gleich zu Beginn dieses Buchs im Kapitel „(Quantitative) Datenanalysesoftware" ab Seite 15.

ibm.com/de-de/products/spss-statistics

gnu.org/software/pspp/

6.2 | SPSS anwenden

▼ ***Abstract*** *(in diesem Kapitel geht's um …)* ▼

- **SPSS** ist stark **fensterorientiert** • der **Dateneditor** zeigt die Daten (Datenansicht) und Variableneinstellungen (Variablenansicht) • das **Ausgabefenster (Viewer)** liefert Ergebnisse, Programmeldungen und Warnhinweise • der optionale **Syntaxeditor** enthält den speicherbaren und wiederverwendbaren Befehlstext, den die Menü-Klicks hervorrufen
- Die **Statusleiste** am unteren Fensterrand gibt Infos zum Programmablauf sowie, ob die Daten • gefiltert oder • gewichtet vorliegen
- **Dialogfelder** listen links die vorhandenen, rechts die für die jeweilige Prozedur ausgewählten Variablen • Verzweigungen zu Untermenüs finden sich am rechten Rand • Einfügen der Syntax und Zurücksetzen des Dialogfelds erfolgen am unteren Rand
- Alle Programmeinstellungen sind über **Bearbeiten ↪ Optionen…** steuerbar
- Das **Hilfe-System** ist vielseitig einsetzbar • **Tabellenvorlagen** erlauben die Definition eigener Layouts • eine **Menü-Übersicht** am Kapitelende kategorisiert die gebräuchlichsten Befehle

SPSS öffnet sich mit einem Fenster (① in Abbildung 40), das die zuletzt geöffneten Datenfiles anzeigt (❶) oder neue Daten anlegen lässt (❷). Dieses Start-Dialogfeld lässt sich deaktivieren (❸).

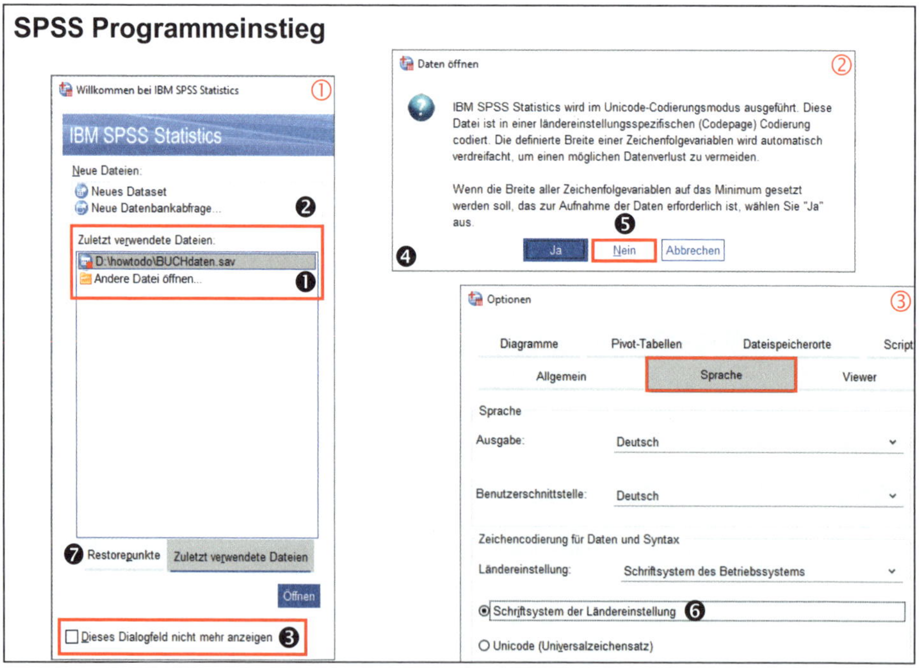

Abbildung 40: Programmeinstieg in SPSS

SPSS wird von seiner Grundeinstellung her im internationalen Zeichensatz (**Unicode-Modus**) ausgeführt (②). Bei Öffnen jeder länderspezifischen Datendatei (z.B. deutsch, mit Umlauten) wird eine Warnmeldung ausgegeben (❹ in Abbildung 40).

Um an keiner Stelle Probleme mit Umlauten auftreten zu lassen, empfiehlt es sich, hier auf **Nein** zu klicken (❺).

Soll diese Meldung überhaupt vermieden werden, kann SPSS generell auf das „Schriftsystem der Ländereinstellung" eingestellt werden (③ in Abbildung 40).

Das ist unter **Bearbeiten** ➥ **Optionen**[61] im Karteireiter **Sprache** möglich (❻).

Achtung: Diese Einstellung ist nur zugänglich, wenn gerade kein Datenfile geöffnet ist! Sind Daten geöffnet, müssen diese – und damit SPSS – zuerst geschlossen und in weiterer Folge ohne Daten noch einmal geöffnet werden.

SPSS arbeitet auch mit Wiederherstellungspunkten (**Restorepunkte**, ❼): Diese speichern Daten, wenn Programminstanzen unerwartet enden (ähnlich der aus Officeprogrammen bekannten automatischen Dateiwiederherstellung).

Daneben ist es möglich, Wiederherstellungspunkte als Momentaufnahme einer Programminstanz (mit allen begleitenden Dateien, vgl. die Kapitel 6.2.1 ab Seite 107, 6.2.2 ab Seite 110, und 6.2.3 ab Seite 112) direkt zu speichern bzw. zu öffnen.

Das ist unter **Datei** ➥ **Restorepunkt speichern...** bzw. **Datei** ➥ **Restorepunkt öffnen...** möglich.

SPSS ist **stark „fensterorientiert"** – die Anwendung wird durch drei im Folgenden beschriebene Fenster strukturiert: die Daten (Dateneditor, in zwei Ansichten), das Ergebnis- und Meldungsfenster (Ausgabefenster, Viewer) sowie die Möglichkeit, mit Befehlssprache zu arbeiten (Syntaxeditor).

6.2.1 | Dateneditor

SPSS-Daten besitzen die Erweiterung ***.sav**. Sie lassen sich bei Programmstart über das Start-Dialogfeld öffnen (❶ in Abbildung 40) oder neu anlegen (❷).

Darüber hinaus öffnen sich Datenfiles auch durch Doppelklick oder aus SPSS heraus über den Menübefehl **Datei** ➥ **Öffnen** ➥ **Daten...**.

Einen neuen Datenfile erzeugt **Datei** ➥ **Neu** ➥ **Daten** (vgl. Kapitel 6.3.1 ab Seite 120).

Der **Dateneditor** ist das erste „bleibende" Fenster nach dem Einstiegsfenster beim Programmstart. Er besitzt eine Datenansicht (vgl. Abbildung 41 auf Seite 108) und eine Variablenansicht (vgl. Abbildung 42 auf Seite 108).

---

61 Weitere Programmeinstellungsmöglichkeiten finden sich ab Seite 114 im Kapitel 6.2.4.

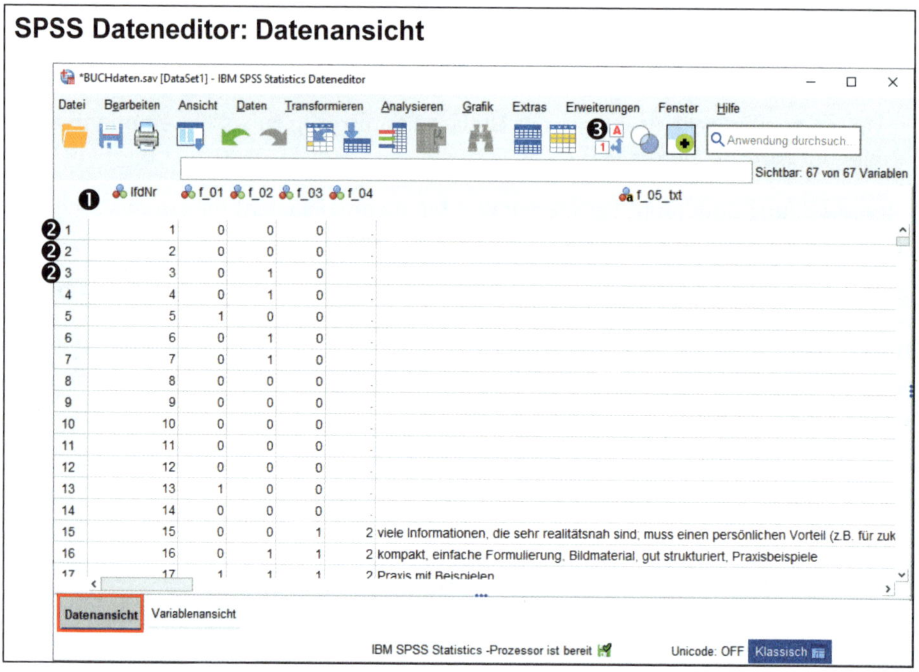

Abbildung 41: SPSS Dateneditor (Datenansicht)

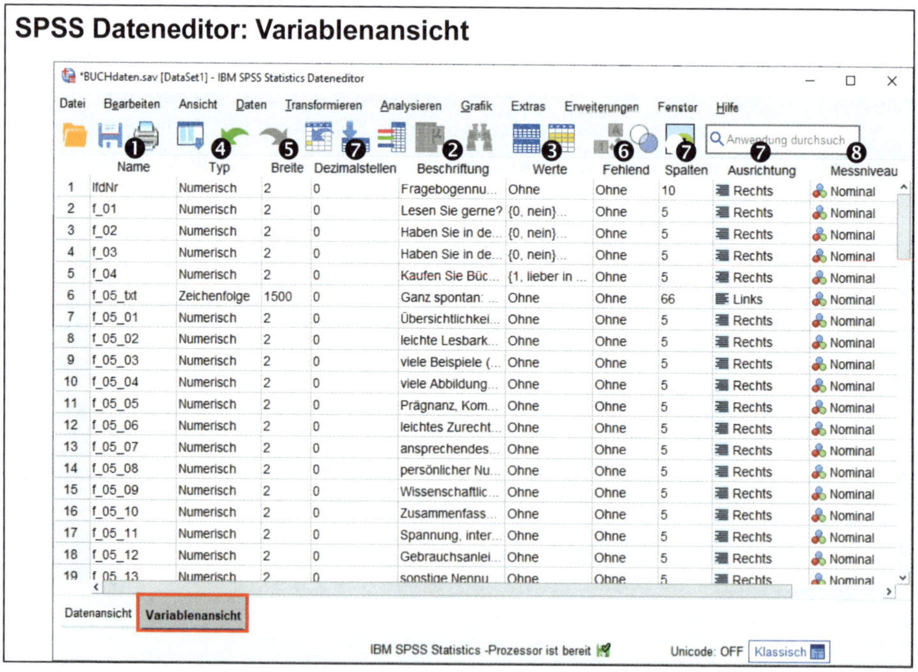

Abbildung 42: SPSS Dateneditor (Variablenansicht)

Die **Datenansicht** zeigt den Inhalt der Datendatei an – die Daten: In der ersten Zeile befinden sich die Variablennamen (❶). Das kleine Symbol vor jedem Variablennamen kennzeichnet dessen (in der Variablenansicht) einstellbares Messniveau – nominal, ordinal, metrisch oder Text/alphanumerisch. Jede Zeile darunter enthält jeweils einen Datensatz (❷).

In den Datenzellen werden wahlweise die Codierungen oder deren Beschriftungen (vgl. Kapitel 6.3.4 ab Seite 127) angezeigt. Das Umschalten zwischen Codierungs- und Beschriftungsanzeige erfolgt mit ❸ in Abbildung 41 auf Seite 108. In alle Zellen (ab der ersten Zeile ❷) können Daten eingegeben werden.

Die Position einer Variablen lässt sich verändern:

Dazu wird die gesamte Spalte in der ersten Zeile der Spaltenüberschrift ❶ markiert, mit der linken Maustaste festgehalten und per drag & drop verschoben.

In dieser Ansicht ist der direkte Zugriff auf die Daten möglich: ändern, löschen, ausschneiden, kopieren, einfügen usw. (Numerisch codierte) leere Zellen sind **fehlende Werte** („Missings", sie enthalten einen Punkt „." – vgl. Kapitel 6.3.5 ab Seite 130).

Die **Variablenansicht** des Dateneditors (vgl. Abbildung 42 auf Seite 108) zeigt und ermöglicht wichtige Einstellungen für alle Variablen des Datenfiles.

Die **Variablennamen** (❶) sind meist knappe, kurze Bezeichnungen, die sich an Fragennummern in Fragebögen oder der Kurzbeschreibung von Merkmalen orientieren. Sie sollten bewusst kurz und prägnant formuliert werden, da mit ihnen alle Auswertungen „gesteuert" werden.

So ist es z.B. besser, eine Variable **Alter** *oder* **f_01** *zu nennen anstelle* **Variable322**.

Strukturierte Formulierungen der Variablennamen helfen dabei, die Übersicht zu behalten: ❶ – die Benennung der Variablen im Beispiel erfolgte nach den Nummern der Fragen im Fragebogen (vgl. Seite 17 und Seite 18) zu den BUCHdaten: **f_01** bis **f_17**.

Variablennamen müssen eindeutig sein und mit einem Buchstaben beginnen. Das letzte Zeichen darf kein Punkt sein. Sie dürfen keine Leer- und Sonderzeichen enthalten. Bestimmte Buchstabenkombinationen sind für SPSS-Programmbezeichnungen reserviert (z.B. all, ne, eq, to, with ...): Sie sollten bzw. dürfen nicht in Variablennamen vorkommen.

Kurze Variablennamen erleichtern zwar die Auswertung, der Ergebnisoutput wird dadurch aber schwer lesbar. Deshalb werden die **Variablennamen** in der Regel mit **Beschriftungen** (❷) versehen: Damit enthält der Output nicht länger unverständliche Kurz-Bezeichnungen. Und nicht nur die Namen der Variablen, auch ihre **Ausprägungen** sind beschriftbar (❸). Dann zeigt der Ergebnisoutput auch an, was sich hinter den Codierungen verbirgt.

Die Beschriftung der Variable **f_01** *der BUCHdaten könnte „Lesen Sie gerne?" lauten. Code 0 würde mit „nein", 1 mit „ja" bezeichnet werden.*

Weitere Details zu Variablen- und Wertebeschriftungen finden sich in Kapitel 6.3.4 ab Seite 127.

Als **Variablentyp** (❹) lässt sich eine Vielzahl von Formaten einstellen. Es ist empfehlenswert, sich auf die Typen **Numerisch** und **Zeichenfolge** zu beschränken. Andere Formate können die spätere Auswertung verkomplizieren.

Achtung: Enthalten als Zeichenfolge definierte Variablen (auch) Zahlen, werden auch diese von SPSS als Text interpretiert: Mit Textvariablen können aber keine Berechnungen durchgeführt werden (z.B. Mittelwerte). Wird eine Zeichenvariable deshalb als numerisch umdefiniert, ist sie zwar berechenbar, es verschwinden jedoch alle Texteinträge und nur reine Zahleneinträge bleiben bestehen!

Die **Breite** der Spalten (❺) hat weniger Relevanz, sollte aber nicht verändert werden. Eine – v.a. bei Textvariablen – zu gering bemessene Zahl zerstört Daten: Alle längeren Einträge werden „abgeschnitten" und unbrauchbar.

Die Spalte **Fehlend** (❻) lässt die Eingabe von Werten zu, die bei der Auswertung wie nicht vorhandene Werte („fehlende Werte") behandelt und nicht in die Ergebnisermittlung einbezogen werden sollen (vgl. Kapitel 6.3.5 ab Seite 130).

Angaben zu Dezimalstellen, Spaltenbreite und Ausrichtung (❼) sind eher vernachlässigbar. Keine besondere Relevanz besitzt an dieser Stelle auch die Einstellung des Messniveaus (❽): Dieses wird vom Programm zumeist aufgrund der Datenlage richtig erkannt. Außerdem verlangen nur wenige Auswertungsdialoge nach einem „korrekten" Skalenniveau. Ist in speziellen Dialogfeldern das Messniveau dann doch von Relevanz, lässt es sich an diesen Stellen bequem per **rechter Maustaste über dem Variablennamen** verändern.

Im Menü **Ansicht** kann das Aussehen des Dateneditors (Schriftarten, Gitterlinien, Wertelabels ...) beeinflusst werden. Informationen zum aktuell geöffneten Datenfile (Variablen, deren Formate, Beschriftungen usw.) werden über **Datei ↪ Datendatei-Informationen anzeigen ↪ Arbeitsdatei** ausgegeben.

VOR der ersten Datenanalyse müssen die Daten unbedingt **bereinigt** (= plausibilisiert) vorliegen (vgl. dazu Kapitel 4.4 ab Seite 47).

6.2.2 | Ausgabefenster

SPSS legt bei jeder Sitzung automatisch ein **Ausgabefenster (Viewer)** an. Dort werden die Ergebnisse aller Berechnungen, Programmmeldungen und Warnhinweise angezeigt.

Nach dem Ausführen jeder Auswertungsroutine können deren Ergebnisse (meist Tabellen oder Diagramme) im Ausgabefenster bearbeitet und als eigene Datei gespeichert werden. Auch ein Export in andere Dateiformate (Text, HTML, PDF, Word, Excel, Powerpoint) oder das direkte Übertragen von Elementen via **copy & paste** ist einfach umsetzbar.

In Abbildung 43 auf Seite 111 ist der Beginn der Ergebnisauflistung einer Häufigkeitszählung der gesamten BUCHdaten dargestellt.

- Eine Häufigkeitszählung des gesamten Datenfiles ist über den Menübefehl **Analysieren ↪ Deskriptive Statistiken ↪ Häufigkeiten...** möglich.
- Alle Variablen, die sich auf der linken Seite des Dialogfeldes befinden, werden (am schnellsten mit **strg & a**) markiert und per **drag & drop** nach rechts in den Auswahlbereich gezogen.
- Ein Klick auf **OK** startet die Auswertung.

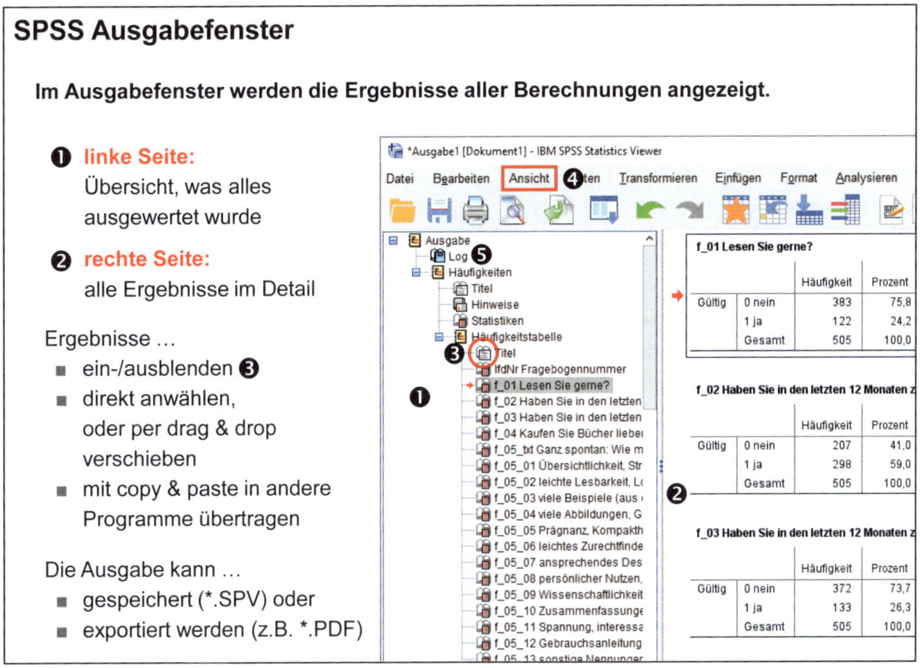

Abbildung 43: SPSS Ausgabefenster

Die linke Seite des Ausgabefensters (❶ in Abbildung 43) enthält die sogenannte **Gliederung**: Sie zeigt an, was alles ausgewertet wurde. Auf der rechten (und breiteren) Seite der Ausgabe werden die **Ergebnisse** aufgelistet (❷).[62] Diese sind per Mausklick direkt anwählbar.

Ein **Doppelklick** auf eine Ergebnisdarstellung oder einen Kommentar auf der rechten Seite des Ergebnisviewers öffnet dieses Element und ermöglicht seine Bearbeitung.

So können z.B. aus Tabellen Diagramme erzeugt werden. Tabellen und Grafiken lassen sich verschönern, Texte einfügen, Seitenumbrüche und -ränder definieren usw.

Alle Einzelelemente der Gliederung sind ein- und ausblendbar (**Doppelklick** auf die kleinen Buchsymbole (❸) oder über das Menü **Ansicht ↬ Ausblenden** (❹ in Abbildung 43). Mit der **Entfernen**-Taste auf der Tastatur werden sie dauerhaft gelöscht.

SPSS erlaubt es, gleichzeitig mehrere Ausgabefenster geöffnet zu haben. Das kann aber zu Verwirrung führen („Wo ist das Ergebnis?"). Viewer-Dateien enden mit ***.spv**.[63]

Nicht zuletzt beinhaltet das Ausgabefenster auch Fehlermeldungen und den Befehlstext (vgl. das folgende Kapitel 6.2.3) sämtlicher Ereignisse der aktuellen SPSS-Sitzung. Diese finden sich beim wiederkehrenden Eintrag „Log" (❺) in der Gliederung.

[62] Im Sinne einer besseren Darstellbarkeit und Übersichtlichkeit wurde das Erscheinungsbild der Ergebnistabellen in allen Abbildungen gegenüber den Standardeinstellungen adaptiert. Die Möglichkeiten, die SPSS dazu bietet, erläutert Kapitel 6.2.4 ab Seite 114 im Rahmen der Beschreibung der Anwendung von Tabellenvorlagen.

[63] Bis Version 15 besitzen SPSS-Outputs die Dateierweiterung *.spo. Diese können mit aktuellen SPSS-Versionen nicht geöffnet werden. Zum Öffnen älterer Outputs ist ein eigenes, gratis online verfügbares Hilfsprogramm notwendig.

6.2.3 | Syntaxeditor

Das dritte Programmfenster – der **Syntaxeditor** – ist ein bedeutender Bestandteil von SPSS. Beginnende benötigen Syntax eher selten, Profis arbeiten meist ausschließlich damit.

Eine Syntaxdatei ist eine Textdatei, die SPSS-Befehle enthält. Alles, worauf in den SPSS-Menüstrukturen und Dialogfeldern geklickt werden kann, lässt sich auch über eine eigene Befehlssprache realisieren. Ohne durch Menüs zu navigieren, lassen sich auf diese Art und Weise auch Einstellungen im Erscheinungsbild des Outputs festlegen.

Der große Vorteil: Menü-Klicks sind vergänglich und einmalig. Befehlstext hingegen kann gespeichert und automatisch ausgeführt werden. Er ist rasch abänder-, kopier- und wiederholbar. Datenanalysen laufen dadurch meist viel schneller und effizienter ab als beim Klicken durch oft komplexe Menüstrukturen und Dialogfelder. Außerdem sind Auswertungsschritte dadurch nachvollziehbar dokumentierbar.

SPSS selbst bietet zum Erzeugen einer Syntax den Syntaxeditor an. Dort wird durch farbliche Kennzeichnung der Textelemente für mehr Übersicht im Befehlstext gesorgt (❶ in Abbildung 44 auf Seite 113). Eine SPSS-Syntax kann aber auch jedes reine Textprogramm erstellen.

- Zur Befehlssprache führen mehrere Wege:

  1. **Datei ↪ Neu ↪ Syntax** öffnet ein Syntaxfenster. Dort kann mit der Befehlseingabe begonnen werden. Syntax-Dateien besitzen die Erweiterung ***.sps**.
  2. Kennt jemand die Befehlssprache (noch) nicht, macht es Sinn, alle Routinen zunächst über die Menübefehle aufzurufen. In jedem Dialogfeld gibt es einen Button **Einfügen**, der den Befehlstext des ausgefüllten Dialogfeldes in den Syntaxeditor einfügt. Auf diese Art und Weise ist nach und nach mittels learning by doing ein Umstieg auf die Befehlssprache möglich (❸ in Abbildung 45 auf Seite 113).
  3. Eine weitere Möglichkeit besteht darin, den Syntax-Text aus dem **Befehls-Log** im Ergebnisviewer (❺ in Abbildung 43 auf Seite 111) zu kopieren: Im Zuge der Auswertung werden alle ausgeführten Routinen von SPSS automatisch mit ihrem Befehlstext in die Ausgabe kopiert.[64] Außerdem protokolliert SPSS alle Befehle zusätzlich in einer eigenen Log-Datei: Dieses **Sitzungsjournal** kann über **Bearbeiten ↪ Optionen...** und den Karteireiter **Dateispeicherorte** an einem bevorzugten Platz abgelegt werden.

- Wie lassen sich Syntaxbefehle in Auswertungen umsetzen?

  Wenn sich der Cursor im Syntaxfenster innerhalb einer auszuführenden Befehlszeile befindet, genügt es, in der Symbolleiste auf den grünen Pfeil (❷ in Abbildung 44 und Abbildung 45 auf Seite 113) zu klicken. Auch mehrere Befehlszeilen können markiert und derart ausgeführt werden (❹ in Abbildung 45).

- Regeln für die Syntaxsprache:

  Jeder Syntaxbefehl beginnt auf einer neuen Zeile und endet mit einem Punkt („.“).

[64] Sollte das nicht der Fall sein, muss unter **Bearbeiten ↪ Optionen...** im Karteireiter **Viewer** links unten „**Befehle im Protokoll anzeigen**“ ausgewählt werden.

SPSS Syntaxeditor

Eine Syntaxdatei ist eine Textdatei, die SPSS-Befehle enthält.

▶ **Vorteile**:
- wiederholt und automatisch ausführbar
- leicht veränderbar, kopierbar, „ausprobierbar“
- viel schneller als „durch die Menüs klicken“
- Auswertungsschritte werden dadurch nachvollziehbar

▶ **Syntax ausführen:**

❶ Cursor innerhalb des auszuführenden Befehls positionieren oder (mehrere) Befehl(e) markieren

❷ Ein Klick auf den Pfeil im Syntaxfenster führt diese(n) Befehl(e) aus

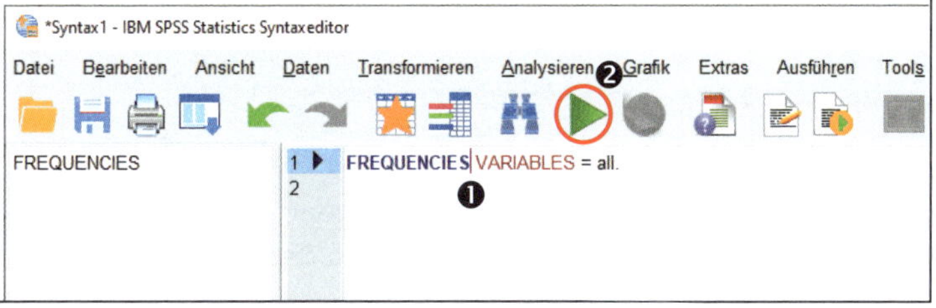

Abbildung 44: SPSS Befehlssprache anwenden

SPSS Syntax (Befehlssprache) lernen

Datei ↪ Neu ↪ Syntax

▶ **„Weg“ zur Syntax:**
- zum „Kennenlernen“ Routine über die Menüs aufrufen, im Dialogfeld **Einfügen** klicken: Befehlstext wird in Syntax-Editor eingefügt
- Syntaxdatei speichern, öffnen, bearbeiten …
- … nach und nach mittels learning by doing

▶ **Syntax-Regeln:**
- jeder Befehl beginnt auf einer neuen Zeile und endet mit Punkt (.)
- keine Unterscheidung zw. Groß- und Kleinschreibung

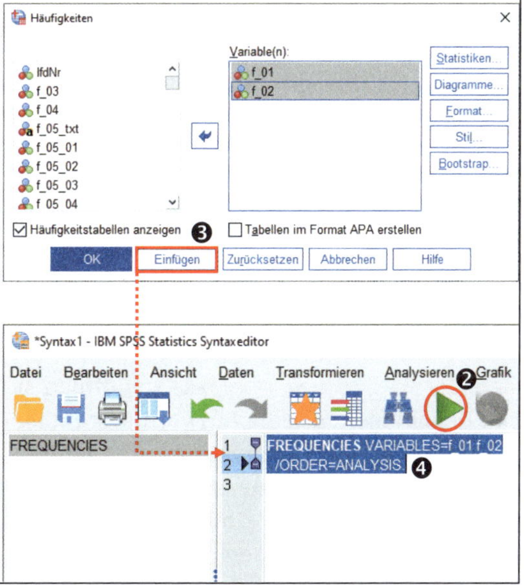

Abbildung 45: SPSS Befehlssprache (er)lernen

Die Syntax unterscheidet NICHT zwischen Groß- und Kleinschreibung – nur bei Textkonstanten. Textkonstanten werden unter Hochkomma (Apostroph) eingegeben, numerische Konstanten mit einem Punkt (nicht Beistrich) als Kommazeichen.

⌨ if (**bundesland** = 'Wien') **Fläche** = 414.84.

Diese beispielhafte Zeile einer SPSS-Syntax würde Folgendes bewirken: Jeder Datensatz, dessen Textvariable **bundesland** *die Ausprägung „Wien" beinhaltet, erhält in einer neuen oder bereits vorhandenen numerischen Variable* **Fläche** *den konstanten Wert 414,84 (Quadratkilometer,* vgl. Statistik Austria, 2023a*) zugewiesen. Der Punkt am Ende, nach „414.84", beendet den Syntaxbefehl.*

SPSS setzt manche Syntaxbefehle (wie z.B. den soeben beschriebenen) vorerst nur im Arbeitsspeicher des Computers um und zeigt die Änderungen im Datenfile erst beim (neuerlichen) Abspeichern der Daten an. Folgende Syntaxzeile ändert dieses Verhalten:

⌨ execute.

6.2.4 | Programmhandling

Eine SPSS-Sitzung beginnt mit dem Öffnen (vgl. Kapitel 6.2.1 ab Seite 107) oder Neuerstellen (vgl. Kapitel 6.3.1 ab Seite 120) von Daten. Fortgeschrittene Anwender:innen beginnen die SPSS-Sitzung über eine Syntaxdatei, aus der heraus ein Datenfile aufgerufen wird.

Jedes Fenster von SPSS hat eigene Menüs und eine eigene **Symbolleiste**. Deutet der Mauszeiger auf ein Symbol der Symbolleiste und verweilt dort kurz, wird eine Quickinfo eingeblendet. Über **Ansicht ↪ Symbolleisten** können Symbolleisten ein- und ausgeblendet und individuell angepasst werden.

Die **Statusleiste** von SPSS (vgl. Abbildung 46 auf Seite 115) befindet sich am unteren Fensterrand und enthält allgemeine Informationen zum Programmablauf. **IBM SPSS Statistics-Prozessor ist bereit** zeigt an, dass das Programm korrekt läuft und auf Eingaben bzw. Anforderungen wartet. **Unicode: OFF** verweist auf einen länderspezifischen Zeichensatz (❺ und ❻ in Abbildung 40 auf Seite 106). **Filter aktiv** informiert darüber, dass aktuell nur Teilmengen des Datenfiles in die Analyse gelangen (vgl. Kapitel 6.3.2 ab Seite 121). **Gewichtung aktiv** weist auf eine bestehende Datengewichtung hin (vgl. Kapitel 6.3.3 ab Seite 126). In der Statusleiste ist – bei umfangreichen Rechenoperationen in großen Datenbeständen – auch ersichtlich, welche Datensätze SPSS während einer Analyse gerade durchläuft. In neueren Versionen kann außerdem zu einer Form der Syntax direkt im Ausgabefenster (von **Klassisch** zu **Arbeitsmappe)** umgeschaltet werden: Die Befehlseingabe erfolgt dann direkt im Viewer.

Dialogfelder (vgl. Abbildung 47 auf Seite 115) öffnen sich in SPSS immer dann, wenn das Programm Definitionen für eine Auswertungsroutine erwartet. Alle Dialogfelder sind ähnlich strukturiert: Links befindet sich eine Liste aller für die Auswertungsroutine verfügbaren Variablen (❶ in Abbildung 47). Jene, die in die Routine einbezogen werden sollen, werden durch Doppelklick, per **drag & drop** oder den Pfeil rechts neben der Auswahlliste in den Auswahlbereich geschoben (❷). Sollen mehrere Variablen in die Analyse gelangen, können diese durch gleichzeitiges Drücken der **UMSCHALT**- oder **strg**-Taste markiert werden.

SPSS Statusleiste

Ansicht ➥ Statusleiste

- am unteren Fensterrand: allgemeine Infos zum Programmablauf

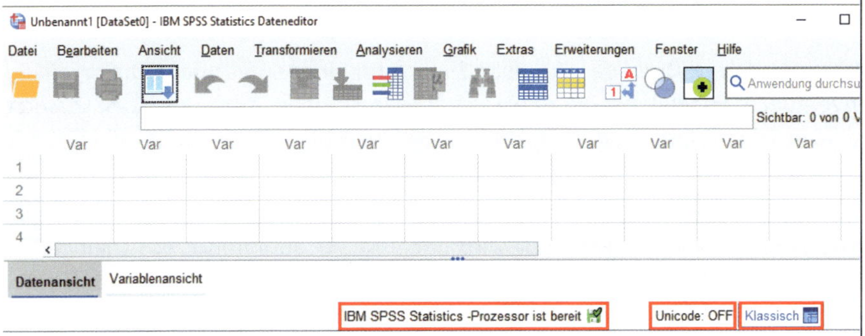

- **Unicode: OFF** = länderspezifischer Datensatz
- **Klassisch** = Ausgabe und Syntax in extra Fenstern
  Arbeitsmappe = Ausgabe und Syntax in einem Fenster
- **Filter aktiv** = nur Teilmengen der Daten werden analysiert
- **Gewichtung aktiv** = Analysen liefern datengewichtete Ergebnisse

Abbildung 46: SPSS Statusleiste

SPSS Dialogfelder

- alle Dialogfelder sind ident strukturiert und öffnen sich immer dann, wenn SPSS nähere Eingaben und Definitionen erwartet

Auswahlliste aus Variablen, die für die Prozedur zur Verfügung stehen

- Auswahl mehrerer untereinanderstehender Variablen mit **UMSCHALT**-Taste, mehrerer nicht untereinanderstehender Variablen mit **strg**-Taste

- rechte Maustaste auf die Auswahlliste öffnet Optionen

Abbildung 47: SPSS Dialogfelder

Sind die Variablen mit Beschriftungen versehen, wird die Variablenliste (❶ in Abbildung 47 auf Seite 115) rasch unübersichtlich.

Ein Klick auf die **rechte Maustaste**, während der Cursor über der Variablenliste platziert ist, schafft Abhilfe: Ein Optionsfeld erlaubt die Variablenanzeige ohne Beschriftungen bzw. in anderer Reihenfolge.

SPSS „merkt sich" währen der aktuellen Sitzung für jedes aufgerufene Dialogfeld (inkl. dessen eventueller Subdialoge) die zuletzt getätigten Einträge. **Zurücksetzen** versetzt das Dialogfeld in seinen Ausgangszustand bei Programmstart: SPSS „vergisst" alle bisherigen Einstellungen.

Einfügen fügt die Syntax (= Befehlssprache von SPSS, vgl. Kapitel 6.2.3 ab Seite 112) der Prozedur ins Syntaxfenster ein. Die Prozedur wird dabei NICHT ausgeführt, das Dialogfeld schließt sich. Beim ersten Mal **Einfügen** während einer SPSS-Sitzung öffnet sich der Syntaxeditor. Das Ausführen der Prozedur muss über den Syntaxeditor erfolgen (❶ und ❷ in Abbildung 44 auf Seite 113) bzw. durch erneutes Aufrufen über die Menüs.

Die Buttons am rechten Rand jedes Dialogfelds öffnen untergeordnete Optionen-Dialoge, die weitere Definitionen und Spezifikationen der jeweiligen Routine ermöglichen.

OK führt die Prozedur aus.

SPSS-Programmeinstellungen finden sich unter **Bearbeiten ↪ Optionen…**. Unter anderem kann dort in mehreren Karteireitern Folgendes eingestellt werden:

- **Allgemein**
  Wie und in welcher Reihenfolge sollen die Variablen in der Auswahlliste der Dialogfelder angezeigt werden? Mit dem Namen der Variablen oder ihrer Beschriftung? Alphabetisch sortiert oder in der Reihenfolge, wie sie in der Datei vorkommen? Hier kann auch ein Speicherort für die automatischen Sicherungen des Programms festgelegt werden.
- **Viewer**
  An dieser Stelle lassen sich Anzeigestatus und Erscheinungsbild der unterschiedlichen Ausgabe-Elemente einstellen: Soll das Ausgabefenster die Befehlssyntax (**Element: Log**), Warnungen und Hinweise sowie einzelne Analyseergebnisse anzeigen oder ausblenden? In welcher Schriftart, Schriftgröße, Schriftschnitt und Farbe wird die Darstellung von Titeln und Texten bevorzugt?
- **Ausgabe**
  Für die Ergebnisausgabe besteht unter anderem die Option, in der **Gliederungsbeschriftung** (linke Seite des Ausgabefensters, Übersicht über alle Ausgaben) bzw. in den Ergebnistabellen (**Beschriftung für Pivot-Tabellen**, rechte Seite, eigentliche Ausgabe) NUR die (meist kurzen) Variablen**namen**, NUR die **Werte** (= Codierungen), NUR die **Beschriftungen**, oder BEIDES (**Namen/Werte und Beschriftungen**) anzeigen zu lassen.
- **Dateispeicherorte**
  Alles, was in SPSS während einer Sitzung geschieht, kann in einem **Sitzungsjournal** aufgezeichnet werden. Dabei besteht die Möglichkeit, diese Datei (*.jnl-Datei) bei jedem

Programmaufruf neu anzulegen oder immer fortführen zu lassen. Aus dem Sitzungsjournal kann die Befehlssyntax bereits durchgeführter Auswertungen entnommen und weiterverwendet werden (vgl. Kapitel 6.2.3 ab Seite 112). Auch dessen Speicherort sowie die Standardordner für SPSS-Dateien sind an dieser Stelle festlegbar – für die angegebenen Festplattenordner müssen Schreibrechte bestehen!

- **Syntaxeditor**
  Diagramme
  Pivot-Tabellen
  Diese Karteireiter erlauben die Gestaltung des Erscheinungsbilds der jeweiligen Programmbereiche bzw. Ausgaben.

  Eine Möglichkeit, die Ausgabe von SPSS eigenen Bedürfnissen entsprechend zu formatieren, stellen **Tabellenvorlagen** (vgl. Abbildung 48 auf Seite 118) dar. Das Programm bietet dazu eine recht große Anzahl vordefinierter Erscheinungsbilder an. Bei der Auswertung werden die Tabellen in jenem Layout erstellt, das im Karteireiter **Pivot-Tabellen** ausgewählt wurde.

  Änderungen bei Tabellenvorlagen wirken sich nicht – wie etwa in Word – **auf ALLE auch bereits bestehenden Tabellen aus**: Erst ab dem Zeitpunkt der Änderung erstellte Tabellen erscheinen im neuen Layout.[65] Abbildung 48 veranschaulicht das Vorgehen beim Auswählen einer vordefinierten Tabellenvorlage.

  - Unter **Bearbeiten ↪ Optionen...** lässt sich im Karteireiter **Pivot-Tabellen** eine Vorlage auswählen. Ab sofort erscheinen alle NEU ERSTELLTEN Tabellen im Layout dieser Tabellenvorlage (❶).
  - Tabellenvorlagen sind mit **Durchsuchen** auch von anderen Speicherorten als dem voreingestellten auswählbar. Soll ein auf diese Weise lokalisierter Vorlagen-Ordner zum generellen Vorlagenverzeichnis werden, kann das mit dem Button **Verzeichnis für Tabellenvorlagen** (❷) realisiert werden.

  Ändert jemand bei einer bestehenden Tabelle deren Erscheinungsbild (durch Doppelklick und weitere Bearbeitung), wird dadurch – nur bei dieser EINEN Tabelle – das Vorlagen-Layout überschrieben.

Auch das Erstellen eigener Vorlagen ist problemlos möglich (vgl. Abbildung 49 auf Seite 118).

- Eine bereits bestehende Tabelle in der Ausgabe öffnet sich mit **Doppelklick**.
- Mit **rechter Maustaste** auf **Tabelleneigenschaften...** im Kontextmenü (oder über **Format ↪ Tabelleneigenschaften...**) erscheint das abgebildete Dialogfeld.
- Mit **Vorlage bearbeiten...** öffnet sich ein Subdialog (❶ in Abbildung 49), wo alle Bereiche der SPSS-Ergebnistabellen angewählt und angepasst werden können.
- Die fertige Vorlage lässt sich mit **Vorlage speichern** oder **Speichern unter...** einem anderen Namen auf einem gewünschten Speicherort ablegen (❷).

[65] Bereits bestehende Tabellen können einzeln, durch **Doppelklick**, **rechte Maustaste** und **Tabellenvorlagen...** in ein anderes Layout überführt werden.

SPSS Tabellenvorlagen anwenden

Bearbeiten ➥ Optionen...

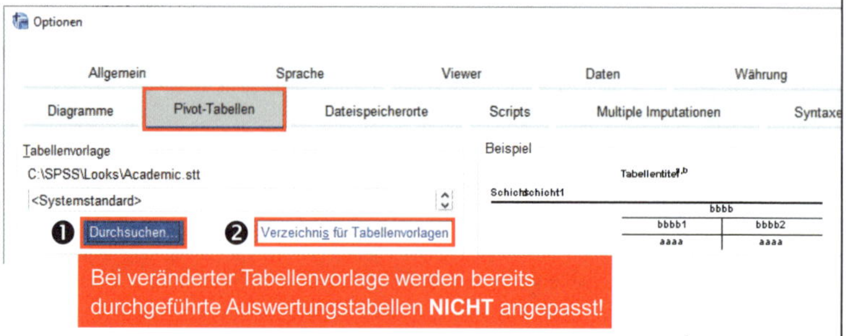

❶ **Durchsuchen...**

Verzeichnis (Ordner) für Tabellenvorlagen aufsuchen, danach die gewünschte Vorlage auswählen: ▶ ab nun werden alle **neu erstellten** Tabellen im Viewer mit dieser Tabellenvorlage erstellt

❷ **Verzeichnis für Tabellenvorlagen**

macht aktuellen Ordner zum Standard-Tabellenvorlagenverzeichnis

Abbildung 48: Tabellenvorlagen anwenden

SPSS Tabellenvorlagen ändern

Format ➥ Tabellenvorlagen...

Tabellenvorlagen können über eine beliebige Ergebnis-Tabelle verändert werden.

1. Tabelle im Editor anklicken
2. **Tabellenvorlagen...** oder **Format ➥ Tabellenvorlagen...** und **Vorlage Bearbeiten...**

❶ Tabelle verändern durch **Klick** auf die zu ändernden Bereiche

❷ **Vorlage speichern** oder unter neuem Namen speichern

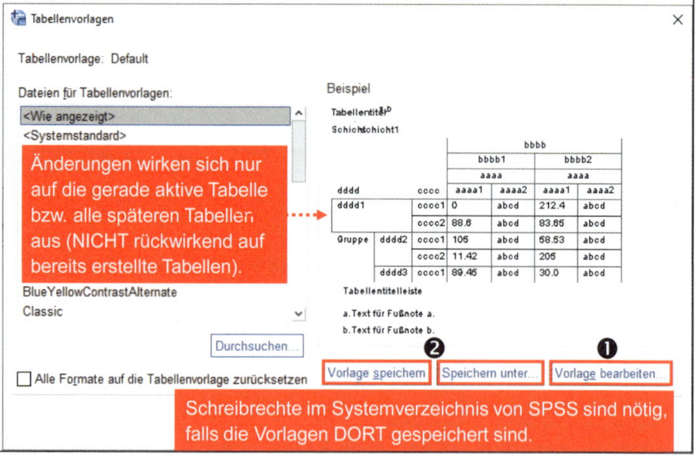

Abbildung 49: Tabellenvorlagen ändern

Das Speichern neuer Tabellenvorlagen benötigt Schreibrechte – diese sind im Standard-Vorlagenordner von SPSS durch fehlende Administratorenrechte am PC unter Umständen nicht vorhanden: Hier hilft es, auf einen anderen Ordner auszuweichen.

Das **Hilfe-System** von SPSS ist vielseitig: Aus vielen Situationen der Programmanwendung heraus können Hilfeinformationen abgerufen werden.

Hilfe ↪ Themen verzweigt ins Internet zu strukturierten, sehr umfangreichen und ausführlichen Darstellungen von Hilfethemen.

Hilfe ↪ Befehlssyntaxreferenz (Command Syntax Reference) öffnet eine umfangreiche pdf-Datei mit detaillierten (englischsprachigen) Ausführungen zur SPSS-Befehlssprache. Die einzelnen Befehle werden alphabetisch gelistet und überblicksmäßig mit allen Optionen und Anwendungsbeispielen beschrieben.

Darüber hinaus finden sich in allen Dialogfeldern **Hilfe**-Buttons. Diese bieten rasch Übersicht (wieder im Internet) über die aktuelle Prozedur des gerade geöffneten Dialogfelds.

Zum Abschluss zeigt die **Menü-Übersicht** in Abbildung 50 die bedeutungsmäßige Zuordnung der wichtigsten in diesem Buch behandelten SPSS-Menübefehle.

Übersicht gebräuchlicher SPSS-Befehle

Datenhandling:

Datei ↪ Neu ▶ Kapitel 6.3.1
↪ **Öffnen** ▶ Kapitel 6.3.1
↪ **Daten importieren** ▶ Kapitel 6.3.1

Daten ↪ Dateien zusammenfügen ▶ Kapitel 6.3.2
↪ **Datei aufteilen...** ▶ Kapitel 6.3.2
↪ **Fälle auswählen...** ▶ Kapitel 6.3.2
↪ **Fälle gewichten...** ▶ Kapitel 6.3.3

Datenaufbereitung:

Transformieren ↪ Variable berechnen... ▶ Kapitel 6.4.2
↪ **Umcodieren in dieselben Variablen...** ▶ Kapitel 6.4.1
↪ **Umcodieren in andere Variablen...** ▶ Kapitel 6.4.1

Auswertung:

Analysieren ↪ Deskriptive Statistiken ▶ Kapitel 6.5
↪ **Mittelwerte und Proportionen vergleichen** ▶ Kapitel 6.5
↪ **Allgemeines lineares Modell** ▶ Kapitel 6.5
↪ **Korrelation** ▶ Kapitel 6.5
↪ **Nicht parametrische Tests** ▶ Kapitel 6.5
↪ **Mehrfachantworten** ▶ Kapitel 6.5.1.1

Grafiken:

Grafik ↪ Diagrammerstellung... ▶ Kapitel 6.5

Programmeinstellungen: **Bearbeiten ↪ Optionen...** ▶ Kapitel 6.2.4

Abbildung 50: Übersicht gebräuchlicher SPSS-Befehle

6.3 | Daten organisieren

▼ ***Abstract*** *(in diesem Kapitel geht's um ...)* ▼

• Daten können direkt in SPSS **erfasst** werden • SPSS Datendateien enden mit der Erweiterung *.sav • auch der **Import** von Excel- und Text-Dateien ist problemlos möglich
• SPSS bietet eigenen Assistenten, um zusätzliche **Datensätze nachträglich hinzuzufügen** • übereinstimmende Variablennamen werden erkannt
• Vor der Auswertung ist es möglich, bestimmte **Datensatzgruppen auszuwählen** • damit beschränkt sich die Auswertung auf einen Teilbereich der Daten
• **Datengewichtung** erlaubt es, bei „schiefen" Stichprobenverteilungen rechnerisch Repräsentativität (bzw. die gewünschte Datenstruktur) zu erzeugen
• Vor der Auswertung sollten die (oft kurzen) **Variablennamen** und (rein) numerischen **Codierungen** erklärend **beschriftet** werden • der Output bekommt dadurch ein attraktiveres Erscheinungsbild
• **Fehlende Werte** (nicht vorhandene Daten) besitzen vor allem bei der Basis von Prozentwerten und bei der Berechnung von Mittelwerten äußerst große Relevanz • Nichtbeachtung fehlender Werte führt zu verzerrten oder falschen Ergebnissen!

Die folgenden Kapitel beschäftigen sich mit der Genese und Vorbereitung von SPSS-Daten für die eigentliche Auswertung.

6.3.1 | Daten neu erfassen, importieren oder öffnen

Datensätze können problemlos direkt im Dateneditor von SPSS **neu erfasst** werden. Dazu sind in einem neuen Datenfile erstmals Variablen zu definieren.

- Über das Start-Dialogfeld (❷ in Abbildung 40 auf Seite 106) oder mit **Datei ➥ Neu ➥ Daten** erstellt SPSS ein neues, leeres Datenblatt.
- In der Variablenansicht des Dateneditors müssen im nächsten Schritt die Variablen definiert werden, zu denen Eingaben erfolgen sollen. Details zu den Einstellungen des Dateneditors finden sich in Kapitel 6.2.1 ab Seite 107.
- Ist die Struktur des Datenfiles fixiert, kann in der Datenansicht des Dateneditors die eigentliche Dateneingabe beginnen.

Bereits bestehende SPSS-Datendateien enden mit der Erweiterung ***.sav**. Diese können wie bei jedem anderen Programm durch Doppelklick **geöffnet** werden. Wie neue Dateien öffnen auch sie sich im Dateneditor (vgl. Kapitel 6.2.1 ab Seite 107).

Sollen bestehende Daten erweitert werden, ist es einfach, an beliebiger Stelle neue Variablen bzw. Fälle hinzuzufügen oder zu löschen:

- Die **rechte Maustaste** in der Datenansicht des Dateneditors über einer Spaltenüberschrift oder Zeilenbezeichnung öffnet diesbezügliche Kontextmenüs.

SPSS fügt auch dann automatisch neue Variablen oder Fälle hinzu, wenn im Dateneditor in der Datenansicht am Ende der Datenmatrix oder in der Variablenansicht am Ende der Variablenmatrix ein beliebiger neuer Zelleintrag vorgenommen wird.

Auch der **Import** fremder Datenformate – z.B. Excel- und Text-Dateien – ist möglich.

- **Datei ↪ Öffnen ↪ Daten...** liest nach Angabe des Dateityps (in der Zeile **Dateien vom Typ:**) unterschiedliche Datenformate ein. Bei **Codierung:** ist auf den Zeichensatz zu achten (vgl. dazu auch ❹, ❺ und ❻ in Abbildung 40 auf Seite 106).

Das Öffnen von **Text-**Dateien erfolgt über die Dialogfelder eines Text-Importassistenten:

- Erstmalig geöffnete Daten besitzen KEIN vordefiniertes Format: Dieses würde die in den nun folgenden Schritten des Imports getätigten Einstellungen abspeichern.
- Meist sind die Variablen mit Trennzeichen angeordnet, die erste Zeile enthält üblicherweise die Variablennamen.
- Der erste Fall in den Daten befindet sich in der Regel in Zeile 2 der Daten, jede Zeile stellt einen Fall dar, alle Fälle sollen importiert werden.
- Tabulator, Leerzeichen, Semikolon sind die meistverbreiteten Variablen-Trennzeichen.
- Ein weiteres Dialogfeld würde es erlauben, jeder Variable ein Format (Text oder Zeichen) zuzuweisen. Dieses Dialogfeld kann in der Regel mit **Weiter >** übergangen werden: Variablenformate sind später im Dateneditor einfach(er) einstellbar.
- Soll der soeben beschrittene Weg durch den Importassistenten nicht **für zukünftige Verwendung** abgespeichert werden, schließt ein Klick auf **Fertigstellen** den Importvorgang ab.
- Derart geöffnete Textdaten enthalten KEINE Variablen- und Wertebeschriftungen (vgl. Kapitel 6.3.4 ab Seite 127).

Bei **Excel-**Dateien ist der Importvorgang deutlich einfacher.

- Wie bei Textdateien soll SPSS die **Variablennamen aus erster Datenzeile lesen**.
- Enthält die Datei nicht nur EIN **Arbeitsblatt**, ist das gewünschte auswählbar.
- Eingelesen werden muss nicht das gesamte Arbeitsblatt, möglich ist auch nur ein Daten-**Bereich** (auch **Spannweite**, anzugeben mit Doppelpunkt – z.B. **A1:D50**).

6.3.2 | Datensätze zusammenfügen, auswählen

Mit dem Menübefehl **Daten ↪ Dateien zusammenfügen ↪ Fälle hinzufügen...** ist es möglich, mehrere **Datenfiles** – z.B. verschiedener Erfassender – zu einem einheitlichen Datenstand **zusammenzufügen**. Auch die nachträgliche Integration einzelner – manchmal noch etwas „verspäteter" – Datensätze ist damit rasch realisierbar.

SPSS bietet hier gegenüber dem einfachen „Daten-Zusammenkopieren" via **copy & paste** entscheidende Vorteile: Bei einem reinen Kopiervorgang müsste sehr genau darauf geach-

Daten zusammenfügen: Fälle hinzufügen

Daten ↬ Dateien zusammenfügen ↬ Fälle hinzufügen…

- Dateien zusammenfügen, die dieselben Variablen, aber unterschiedliche Fälle enthalten (= Zeilen hinzufügen)

❸ In beiden Dateien **idente Variablen** werden automatisch in die Variablenauswahl übernommen.

❹ **Variablen mit unterschiedlichen Namen** werden mit **strg**-Taste und **Mausklick** markiert und mit Klick auf **Paar** zu den Variablen der neuen Arbeitsdatei hinzugefügt.

❺ **Variablen, die nur in einer der** beiden **Dateien vorkommen**, müssen extra ausgewählt werden.

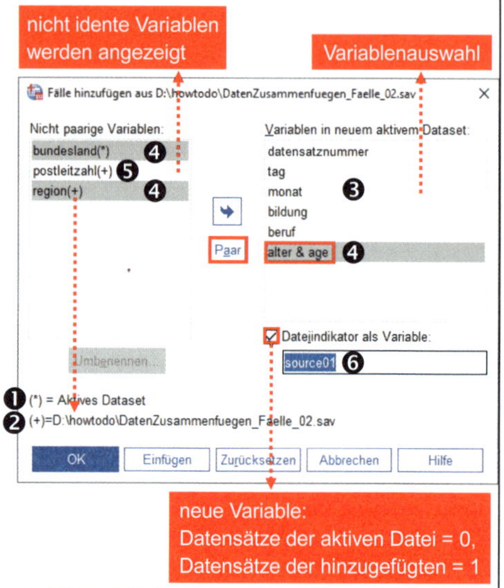

Abbildung 51: Daten zusammenfügen (Fälle hinzufügen)

Daten zusammenfügen: Fälle hinzufügen: Ergebnis

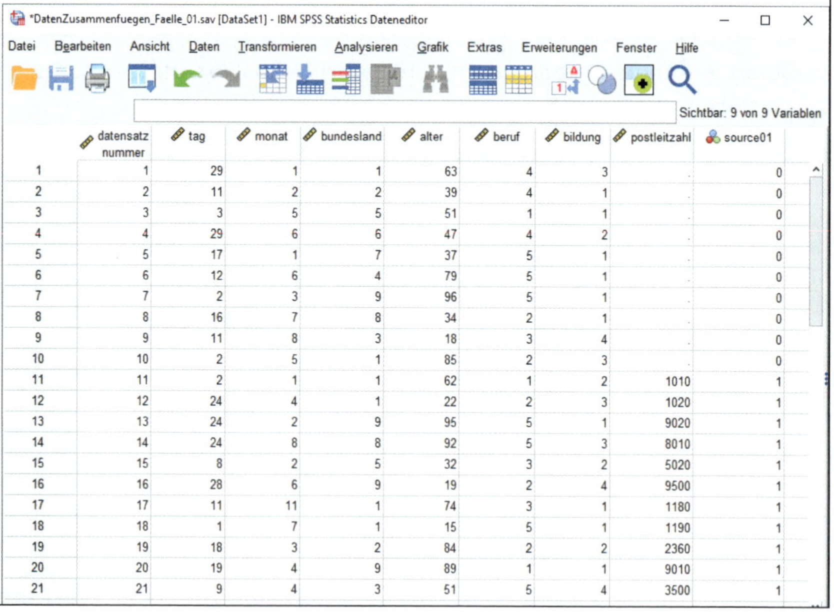

	datensatz nummer	tag	monat	bundesland	alter	beruf	bildung	postleitzahl	source01
1	1	29	1	1	63	4	3	.	0
2	2	11	2	2	39	4	1	.	0
3	3	3	5	5	51	1	1	.	0
4	4	29	6	6	47	4	2	.	0
5	5	17	1	7	37	5	1	.	0
6	6	12	6	4	79	5	1	.	0
7	7	2	3	9	96	5	1	.	0
8	8	16	7	8	34	2	1	.	0
9	9	11	8	3	18	3	4	.	0
10	10	2	5	1	85	2	3	.	0
11	11	2	1	1	62	1	2	1010	1
12	12	24	4	1	22	2	3	1020	1
13	13	24	2	9	95	5	1	9020	1
14	14	24	8	8	92	5	3	8010	1
15	15	8	2	5	32	3	2	5020	1
16	16	28	6	9	19	2	4	9500	1
17	17	11	11	1	74	3	1	1180	1
18	18	1	7	1	15	5	1	1190	1
19	19	18	3	2	84	2	2	2360	1
20	20	19	4	9	89	1	1	9010	1
21	21	9	4	3	51	5	4	3500	1

Abbildung 52: Daten zusammenfügen (Fälle hinzufügen): Ergebnis

tet werden, Datensätze exakt in den richtigen Datenspalten zu platzieren. Um neue Datensätze einfügen zu können, muss die Reihenfolge der Variablen absolut deckungsgleich mit denen der Bestandsdaten sein. In den neuen Daten dürfen auch keine Variablen fehlen oder zusätzliche vorhanden sein. Eventuell fehlende Variablen müssten durch neue, leere ergänzt, neu hinzukommende manuell an das Ende der bestehenden Datenspalten angefügt werden.

SPSS erledigt diesen Variablenabgleich automatisch – es überprüft die Variablennamen auf idente Bezeichnungen. Dabei sind auch unterschiedliche Positionen von Variablen im neuen und alten Datenstand irrelevant.

Daten identer Variablen werden automatisch zu den vorhandenen Datensätzen kopiert. Findet SPSS unterschiedliche Variablenbezeichnungen in den neuen und vorhandenen Daten, fragt es nach, was damit geschehen soll: Entweder kann eine im neuen Datenfile anders lautende Variable einer vorhandenen Datenspalte manuell zugeordnet werden. Oder Variablen ohne Gegenstück in den bisherigen Daten werden bei der Datenfusion einfach weggelassen oder zusätzlich neu mit aufgenommen.

In den beim Datenabgleich zusätzlich neu aufgenommenen Datenspalten erhalten alle bereits vorhandenen Datensätze automatisch einen fehlenden Wert eingetragen (vgl. Kapitel 6.3.5 ab Seite 130). Abbildung 51 auf Seite 122 veranschaulicht die Vorgehensweise beim Zusammenfügen von Datensätzen, Abbildung 52 auf Seite 122 zeigt das Ergebnis.

Dabei wird einer vorhandenen Datei (❶) eine neue mit 11 Datensätzen (❷) hinzugefügt.

- Die Basisdatei (❶), zu der die Daten hinzugefügt werden sollen, muss geöffnet sein.
- Über **Daten ↪ Dateien zusammenfügen ↪ Fälle hinzufügen...** öffnet sich ein Dialogfeld. Dort muss die hinzuzufügende Datei (❷) an ihrem Speicherort ausgewählt werden. Optional ist hier auch der Verweis auf eine bereits geöffnete Datei möglich.
- Im nächsten Dialogfeld ist die Basisdatei mit (*) (❶), die hinzuzufügende mit (+) (❷) gekennzeichnet.
- Die Variablen **datensatznummer**, **tag**, **monat**, **bildung**, **beruf** sind deckungsgleich (❸), **alter**, **age**, **bundesland**, **region** und **postleitzahl** nicht (❹, ❺). **alter** und **age** sowie **bundesland** und **region** bilden idente Daten ab: Sie werden deshalb jeweils mit **strg & Klick** markiert und per Klick auf **Paar** fusioniert (❹).

  Das bedeutet: SPSS kopiert die Ausprägungen der neuen Datensätze bei **age** zur Variable **alter** am Datenfileende zu den bestehenden Daten. Die Ausprägungen von **region** gelangen zur vorhandenen Variable **bundesland**. **postleitzahl** (❺) wird neu aufgenommen und enthält damit nach der Fusionierung in den Datensätzen von ❶ fehlende Werte.
- Zusätzlich ist es auch noch möglich, eine Kontrollvariable **Dateiindikator** (im Beispiel **source01**) (❻) anlegen zu lassen: Damit bleibt die Übersicht erhalten, welche Datensätze im fusionierten Datenfile neu hinzugefügte darstellen.

Eine Kontrolle derartiger Kopiervorgänge im Dateneditor ist sehr empfehlenswert (vgl. Abbildung 52 auf Seite 122).

Oft sollen **in eine Auswertung nicht alle Datensätze einfließen**, sondern nur Teile davon.

Dies kann z.B. der Fall sein, wenn für ein gesamtes Kalenderjahr Datensätze vorliegen, aber nur ein einzelnes Quartal betrachtet wird.

Die Notwendigkeit zur Auswahl von Datensätzen kann auch entstehen, wenn bei mehreren hundert Datensätzen Antworten auf offene Fragen zur Auswertung anstehen. Zur Kategorienbildung ist es dann meist nicht nötig, ALLE Antworten heranzuziehen – eine Zufallsauswahl von 100 oder 200 Fällen reicht dazu aus: Antworten, die derart gehäuft auftreten, dass sie zur Bildung einer Antwortkategorie führen, kommen auch in 100 oder 200 Fällen oft genug vor (vgl. dazu auch die Erläuterungen rund um Abbildung 7 auf Seite 31 im Kapitel 3.2 ab Seite 30). Das spart deutlich Auswertungsaufwand.

In der Analysepraxis werden auch beim Testen komplexer Rechenverfahren in sehr großen Datenmengen (von hunderttausenden Fällen) Datensätze per Zufall ausgewählt: Das spart – vor der Anwendung auf ALLE Datensätze – beim „Ausprobieren“ eventuell komplexer Routinen die ansonsten wiederholt lange Rechenzeit.

Abbildung 53 auf Seite 125 veranschaulicht das konkrete Vorgehen bei einer Auswahl von Datensätzen.

- Im Beispiel werden über **Daten ↬ Fälle auswählen...** aus den BUCHdaten alle Personen ausgewählt, die Bücher lieber im Versandhandel kaufen (❶). Dazu ist es notwendig, im Dialogfeld den Button bei **Falls Bedingung zutrifft** anzuklicken und bei **Falls...** f_04 = 2 (vgl. Frage 4, zweite Antwortmöglichkeit im BUCHdaten-Fragebogen auf Seite 17) einzugeben.
- Über dasselbe Dialogfeld unmittelbar darunter wäre auch das Ziehen einer **Zufallsstichprobe** möglich.
- Nicht ausgewählte Datensätze können wie im Beispiel gefiltert werden. Dabei werden sie in der Zeilennummer der Datenansicht durchgestrichen (❷).

  Gefilterte Datensätze bleiben physisch im Datenfile. SPSS erstellt dabei automatisch eine Filtervariable **filter_$**, die ausgewählten Werten den Wert 1, unausgewählten den Wert 0 zuordnet.
- Ausgewählte Fälle können auch in einen neuen Datenfile kopiert, nicht ausgewählte gelöscht werden (❸).

  Vorsicht ist bei der Löschoption nicht ausgewählter Datensätze geboten: Dabei gehen alle nicht ausgewählten Daten unwiderruflich verloren. SPSS bietet hier im Fall einer irrtümlichen Datenauswahl kein „Rückgängigmachen“ an – es hilft nur noch, die Daten ungespeichert zu schließen.

Eine weitere Art, Daten auszuwählen, stellt die **Datenaufteilung** dar. Dabei wird ein Datenfile in Teile „zerlegt“ („gesplittet“), die den Ausprägungen einer Split-Variable entsprechen. Für jeden dieser Teile erfolgt eine separate Auswertung. Das geschieht so lange, bis die Datenaufteilung wieder aufgehoben wird. Abbildung 54 auf Seite 125 zeigt das Dialogfeld des Menübefehls **Daten ↬ Datei aufteilen...** und ein daraus resultierendes beispielhaftes Ergebnis der Altersvariable f_14 der BUCHdaten.

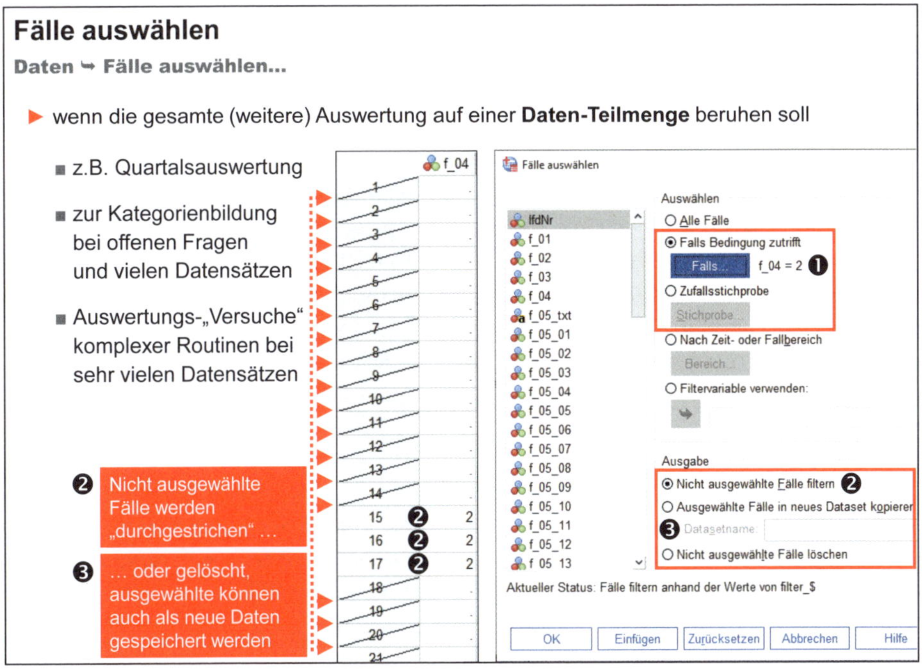

Abbildung 53: Fälle auswählen

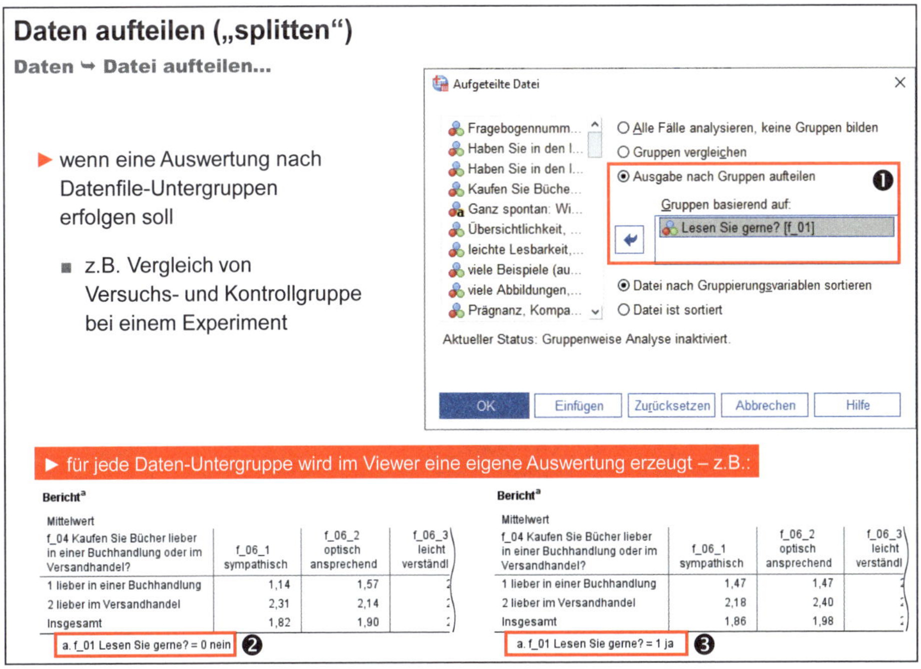

Abbildung 54: Datei aufteilen

Im Beispiel werden über **Daten ↪ Datei aufteilen...** die Daten nach Frage f_01 der BUCHdaten in zwei Datensatzgruppen zerlegt: In Personen, die gerne lesen, und solche, die das nicht tun (❶). Dazu muss im Dialogfeldbereich **Ausgabe nach Gruppen aufteilen** die Variable f_01 angegeben werden.

Für jede der beiden Gruppen (❷ und ❸) erfolgt dadurch eine EIGENE Auswertung.

Derartige Datensplits machen z.B. bei experimentellen Designs Sinn: Dort werden Ergebnisse einer Kontrollgruppe jenen einer Versuchsgruppe gegenübergestellt. Der Unterschied zu gewöhnlichen Kreuztabellen oder Mittelwertsvergleichen besteht hier darin, dass nicht die Split-Variable selbst Teil der Auswertung (Kreuztabelle, Mittelwertsvergleich) ist. Sie teilt vielmehr die Daten in Teilmengen und erlaubt für jede dieser Teilgruppen die Definition eigener Auswertungen (wie z.B. Kreuztabellen, Mittelwertsvergleiche, Korrelationen, Signifikanztests usw.): DEREN Ergebnisse können dann miteinander verglichen werden.

6.3.3 | Datensätze gewichten

Analyseprogramme wie SPSS (und PSPP) bieten den Vorteil der Gewichtungsmöglichkeit von Datensätzen. Dabei wird einzelnen Datenfällen anhand einer Gewichtungsvariable ein unterschiedliches Gewicht (kleiner oder größer 1) zugeordnet: Sie sind damit bei der Auswertung weniger oder mehr „wert" als EIN physischer Datensatz.

Datengewichtungen machen es möglich, auch nicht völlig repräsentative Daten „repräsentativ zu rechnen" (oder eine erwünschte Datenstruktur zu erzeugen). Das Prinzip der Datengewichtung wird detailliert bei Braunecker, 2023, S. 72–74 erläutert.

Abbildung 55 auf Seite 127 zeigt das Vorgehen bei der Auswertung.

*Der Datenfile BUCHdaten enthält 505 Datensätze, die sich UNgewichtet wie in ❶ auf die neun österreichischen Bundesländer verteilen. Wie in der Wirtschaft Alltagspraxis wurde in der Variable **Gewichtungsfaktor_Bundesland** beispielhaft ein repräsentativer Gewichtungsfaktor für eine österreichische Bevölkerungsstichprobe errechnet:* [66] *Das ist über einen Soll-/Ist-Vergleich zwischen vorhandenen und realen Verteilungen (vgl. Statistik Austria, 2023b, hier für 15- bis 89-Jährige laut BUCHdaten) rasch realisierbar (vgl. Abbildung 13 auf Seite 39).*

Die Anwendung des berechneten Gewichtungsfaktors ist einfach:

Der SPSS-Menübefehl lautet **Daten ↪ Fälle gewichten...**

Werden die Daten über **Fälle gewichten mit Häufigkeitsvariable** mit der Gewichtungsvariable Gewichtungsfaktor_Bundesland (❷) gewichtet, weist die Häufigkeitszählung von Wohnort (f_13) nur noch 500 Datensätze aus (❸).

Durch die Gewichtung – (fast) jeder Datensatz ist nun mehr oder weniger als ein ganzer Fall „wert" – können rechnerisch auch mehr oder weniger Datensätze „entstehen", als tat-

[66] In der Wirtschaft sind Datengewichtungen Standard. Institute verfügen meist über eigene Software, die mehrere Variablen eines Datensatzes auf eine (repräsentative) Soll-Verteilung der Merkmalsausprägungen überprüft (Soll-Ist-Vergleiche). Weicht die Ausprägung eines oder mehrerer Merkmale (auch in Kombination zueinander) von einer gewünschten Verteilung ab, resultiert daraus ein Gewichtungsfaktor. Im Beispiel sind die Faktoren für Salzburg (31 : 21 Fälle = Faktor 1,48) und Vorarlberg (22 : 11 = 2) zu groß – deutlich über 1,0 – und wären damit eher praxisuntauglich.

Daten gewichten

Daten ➥ Fälle gewichten...

▶ zur Strukturbereinigung nicht repräsentativer Daten

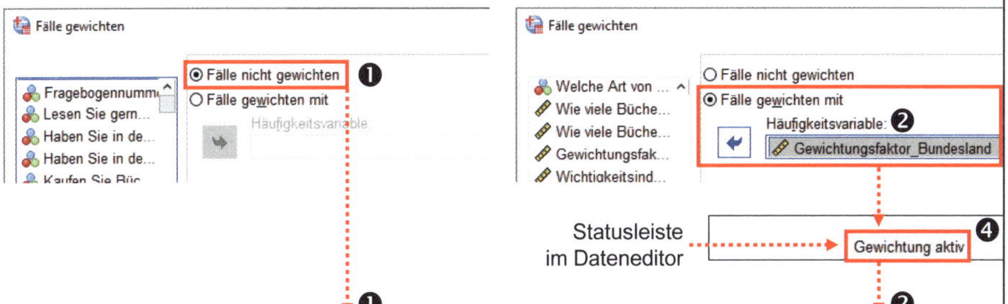

❶ f_13 Wohnort im Bundesland

		Häufigkeit	Prozent
Gültig	1 Wien	108	21,4
	2 Niederösterreich	93	18,4
	3 Burgenland	20	4,0
	4 Oberösterreich	88	17,4
	5 Salzburg	21	4,2
	6 Tirol	31	6,1
	7 Vorarlberg	11	2,2
	8 Steiermark	90	17,8
	9 Kärnten	43	8,5
	Gesamt ❶	505	100,0

❷ f_13 Wohnort im Bundesland

		Häufigkeit	Prozent
Gültig	1 Wien	108	21,5
	2 Niederösterreich	94	18,9
	3 Burgenland	17	3,4
	4 Oberösterreich	83	16,6
	5 Salzburg	31	6,3
	6 Tirol	43	8,5
	7 Vorarlberg	22	4,4
	8 Steiermark	70	14,1
	9 Kärnten	32	6,4
	Gesamt ❸	500	100,0

Häufigkeit: 107,6403599 ❺

Abbildung 55: Datensätze gewichten

sächlich vorliegen. Die regionale Verteilung der gewichteten Daten entspricht jetzt im Sample jener der tatsächlichen Bevölkerung (❷).

- Ob die Datensätze gerade gewichtet oder ungewichtet in die Analyse gelangen, ist in der Statusleiste von SPSS (am rechten unteren Fensterrand des Dateneditors, vgl. auch Abbildung 46 auf Seite 115) ersichtlich (❹).
- Auch ein Doppelklick auf eine Ergebnistabelle und ein weiterer Doppelklick auf eine beliebige absolute Häufigkeitszahl signalisiert: Ist die dabei aufscheinende absolute Zahl eine Kommazahl (❺), dürfte es sich um gewichtete Daten handeln.

Es kann wie im Beispiel nur RECHNERISCH 107 KOMMA 640 Personen aus Wien geben.

6.3.4 | Variablen- und Wertebeschriftungen (Labels)

Bei der Durchführung einer Datenanalyse stehen leicht überblickbare und gut strukturierte Variablennamen und Codierungen im Vordergrund. Umgekehrt verhält es sich beim Ergebnisoutput: Hier besteht die Notwendigkeit, plakative, möglichst prägnant verschriftlichte Ergebnistabellen und Grafiken zu erstellen. Auch jene Personen, die in die Auswertung nicht involviert waren, sollen ihre Inhalte rasch verstehen.

Auswertungsprogramme wie SPSS oder PSPP vereinen beide Interessen: Übersicht bei der Auswertung und verständlich gestalteter Output. Sie unterscheiden zwischen Variablennamen bzw. deren Codierungen und Beschriftungen (Labels).

Variablennamen sind meist kurze Bezeichnungen. Sie orientieren sich an Fragennummern in Fragebögen oder der Kurzbeschreibung von Merkmalen. Da Variablennamen alle Auswertungen steuern, sorgt eine strukturierte Formulierung für mehr Übersicht (❶ in Abbildung 42 auf Seite 108 sowie die dortigen Erläuterungen). Aus demselben Grund werden auch vorgegebene Antwortmöglichkeiten bzw. Merkmalsausprägungen in Zahlen codiert.

In den BUCHdaten wurde z.B. die erste Frage des Fragebogens von Seite 17 „Lesen Sie gerne?" unter der Bezeichnung **f_01** *abgelegt. Code 0 in den Daten kennzeichnet die Antwort „nein", Code 1 wurde „ja" zugeordnet.*

Kurze Variablennamen und ihre Codierungen erleichtern zwar die Auswertung, der Ergebnisoutput wird dadurch aber schwer lesbar. Deshalb werden die Variablennamen in der Regel – noch bevor eine Analyse beginnt – mit **Beschriftungen (Labels)** versehen. Das geschieht in der Variablenansicht des Dateneditors (❷ in Abbildung 42 auf Seite 108): Damit enthält der Output nicht länger unverständliche Kurz-Bezeichnungen. Und nicht nur die Namen der Variablen, auch ihre **Ausprägungen** sind beschriftbar (❸ in Abbildung 42 auf Seite 108). Jetzt kann der Ergebnisoutput auch anzeigen, was sich hinter den Codierungen verbirgt.

Abbildung 56 auf Seite 129 detailliert das diesbezügliche Vorgehen für die BUCHdaten.

Die **Beschriftung** *der Variable* **f_01** *kann „Lesen Sie gerne?" lauten (❶).*

Sie entspricht damit dem gekürzten Wortlaut aus dem Fragebogen.

Bei **Werte** *müsste – dem Fragebogen entsprechend – für Code 0 „nein", für Code 1 „ja" eingetragen werden (❷).*

Auf diese Weise wird die Auswertung verständlich und erhält ein attraktives Äußeres.

Im Ergebnisoutput steht dann nicht, dass bei **f_01** *Code* ***0*** *75,8% und Code* ***1*** *24,2% ausmacht, sondern dass die Datensätze bei der Frage „Lesen Sie gerne?" zu 75,8% die Antwort „nein" und zu 24,2% die Antwort „ja" enthalten.*

Via **copy & paste** können mehreren Variablen bzw. Ausprägungen idente Beschriftungen zugewiesen werden.

Kaum Sinn machen Wertebeschriftungen bei Textvariablen. Dort ist der Text gleichzeitig die „Beschriftung" seiner Ausprägung.

*Frage 5 (***f_05***) der BUCHdaten („Ganz spontan: Wie muss ein ideales Fachbuch für Sie beschaffen sein?") enthält den Antworttext jeder Person im Wortlaut. Hier gibt es keine Codierung und demzufolge auch keine Wertebeschriftung (❸).*

Auch die Werte metrischer Variablen wie z.B. **f_14** (Alter) zu beschreiben ist eher sinnlos.

Hier jede der zahlreichen Ausprägungen extra mit Beschriftungen zu versehen – also 14 = „14 Jahre alt", 15 = „15 Jahre alt", 16 = „16 Jahre alt" usw. –, bringt keinen Mehrwert.

Für den Ergebnisoutput lässt sich unter **Bearbeiten ↪ Optionen...** im Karteireiter **Ausgabe** festlegen, ob nur die Variablennamen und deren Zahlencodierung, nur die Variablen- und Wertebeschriftungen oder beides, Namen, Codierungen und Beschriftungen, angezeigt werden sollen (vgl. Abbildung 57 auf Seite 129).

Diese Einstellung kann für die linke Gliederungsspalte des Ergebnisviewers (❶) und die Ergebnistabellen (❷) gesondert getroffen werden.

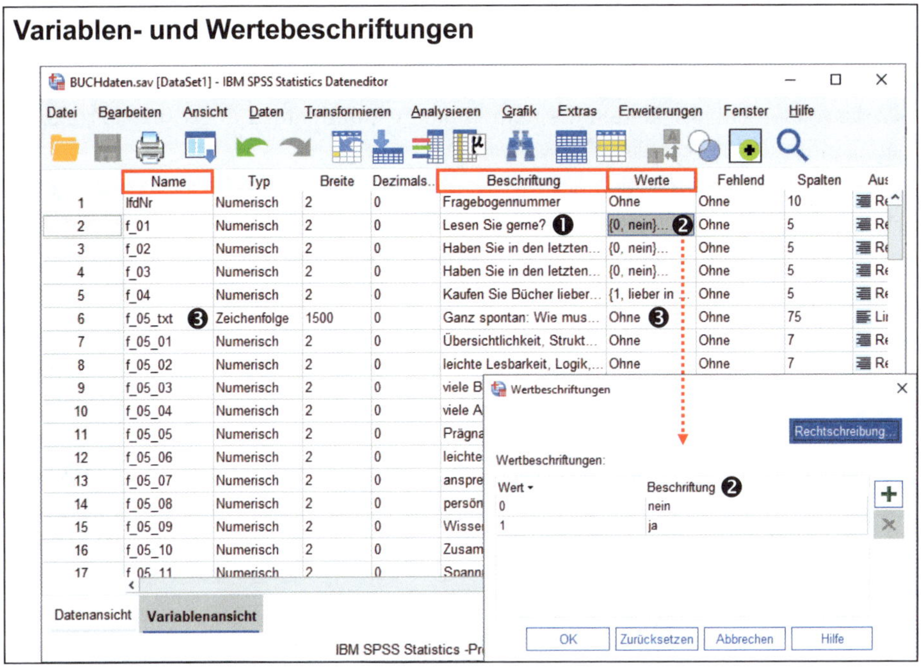

Abbildung 56: Variablen- und Wertebeschriftungen definieren

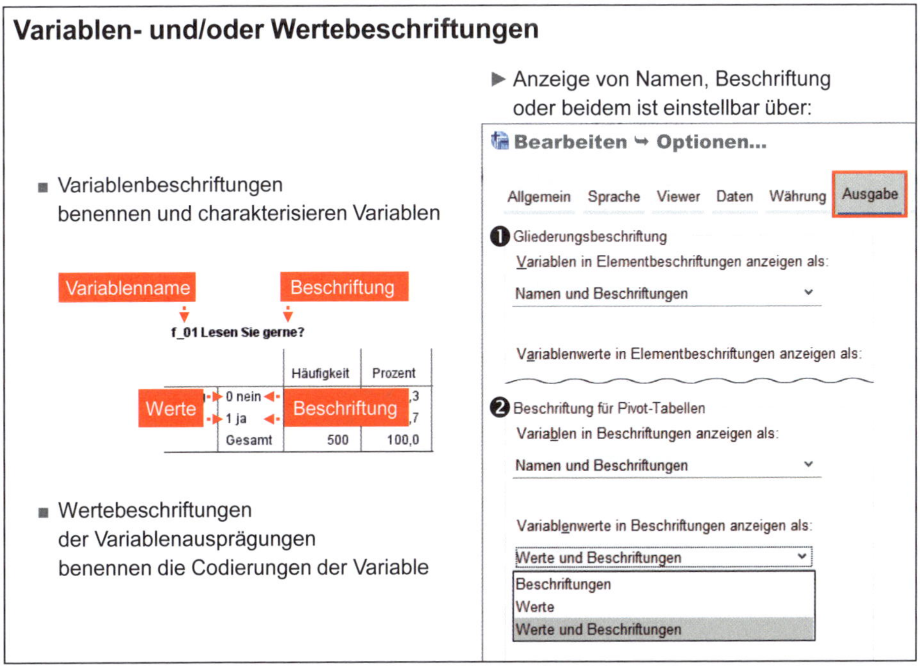

Abbildung 57: Variablen- und/oder Wertebeschriftungen anzeigen

6.3.5 | Fehlende Werte

In Auswertungsprogrammen wie SPSS und PSPP gibt es bei numerischen Variablen keine leeren Datenzellen. Wenn das Programm in den Daten keinen Wert (Eintrag) findet, markiert es die entsprechende Zelle mit einem Punkt („.") und interpretiert die Werteausprägung als „systemdefiniert fehlend".

Ein fehlender Wert entsteht, wenn ein Datensatz zu einem numerischen Merkmal keine Ausprägungen enthält. Bei Befragungen können Daten fehlen, wenn da und dort Antworten verweigert werden. Auch mangelndes Wissen kann der Grund für eine fehlende Antwort sein. Außerdem führen Filterfragen, die „nicht zutreffen", zu übersprungenen Folgefragen und damit zu fehlenden Werten.

In den BUCHdaten weisen z.B. alle jene Personen, die bei **f_03** *(„Haben Sie in den letzten 12 Monaten zumindest ein Fachbuch gelesen?") mit „nein" geantwortet haben, bei den fachbuchbezogenen Fragen* **f_04** *bis* **f_08** *fehlende Werte auf.*

Wie in Abbildung 58 auf Seite 131 auszugweise dargestellt, setzt SPSS für nicht vorhandene Codierungen automatisch einen fehlenden Wert ein („Missings", „system missing", „sysmis"). Im Datenfenster werden die fehlenden Werte als Punkt „." dargestellt (vgl. die Kreismarkierungen in der Abbildung).

SPSS-Häufigkeitsauswertungen führen fehlende Werte explizit an (❶ in Abbildung 58, Details in Kapitel 5.1.1 ab Seite 53). Die Prozentuierung erfolgt immer standardmäßig für alle Fälle (**Prozent**, ❷) und für alle Fälle ausgenommen fehlender Werte (**Gültige Prozente**, ❸).

Zusätzlich zu den softwaremäßig gekennzeichneten leeren Zellen sind auch vorhandene Codierungen in ihrer Bedeutung als „fehlender Wert" („missing value") definierbar. Derart kann besser zwischen den Ursachen einzelner Missings unterschieden werden.

Bei Online-Befragungen werden gerne Ziffern wie -99 oder -88 als Fehlend-Kennzeichnung vergeben: Die Zahlen stehen dann nicht mehr für die Werte an sich, sondern kennzeichnen unterschiedlich bedingtes Fehlen von Daten. -99 bedeutet z.B. „Frage nicht gestellt bekommen wegen Filterfrage", -88 „Frage übersprungen, nicht beantwortet", -77 „kein Eintrag, weil Befragung abgebrochen" usw.

Die hohen Negativzahlen haben einen weiteren Vorteil: Angenommen, die Missing-Definition läuft schief und ein Code wie -99 gelangt fälschlich als gültiger Wert in die z.B. Mittelwertsberechnung einer fünfstufigen Schulnotenskala: Der dabei entstehende völlig unplausible Mittelwert sticht sofort ins Auge.

Selbstbestimmt fehlende Werte können im Dateneditor in der Variablenansicht in die Spalte **Fehlend** eingetragen werden (❻ in Abbildung 42 auf Seite 108).

SPSS bezieht alle Arten von fehlenden Werten in die Auswertung gleichermaßen NICHT mit ein. Beim Interpretieren von Ergebnissen steht deshalb immer die Frage, ob das Ergebnis für ALLE Datensätze gilt oder Missings eine Rolle spielen, an erster Stelle.

Abbildung 59 auf Seite 131 veranschaulicht die einschneidende Wirkung fehlender Werte auf die Ergebnisermittlung und Interpretation.

Fehlende Werte in SPSS („Missings“ bzw. „sysmis“)

- Überall, wo SPSS in den Daten keinen Wert (Eintrag) findet, markiert es die Zelle mit einem Punkt (.) und interpretiert die Werteausprägung als „systemdefiniert fehlend“.

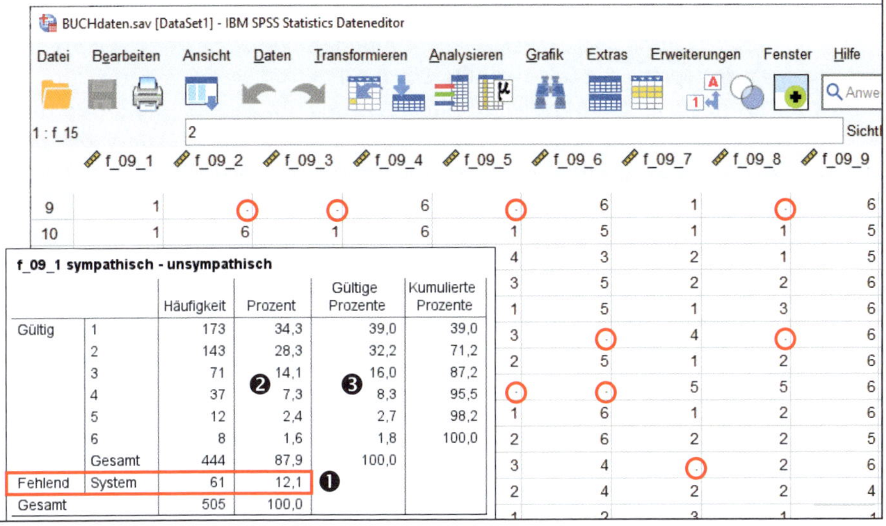

Abbildung 58: Fehlende Werte in SPSS

Fehlende Werte besitzen große Relevanz

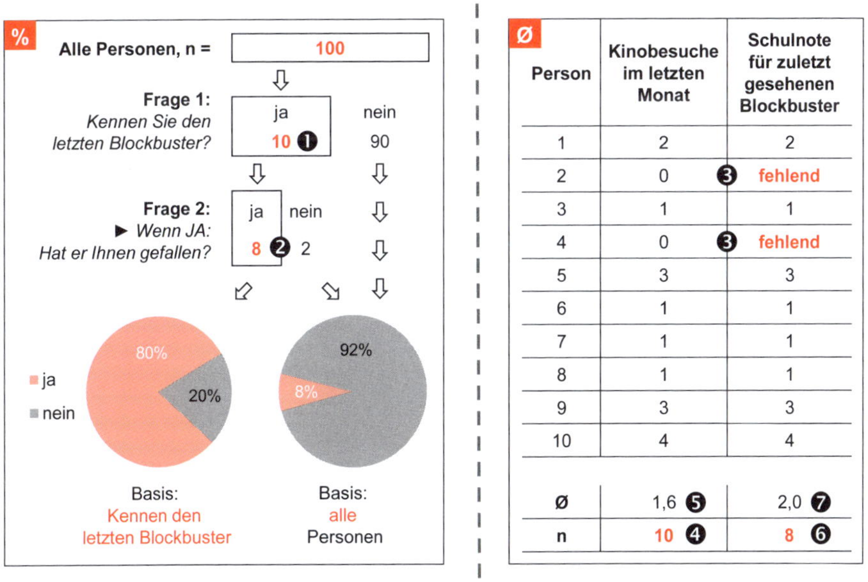

Abbildung 59: Relevanz fehlender Werte

Angenommen, 100 Personen werden gefragt, ob sie den letzten Kino-Blockbuster kennen. 10 Leute antworten mit „ja“ (Frage 1, ❶). Diese 10 Personen werden um ein einfaches Urteil über diesen Film gebeten (Frage 2). 8 Menschen hat der Film gefallen (❷). Im Ergebnis könnten diese 8 Personen nun mit 80% oder 8% Befürwortung interpretiert werden – je nachdem, ob die 90 fehlenden Werte von Frage 1 einbezogen werden oder nicht.

Im zweiten Beispiel werden bei 10 Personen die Kinobesuche des letzten Monats ermittelt. Zwei Personen antworten mit 0 (= nie) (❸). Da die Zahl Null hier eine antwortmäßige Bedeutung hat, wird sie in den Mittelwert miteinbezogen. Im Schnitt sind die 10 Befragten (❹) also 1,6 Mal (❺) ins Kino gegangen. Würde sich der völlig idente Datenstand hingegen auf die BEURTEILUNG eines Films beziehen, wären die beiden Null-Nennungen der zweiten und vierten Person (❸) durch fehlende Werte zu ersetzen. Es gibt ja keine Schulnote 0. Die Basis der Mittelwertsberechnung reduziert sich damit auf 8 Fälle (❻), der Mittelwert verändert sich zum Ergebnis 2,0 (❼).

Fehlende Werte haben **also sehr große Relevanz** bei **Prozentberechnungen** und der **Ermittlung von Mittelwerten**.

Bei Prozenten muss IMMER beachtet werden, auf welcher Basis die Ergebnisermittlung erfolgt: Handelt es sich um Prozentwerte ALLER erhobenen Datensätze oder nur vorhandener Werte?

Bei Mittelwerten geht es primär darum, welche Werte in die Berechnung miteinbezogen oder als fehlend (= nicht vorhanden) betrachtet werden. Ist eine Antwort wie *„kann ich nicht beurteilen“* wertecodiert, darf dieser Code keinesfalls in die Mittelwertsberechnung gelangen.

6.4 | Daten (neu) strukturieren

▼ ***Abstract*** *(in diesem Kapitel geht's um ...)* ▼

• Hauptanwendungsfelder für **Umcodieren von Werten**: **Zusammenfassen** von (metrischen) Variablenausprägungen **zu** (neuen) **Gruppen** • **Richtungsbereinigung** von umgekehrt gepolten Items in Itembatterien
• **Berechnungen** auf Einzelfallebene: Berechnung von • Mittelwertsindex • Summenindex • Variablenberechnungen jeglicher Art
• **Teilgruppen bilden**: für Ergebnisvergleiche Datensätze mit bestimmten Merkmalsausprägungen zusammenfassen

Bevor die eigentliche Auswertung starten kann, ist es oft erforderlich, die Datensätze vorab noch optimierend zu strukturieren oder ein paar „Feinjustierungen" vorzunehmen.

6.4.1 | Variablen (um)codieren

Wiederholt tritt die Notwendigkeit auf, Codierungen von Variablen vor der Auswertung noch (leicht) abzuändern bzw. anzupassen. Dabei werden entweder (viele) Einzelwerte zu Gruppen zusammengefasst oder bestehende Codierungen verändert.

Eine Anpassung der Variablenwerte kann in folgenden Fällen erforderlich sein:

- **Bildung von Gruppen** (Zusammenfassung in Klassen), um breiter gestreute Daten besser interpretier- und darstellbar zu machen

  Auf die Frage „Wie alt sind Sie?" der BUCHdaten *liegen 505 Antworten zwischen 15 und 89 vor. Sie werden in die drei Altersgruppen „bis 30 Jahre" | „31 bis bis 50 Jahre" | „51 Jahre und älter" zusammengefasst.*

  Viele stellen bei Ratingskalen zur leichteren Ergebnisinterpretation die Positivnoten (bei Schulnoten 1 oder 2, = „Top-Two-Box") den Negativnoten (4 oder 5, = „Bottom-Two-Box") gegenüber.

  Kategorienzusammenfassungen gibt es oft auch bei Berufsgruppen oder beim Wohnort: Hier entsteht z.B. aus Wien, Niederösterreich und Burgenland die Gruppe „Ost-Österreich", Tirol und Vorarlberg werden zu „West-Österreich" usw.

- **Richtungsbereinigungen** unterschiedlich gepolter Items (bei bipolaren Itemlisten)

  Um über eine Liste von Eigenschaftsbeurteilungen ein Gesamtbild zu erhalten, soll für jeden Befragten ein Gesamtdurchschnitt (= Mittelwertsindex) aus seinen individuellen Beurteilungen gebildet werden (vgl. Kapitel 6.4.2 ab Seite 137). Im Fragebogen sind aber nicht alle Items gleich ausgerichtet, manche sind anders „gepolt": Zustimmung bei einem Item ist wertmäßig gleichbedeutend mit Ablehnung bei einem anderen Item. Die Items müssen vor der Indexberechnung ident „ausgerichtet" werden.

  Frage 9 der BUCHdaten *enthält Fachbuch-Eigenschaften. In der bipolaren Liste ist bei den Items 9.1, 9.3, 9.5, 9.7 und 9.8 deren positive Ausprägung links, die negative rechts angeführt. Die Items 9.2, 9.4, 9.6 und 9.9 hingegen reichen von negativ nach positiv.*

Im Folgenden werden die beiden angesprochenen Umcodierungsbeispiele – Gruppenbildung und Richtungsbereinigung von Itembatterien – praktisch mit SPSS umgesetzt.

Im ersten Beispiel werden aus metrischen Variablenausprägungen **Gruppen gebildet**.

Beispielhaft entstehen in den BUCHdaten *aus den offenen Altersangaben bei Frage 14 (***f_14***, „Wie alt sind Sie?") in einer neuen Variable* **f_14_in_Kategorien** *drei* Altersgruppen.

Abbildung 60 zeigt das dazu notwendige Vorgehen.

- Der Menüaufruf lautet **Transformieren ➥ Umcodieren in andere Variablen...**.
- Die umzucodierende Variable f_14 wird in die Auswahl übernommen (❶).
- Name und Beschriftung der Zielvariable, in der die neue Codierung abgelegt werden soll, müssen definiert werden (❷). **Ändern** fixiert die Neuvariablendefinition.
- Die eigentliche Umcodierung erfolgt über **Alte und neue Werte...** (❸).
- **Spannweite, KLEINSTER bis Wert: 30** ergibt die erste Gruppe mit Codierung **1**.
  Spannweite: 31 bis 50 erhält Code **2**.
  Spannweite, Wert bis GRÖSSTER: 51 wird Code **3** zugewiesen.
- Letztendlich muss die neu erstellte Gruppierungsvariable noch mit Wertebeschriftungen versehen werden. Das geschieht am einfachsten in der **Variablenansicht** des Dateneditors.

Werden fallzahlenmäßig etwa gleich große Gruppen angestrebt, sollten ihre Wertbereiche über Quantile (vgl. Kapitel 5.1.2.5 ab Seite 59) definiert werden.

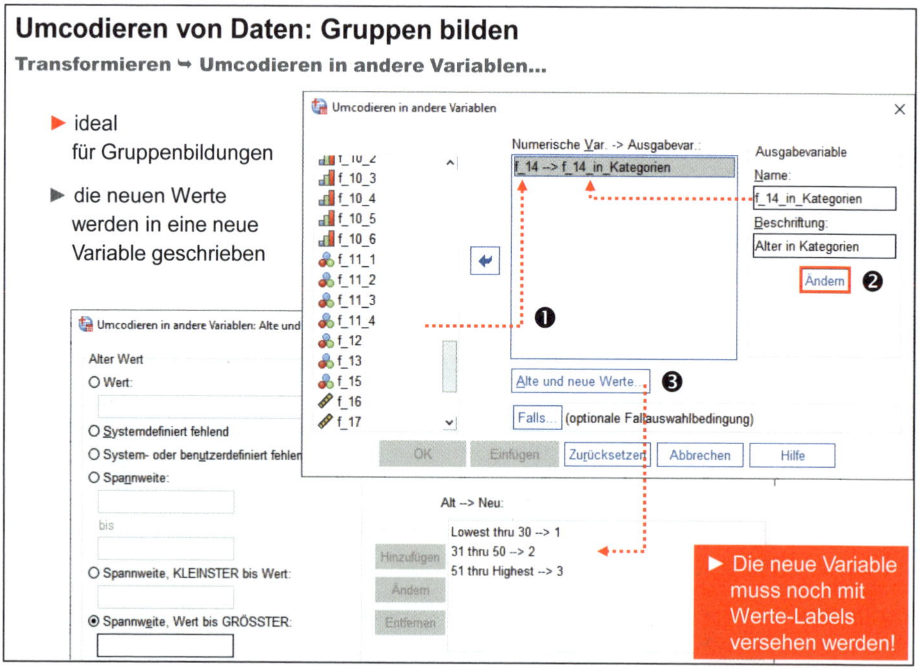

Abbildung 60: Gruppen bilden (umcodieren)

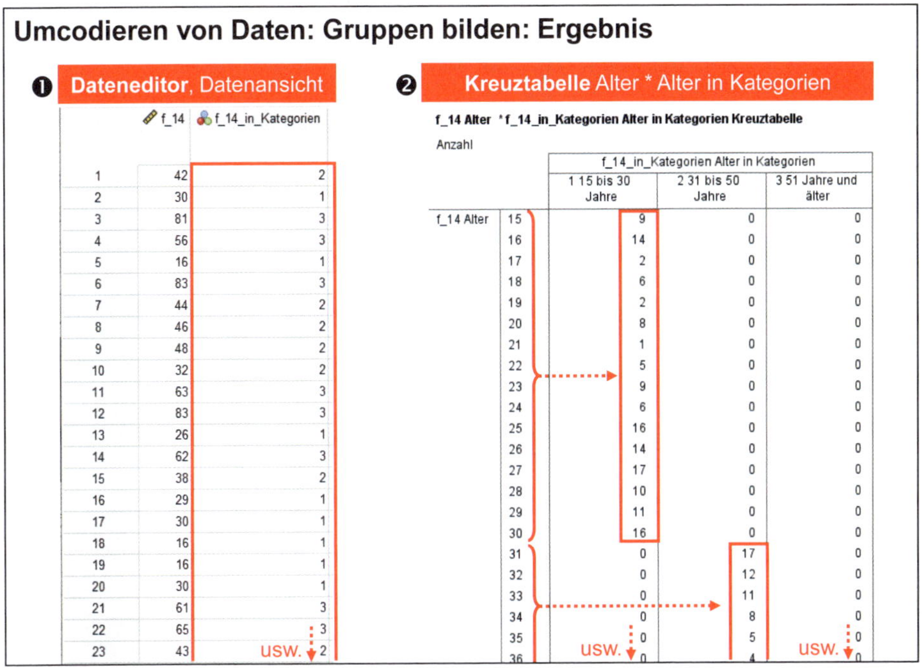

	f_14	f_14_in_Kategorien
1	42	2
2	30	1
3	81	3
4	56	3
5	16	1
6	83	3
7	44	2
8	46	2
9	48	2
10	32	2
11	63	3
12	83	3
13	26	1
14	62	3
15	38	2
16	29	1
17	30	1
18	16	1
19	16	1
20	30	1
21	61	3
22	65	3
23	43	2

		f_14_in_Kategorien Alter in Kategorien		
		1 15 bis 30 Jahre	2 31 bis 50 Jahre	3 51 Jahre und älter
f_14 Alter	15	9	0	0
	16	14	0	0
	17	2	0	0
	18	6	0	0
	19	2	0	0
	20	8	0	0
	21	1	0	0
	22	5	0	0
	23	9	0	0
	24	6	0	0
	25	16	0	0
	26	14	0	0
	27	17	0	0
	28	10	0	0
	29	11	0	0
	30	16	0	0
	31	0	17	0
	32	0	12	0
	33	0	11	0
	34	0	8	0
	35	0	5	0

Abbildung 61: Gruppen bilden (umcodieren): Ergebnis

VOR dem Beginn jeder Umcodierung ist es empfehlenswert, zu Kontrollzwecken eine Häufigkeitsauszählung (vgl. Kapitel 6.5.1 ab Seite 143) durchzuführen. NACH dem Umcodieren sollte immer eine Überprüfung der erzielten Ergebnisse erfolgen. Auch das kann mit einer einfachen Kontroll-Häufigkeitszählung geschehen. Wurde in eine neue Variable umcodiert, bietet eine Kreuztabellierung (vgl. Kapitel 6.5.3 ab Seite 152) der Basisvariable mit der neu erstellten Variable bessere Kontrollmöglichkeiten.

Im Zuge der hier beschriebenen Umcodierung bleiben die ursprünglichen Variablen (und damit die ursprünglichen Werte) erhalten. SPSS fügt die Variable mit den recodierten Werten – wenn sie noch nicht vorhanden ist – dem Datenfile am Ende neu hinzu. Abbildung 61 zeigt eine Überprüfung der im Beispiel erfolgten Umcodierung im Dateneditor (❶) sowie in Form einer Kreuztabelle (❷). Aufgrund besserer Übersichtlichkeit wurde für ❶ die neu erstellte Variable per **drag & drop** vom Ende der Variablenliste nach vorne zu ihrer Basisvariablen **f_14** verschoben.

Ein weiterer gebräuchlicher Anwendungsfall für Umcodierungen ist das **Richtungsbereinigen bipolarer Itembatterien**.

Das ist bei den Items der Frage 9 der BUCHdaten („Wie sehr treffen die folgenden Eigenschaften auf Fachbücher zu?") naheliegend: Fünf der neun Items weisen ihrer Bedeutung nach von positiv nach negativ, vier von negativ nach positiv. Im ersteren Fall bedeutet eine möglichst große Menge zahlenmäßig niedriger Urteile (bzw. ein kleiner Mittelwert) ein „gutes" Ergebnis, im anderen Fall ist es genau umgekehrt.

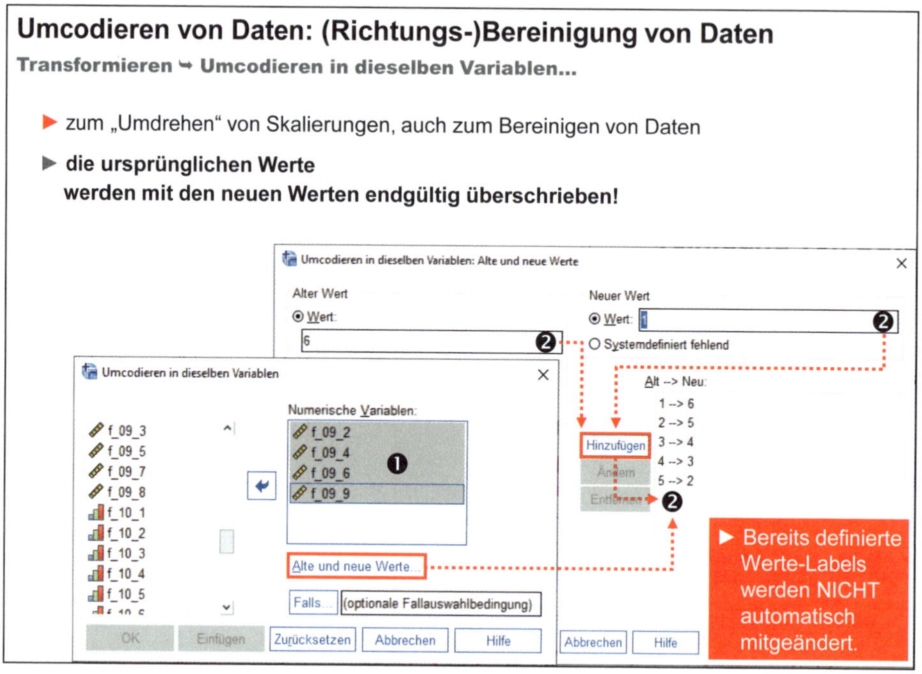

Abbildung 62: Itemrichtungen und Daten bereinigen (umcodieren)

Das wegen unterschiedlicher Itempolung erforderliche mehrmalige Umdenken bei der Interpretation von Auswertungsergebnissen kann rasch zu Fehlern führen. Es ist deshalb ratsam und übersichtlicher, alle Items ident „auszurichten“.

Abbildung 62 veranschaulicht das technische Vorgehen mit SPSS.

- Der Menübefehl lautet **Transformieren ➥ Umcodieren in dieselben Variablen....**
- Die vier umzucodierenden, verkehrt gepolten Variablen werden in die Auswahl übernommen (❶).
- Die eigentliche Umcodierung erfolgt via Submenü **Alte und neue Werte...** (❷).
- Die Skalierung wird beim Umpolen sozusagen „gespiegelt“: Aus Code 1 wird 6, 2 wird zu 5, 3 zu 4, aus 4 wird 3, 5 entspricht 2, 6 wird zu Code 1.
- Die Umcodierung selbst ändert NICHTS an bestehenden Variablen- und Wertebeschriftungen! Liegen für die alte, „verkehrte“ Codierung bereits Beschriftungen vor, müssen deshalb auch diese neu angepasst werden. Das geschieht am einfachsten in der **Variablenansicht** des Dateneditors.

Die Umcodierung erfolgte hier wegen der Übersichtlichkeit in dieselben Variablen, die bisherigen Variablenwerte wurden überschrieben. Wird in neue Variablen codiert, platziert SPSS diese am Ende des Datenfiles: Die neun Items der Itembatterie würden dadurch in alte, richtig codierte, alte, noch falsch (verkehrt) codierte und richtige, neu codierte am

Ende des Datenfiles „zerrissen". Wegen des Überschreibens der alten Codierungen ist es notwendig, hier SEHR genau und bedachtsam vorzugehen. Passieren an dieser Stelle Codierungsfehler, sind die ursprünglichen (richtigen, nur verkehrt codierten) Daten für immer verloren.

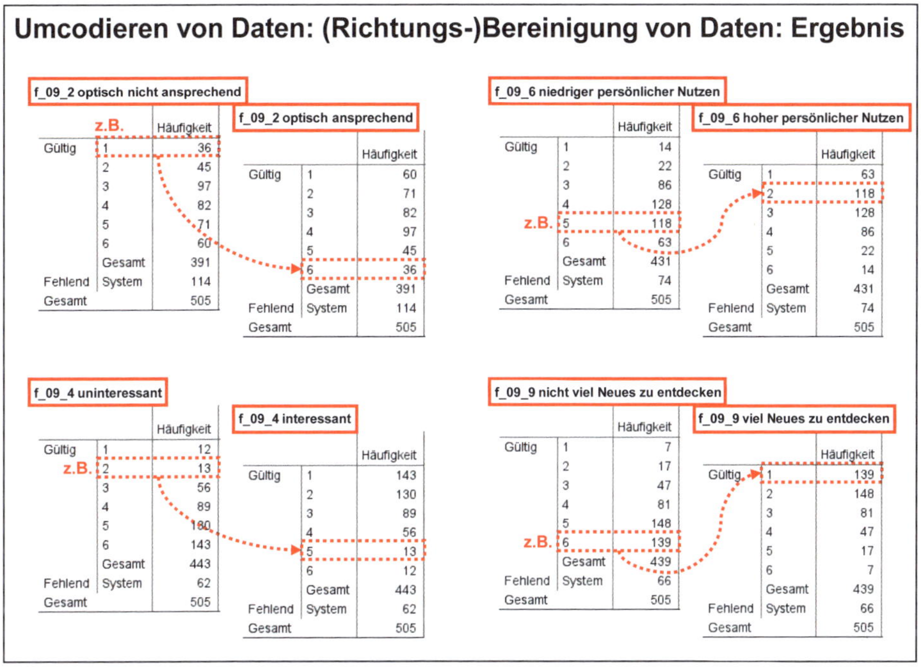

f_09_2 optisch nicht ansprechend

		Häufigkeit
Gültig	1	36
	2	45
	3	97
	4	82
	5	71
	6	60
	Gesamt	391
Fehlend	System	114
Gesamt		505

f_09_2 optisch ansprechend

		Häufigkeit
Gültig	1	60
	2	71
	3	82
	4	97
	5	45
	6	36
	Gesamt	391
Fehlend	System	114
Gesamt		505

f_09_6 niedriger persönlicher Nutzen

		Häufigkeit
Gültig	1	14
	2	22
	3	86
	4	128
	5	118
	6	63
	Gesamt	431
Fehlend	System	74
Gesamt		505

f_09_6 hoher persönlicher Nutzen

		Häufigkeit
Gültig	1	63
	2	118
	3	128
	4	86
	5	22
	6	14
	Gesamt	431
Fehlend	System	74
Gesamt		505

f_09_4 uninteressant

		Häufigkeit
Gültig	1	12
	2	13
	3	56
	4	89
	5	130
	6	143
	Gesamt	443
Fehlend	System	62
Gesamt		505

f_09_4 interessant

		Häufigkeit
Gültig	1	143
	2	130
	3	89
	4	56
	5	13
	6	12
	Gesamt	443
Fehlend	System	62
Gesamt		505

f_09_9 nicht viel Neues zu entdecken

		Häufigkeit
Gültig	1	7
	2	17
	3	47
	4	81
	5	148
	6	139
	Gesamt	439
Fehlend	System	66
Gesamt		505

f_09_9 viel Neues zu entdecken

		Häufigkeit
Gültig	1	139
	2	148
	3	81
	4	47
	5	17
	6	7
	Gesamt	439
Fehlend	System	66
Gesamt		505

Abbildung 63: Itemrichtungen und Daten bereinigen (umcodieren): Ergebnis

Abbildung 63 zeigt (mit beispielhaften Markierungen) das Ergebnis in Form einer kontrollierenden Häufigkeitszählung der ursprünglichen und der neu codierten und neu beschrifteten vier Variablen.

Wichtig ist auch, die Richtungsbereinigung im Zuge einer Auswertung nicht irrtümlich wiederholt (ein zweites Mal) durchzuführen: Dadurch würde ja dann der ursprüngliche, „verkehrte" Zustand wiederhergestellt.

6.4.2 | Variablen (neu) berechnen

Manche Datenlagen zielen darauf ab, mit vorhandenen Datensätzen vor Beginn einer Auswertung noch Berechnungen (**auf Einzelfallebene**) durchzuführen.

- Das ist etwa bei **Skalierungsverfahren** für Konstrukte (**Einstellungsskala**, vgl. Braunecker, 2023, S. 110–112) der Fall. Dabei werden über mehrere Indikatoren (= **Itembatterie**, eine Aneinanderreihung von Items oder Aussagen) Einstellungen oder Werthaltungen abgefragt. Jede Person gibt für jedes Item (den Grad ihrer) Zustimmung oder Ablehnung an. Daraus wird bei der Auswertung ein individueller Summen- oder Durchschnittsscore

(= **Summen-** oder **Mittelwertsindex**) errechnet. Aus diesem Score ergibt sich die persönliche Eigenschaftsausprägung.

Itemzusammenfassungen finden oft aber auch ohne den Hintergrund komplexer Einstellungskonstrukte statt.

Aus der Frage „Beurteilen Sie bitte Ihre letzte Urlaubsregion anhand folgender Kriterien mit Schulnoten: Landschaft | Gastronomie | Preisniveau" soll ein Gesamtzufriedenheitswert ermittelt werden. Dazu wird aus den Schulnoten, die jede Person den drei Kriterien vergibt, FÜR JEDE PERSON eine vierte Gesamtnote errechnet: Angenommen, jemand bewertet die Landschaft mit Note 1, die Gastronomie mit 1 und das Preisniveau mit 4. Seine Gesamtnote errechnet sich wie folgt: (1 + 1 + 4) / 3 = 2,0.

Jede Person (bzw. jeder Datensatz) erhält eine neue Variable mit dem Gesamtscore der Einzelratings. Diese neue Variable lässt sich in weiterer Folge über alle Datensätze genauso wie die Einzelratings selbst auswerten.

- Andere **Variablenberechnungen allgemeiner Art** können überall dort eingesetzt werden, wo die Datenkonsistenz erhöht oder vereinheitlicht werden soll. Das kann z.B. notwendig werden, wenn Fragestellungen unterschiedliche zeitliche Dimensionen umfassen und die Antworten darauf in einem Gesamtwert zusammengeführt werden sollen.

  Eine Erhebung zur Konsumhäufigkeit von Tee stellt den Befragten frei, ob sie ihre Antwort „pro Tag", „pro Woche" oder „pro Monat" geben wollen. Für die Auswertung werden alle täglichen Nennungen mit 30,4, alle wöchentlichen Angaben mit 4,3 multipliziert. Damit liegt – für jeden Datensatz einheitlich – ein Monatswert vor.

Auch an dieser Stelle liefern die BUCHdaten für das Berechnen neuer Variablen praktische Umsetzungsbeispiele.

Beispiel 1: *Für die BUCHdaten soll aus den 9 Items der Frage 6 (**f_06**) „Wie muss ein ideales Fachbuch für Sie beschaffen sein?" ein **Mittelwertsindex** (= itemzusammenfassender **Wichtigkeitsindex**) für Fachbücher erzeugt werden. Alle 9 Items sind mit 1 = „sehr wichtig" bis 5 = „gar nicht wichtig" codiert.*

Abbildung 64 auf Seite 139 zeigt in ① das notwendige technische Vorgehen.

- Der SPSS-Menübefehl lautet **Transformieren ↪ Variable berechnen...**.
- Zunächst muss die Zielvariable, in der das Berechnungsergebnis abgelegt werden soll (❶), sowie deren Beschriftung (❷) definiert werden.
- Die eigentliche Berechnungsanweisung findet in ❸ statt. Wegen möglicher fehlender Werte sollte dabei nach Möglichkeit mit Funktionen (❹) gearbeitet werden.[67] Ein **Klick** auf eine unter **Funktionsgruppe** gelistete Funktion (❺) liefert ihre Kurzbeschreibung.

[67] Eine Variablenberechnung liefert als Ergebnis einen fehlenden Wert, wenn nur EINE der Variablen, mit denen gerechnet wird, einen fehlenden Wert aufweist. So würde **Gesamtnote = Note_1 + Note_2 + Note_3** bei einer Person nur dann einen gültigen Wert ergeben, wenn keine der drei Variablen **Note_1**, **Note_2** und **Note_3** ein Missing enthält. Erfolgt die Berechnung hingegen über die Funktion Gesamtnote = **Sum(Note_1,Note_2,Note_3)**, funktioniert die Summenbildung in die neue Variable auch bei fehlenden Werten bei einer (oder zwei) der drei Variablen.

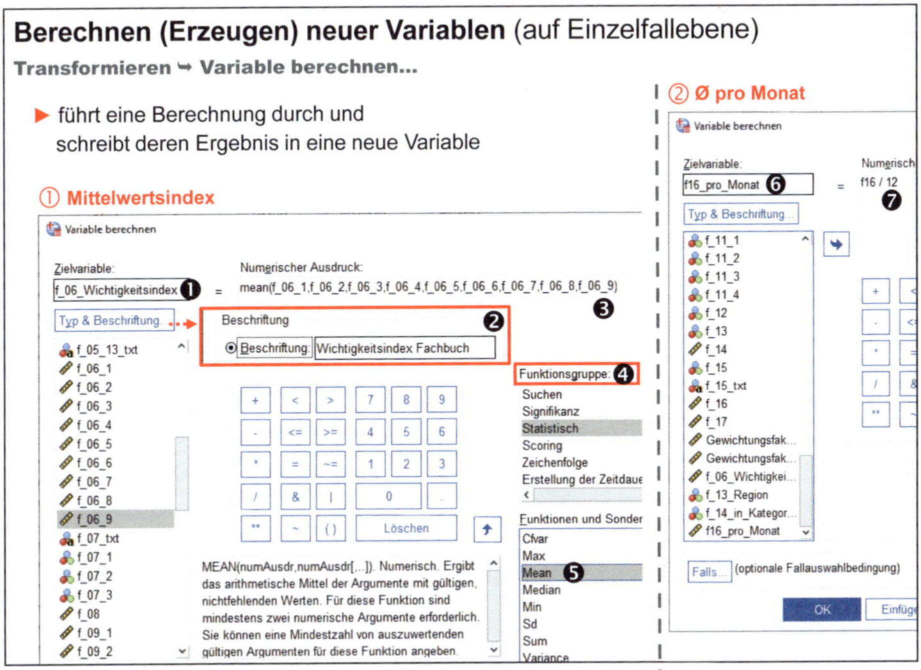

Abbildung 64: Berechnen (Erzeugen) neuer Variablen (auf Einzelfallebene)

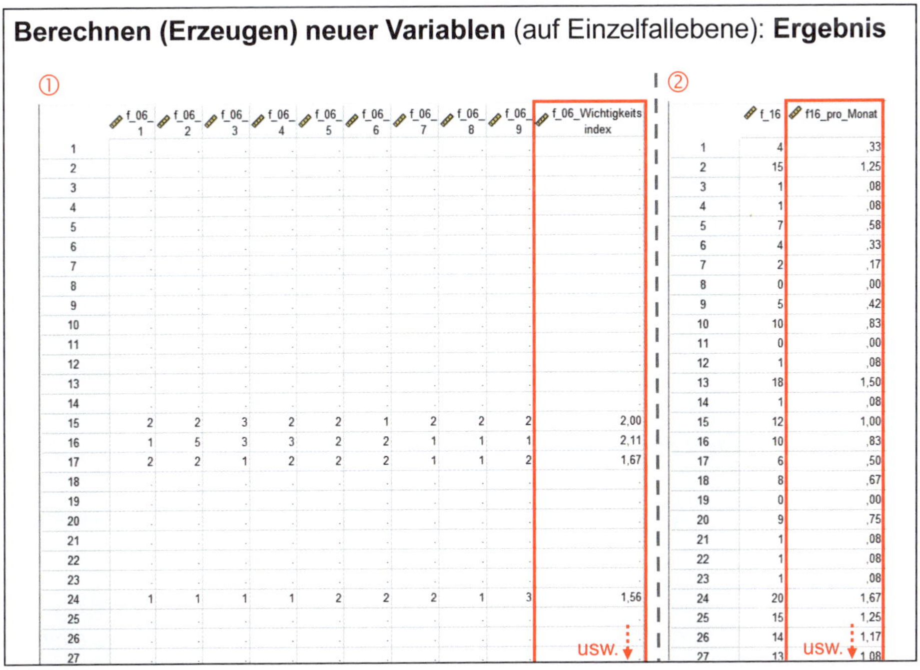

Abbildung 65: Berechnen (Erzeugen) neuer Variablen (auf Einzelfallebene): Ergebnis

Beispiel 2: *Aus den Angaben bei Frage 16 der BUCHdaten* **(f_16)** *„Wie viele Bücher lesen Sie im Schnitt pro Jahr?" soll der* ***monatliche Durchschnittskonsum*** *ermittelt werden.*

Die Erläuterung des technischen Vorgehens zeigt wieder Abbildung 64 auf Seite 139 – in ②.

- Der Menübefehl lautet wieder **Transformieren ↪ Variable berechnen...**.
- Die neue Zielvariable, in der SPSS das Berechnungsergebnis ablegen soll, wird im Sinne konsistenter Variablenbezeichnung **f16_pro_Monat** genannt (❻).
- Die Variable errechnet sich als Zwölftel des Jahreswertes von **f_16** (❼).

Bei derartigen Berechnungen bleiben die Basisvariablen immer bestehen, die Ergebnisvariable wird – wenn sie noch nicht vorhanden ist – am Ende des Datenfiles neu angelegt.

Abbildung 65 auf Seite 139 zeigt die Ergebnisse beider Berechnungsbeispiele in der Datenansicht des Dateneditors. Dazu wurden die neu erstellten Variablen per **drag & drop** vom Ende der Variablenliste nach vorne zu den Basisvariablen gezogen, aus denen sie berechnet wurden.

Die in diesem Kapitel vorgestellten Datentransformationen sind in der Analysepraxis sehr verbreitet. Ebenso nützlich aus dem **Transformieren**-Menü von SPSS können folgende Befehle sein:

- **Transformieren ↪ Visuelle Klassierung...**
  erzeugt aus metrischen Daten eine neue Variable mit wählbarer Kategorienanzahl.
- **Transformieren ↪ Rangfolge bilden...**
  erzeugt für eine Basisvariable eine neue Variable, die den Rangplatz des jeweiligen Falles aufgrund der Basisvariable erhält.

6.4.3 | Teilgruppen bilden

Für Ergebnisvergleiche (z.B. im Rahmen von Hypothesenprüfungen) kann es hilfreich sein, Datensätze mit identen spezifischen Merkmalsausprägungen in Teilgruppen zusammenzufassen. Bei der Auswertung können die Ergebnisse dieser Gruppen dann schnell und einfach einander gegenübergestellt werden.

In den BUCHdaten sollen alle Personen identifiziert und gekennzeichnet werden, die gerne lesen und in Ost-Österreich wohnen. Als Vergleichsmenge dienen alle übrigen Befragten.

„Lesen Sie gerne?" ist in den BUCHdaten in **f_01** *(Code 1 = „ja") abgelegt, das Wohnort-Bundesland in* **f_13** *(Code 1 = „Wien", 2 = „Niederösterreich", 3 = „Burgenland", die Codes 4 bis 9 entsprechen den restlichen Bundesländern).*

Abbildung 66 auf Seite 141 zeigt die technische Vorgehensweise, wenn die Teilgruppenbildung über Menübefehle erfolgt.

- In einem ersten Schritt ist es notwendig, eine Gruppierungsvariable zu erstellen: **Leseaffinität_Ost** wird über **Transformieren ↪ Variable berechnen...** angelegt, mit Code **0** (für alle Datensätze) initialisiert und beschriftet (❶).

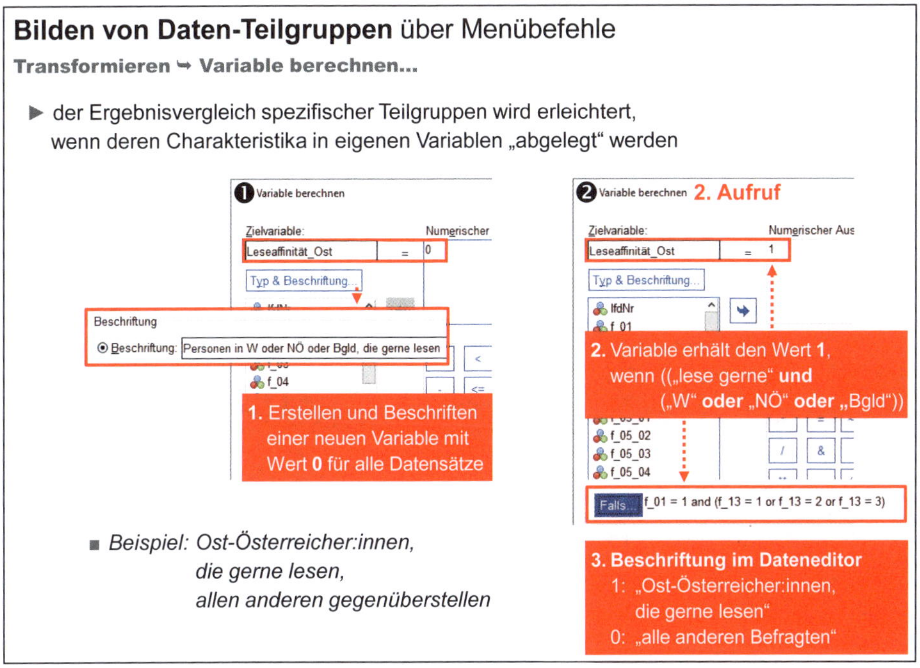

Abbildung 66: Erzeugen neuer Daten-Teilgruppen (auf Einzelfallebene) über Menübefehle

Nach der Ausführung dieses Menübefehls weist nun jeder Datensatz bei der Variable **Leseaffinität_Ost** die Codierung 0 auf.

- **Transformieren ➥ Variable berechnen...** wird ein zweites Mal aufgerufen. Nun erhalten alle jene bei **Leseaffinität_Ost** den Code **1**, **Falls...** sie gerne lesen UND (aus Wien ODER aus Niederösterreich ODER dem Burgenland) kommen: **f_01 = 1 and (f_13 = 1 or f_13 = 2 or f_13 = 3)**
- Am Ende werden die Werte der neuen Variable **Leseaffinität_Ost** in der **Variablenansicht** des Dateneditors noch beschriftet (❸ in Abbildung 42 auf Seite 108).

Wesentlich einfacher als über Menübefehle lassen sich Daten-Teilgruppen über die SPSS-Syntax (vgl. Kapitel 6.2.3 ab Seite 112) definieren. Abbildung 67 auf Seite 142 zeigt den SPSS-Befehlstext.

- Mit **Datei ➥ Neu ➥ Syntax** wird ein neues Syntaxfenster angelegt.
- Der erste Befehl erstellt die Variable **Leseaffinität_Ost** und codiert diese für alle Datensätze mit **0** (❶).
- Danach erhalten alle Datensätze bei **Leseaffinität_Ost** den Wert **1**, wenn sie gerne lesen und aus Ost-Österreich stammen (❷).
- Was jetzt noch fehlt, sind die Variablen- und Wertebeschriftungen (❸).
- Den Abschluss bildet DER Umsetzungs-Befehl in der SPSS-Syntax (❹): **execute.** weist SPSS an, die Berechnung nicht nur im Arbeitsspeicher des Computers durchzuführen, sondern sofort in den Datenfile zu übertragen.

Nun kann die Syntax gespeichert werden. Alle Befehle werden mit der Maus markiert und mit **Klick** auf ❺ tatsächlich ausgeführt.

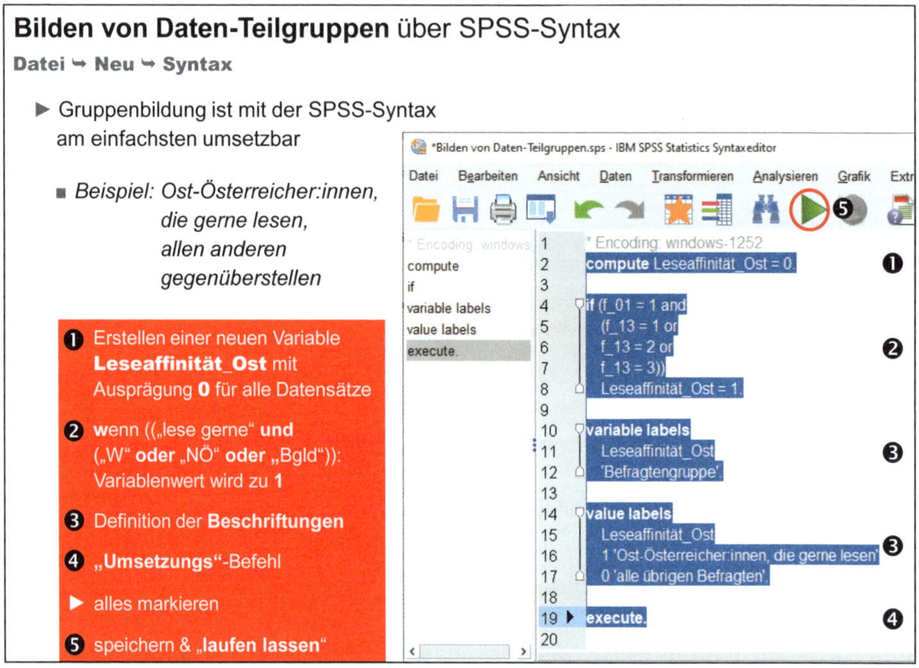

Abbildung 67: Erzeugen neuer Daten-Teilgruppen (auf Einzelfallebene) über Befehlssprache

Eine wie soeben neu erstellte Teilgruppenvariable kann in weiterer Folge in allen SPSS-Routinen als nominale Vergleichsvariable herangezogen werden (vgl. Kapitel 6.5.3 ab Seite 152 bzw. Kapitel 6.5.4 ab Seite 159).

6.5 | Daten auswerten

▼ ***Abstract*** *(in diesem Kapitel geht's um ...)* ▼

• **Häufigkeitszählung**: vor allem bei nominalen oder ordinalen Variablen • oft auch zur Übersicht über die Datenlage • liefert Absolutzahlen und verschiedene Arten von Prozentwerten • Signifikanzcheck mittels Schwankungsbreiten für Prozentwerte
• **Analyse von Mehrfachantworten**: Mehrfachantworten werden auf mehreren Variablen „abgelegt" • sollten zuvor zu Antwortsets zusammengefasst werden • erst danach variablenübergreifende Auswertung möglich
• **Deskriptive Statistik oder explorative Datenanalyse**: bei einzelnen metrischen oder skalierten Variablen • liefert statistische Maßzahlen wie Mittelwert, Standardabweichung sowie weitere Zentral-, Lage- und Streuungsmaße • Signifikanzcheck mittels Konfidenzintervall für den Mittelwert
• **Kreuztabelle**: setzt zwei nominale oder ordinale Variablen zueinander in Beziehung • liefert Absolutzahlen, Zeilen- und Spaltenprozentuierung • Signifikanzcheck (Prüfung von Unterschiedshypothesen) mittels Chi²-Test
• **Mittelwertsvergleich oder explorative Datenanalyse**: erlaubt eine vergleichende Analyse metrischer oder skalierter Variablen zueinander oder nach nominalen bzw. ordinalen Untergruppen • liefert Mittelwert, Standardabweichung und weitere statistische Maßzahlen • Signifikanzcheck mittels Konfidenzintervall für den Mittelwert oder • Mittelwert-Hypothesentests (Parameterverfahren und parameterfreie Verfahren)
• **Korrelation**: setzt zwei ordinale oder besser metrische Variablen zueinander in Beziehung • liefert den Korrelationskoeffizienten • Streudiagramm erleichtert die Ergebnisinterpretation • Signifikanzcheck (Prüfung von Unterschiedshypothesen) optional zwei- oder einseitig

Nach der Rücklaufkontrolle der Daten, ihrer Digitalisierung, Prüfung auf Konsistenz und Organisation (Gewichtung, Umcodierungen bzw. Variablenberechnungen) kann die eigentliche Auswertung beginnen. Welche Routine für welche Variable oder Variablenkombination zum Einsatz gelangt, hängt von deren Messniveau ab (vgl. Abbildung 39 auf Seite 103).

6.5.1 | Einzelne nominale (ordinale) Merkmale: Häufigkeiten

► Das statistische Grundlagenwissen zu den folgenden Analyseschritten wurde bereits an anderer Stelle erläutert (vgl. Kapitel 5.1.1 ab Seite 53 (deskriptive Statistik) sowie Kapitel 5.2.2 ab Seite 93 (schließende Statistik).

6.5.1.1 | Deskriptive Analyse bei Häufigkeiten

In SPSS sind **Häufigkeitszählungen** rasch und einfach über **Analysieren ↪ Deskriptive Statistiken ↪ Häufigkeiten...** realisierbar.

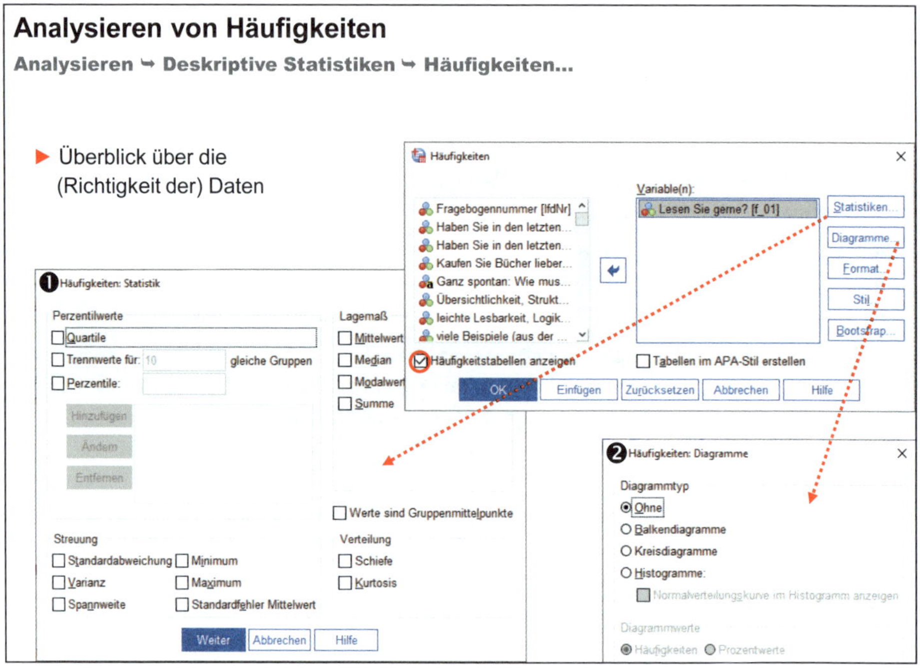

Abbildung 68: Analysieren von Häufigkeiten

Abbildung 69: Häufigkeitsverteilung ALLER Variablen

Abbildung 68 auf Seite 144 zeigt, dass dabei auch statistische Maßzahlen (❶, nur sinnvoll bei metrischen Variablen) und Diagramme (❷) angefordert werden können.

Zu Beginn jeder Auswertung ist es ratsam, sich durch eine Häufigkeitsauszählung aller Variablen einen Überblick über den gesamten Datenstand zu verschaffen. Abbildung 69 auf Seite 144 zeigt am Beispiel der BUCHdaten, wie eine Auszählung des gesamten Datenstandes rasch und einfach erfolgen kann.

Vorgehensweise über den Menübefehl (①):

- Nach **Analysieren ↪ Deskriptive Statistiken ↪ Häufigkeiten...** müssen in der linksseitigen Variablenauswahl lediglich alle vorhandenen Variablen markiert und rechts in den Auswahlbereich gezogen werden.

Benutzung der SPSS-Befehlssprache (②, vgl. Kapitel 6.2.3 ab Seite 112):

- Mit **Datei ↪ Neu ↪ Syntax** öffnet sich ein Fenster zur Eingabe der Befehlssprache.
- Der Befehlstext für eine Auszählung aller Variablen des Datenfiles lautet wie bei ❶ **Frequencies Variables = all.** oder in Kurzform: **freq all.**

  Wichtig ist der Punkt am Ende des Befehls.
- ❷ führt den zuvor markierten Befehlstext aus.

Im Ergebnisviewer können daraufhin alle Tabellen, die nach der Kontrolle nicht weiter benötigt werden, gelöscht oder ausgeblendet werden (❸ in Abbildung 43 auf Seite 111): Das betrifft z.B. Variablen wie die Fragebogennummer (**lfdNr**) oder Gewichtungsfaktoren.

Eine spezielle Form von Häufigkeitsanalysen stellen **Mehrfachantworten** dar. Diese kommen sehr oft bei Befragungen vor: immer dann, wenn auf eine Frage keine, eine oder mehrere Antworten möglich sind.

Mehrfachnennungen können nicht in eine einzelne Datenspalte vercodet werden: EINE Variable kann immer nur EINEN einzelnen Wert beinhalten. Für die Analyse von Mehrfachnennungen ist deshalb eine spezielle Codierung erforderlich. Dazu gibt es zwei verschiedene Verfahren – die Methode multipler Dichotomien und jene der multiplen Kategorien.

Werden Mehrfachantworten in Form **multipler Dichotomien** abgebildet, erhält jede Antwortmöglichkeit eine eigene Variable. Die Vercodung erfolgt mit 1 oder 0 (binär): Gibt die befragte Person eine Antwort innerhalb der vorgesehenen mehrfachen Alternativen, wird der genannten Antwortvariable Code **1** zugeordnet. Für jede nicht genannte Antwortmöglichkeit wird eine **0** vercodet.

Abbildung 70 auf Seite 146 zeigt unter ① das Prinzip anhand der offenen Frage 5 der BUCHdaten (**f_05**, vercodet nach der Methode multipler Dichotomien).

Dargestellt sind drei – fertig codierte – Datensätze jener Personen, die bei Frage 5 Angaben aufweisen, weil sie bei Frage 3 mit „ja" geantwortet haben. Die Vercodung erfolgte hier nach 13 Antwortkategorien. Diese wurden zuvor induktiv aus den einzelnen und offenen Antworten auf die Frage „Ganz spontan: Wie muss ein ideales Fachbuch für Sie beschaffen sein?" abgeleitet (vgl. Seite 33 in Kapitel 3.2 ab Seite 30).

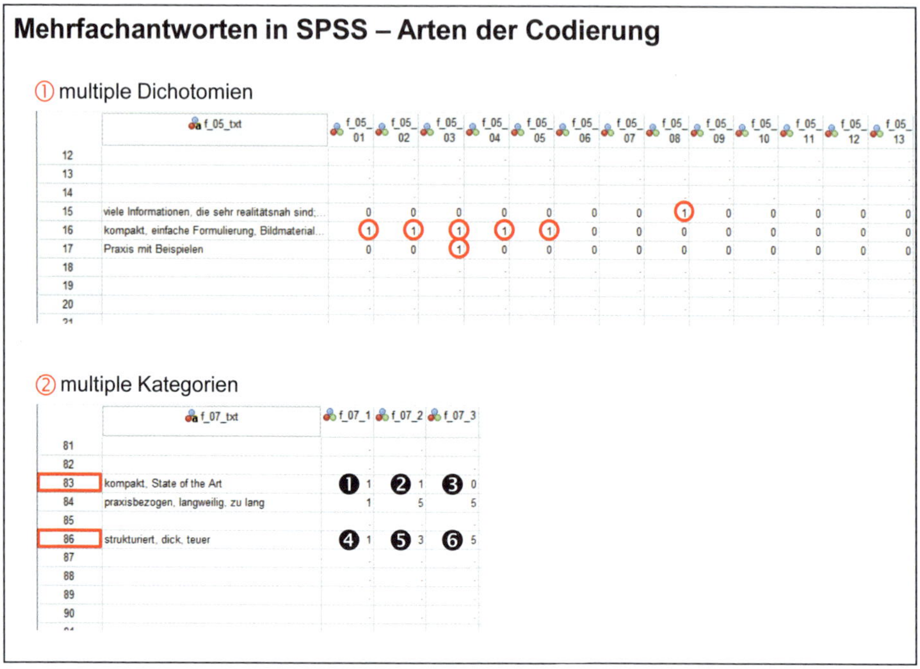

Abbildung 70: Mehrfachantworten in SPSS – Arten der Codierung

Eine Vercodung von Mehrfachnennungen nach **multiplen Kategorien** erfordert so viele Variablen, wie maximal unterschiedliche Nennungen (von Befragten mit den meisten Antworten) vorliegen.

Angenommen, bei Frage 5 der BUCHdaten („Ganz spontan: Wie muss ein ideales Fachbuch für Sie beschaffen sein?“) kämen z.B. unter allen Befragten als Antwort maximal sechs unterschiedliche Nennungen vor. Würde jemand nach multipler Kategorienbildung vorgehen, wären hier also sechs Variablen erforderlich.

Jede dieser sechs Variablen würde als mögliche Codierung ALLE 13 Antwortkategorien erhalten, die aus allen Antworten aller Personen gebildet wurden (wie rund um Abbildung 9 auf Seite 33 im Kapitel 3.2 ab Seite 30 beschrieben).

Der große Vorteil dieser Art der Mehrfachcodierung besteht darin, auch die REIHENFOLGE der Antworten im Datenfile abbilden zu können.

In die erste der sechs Variablen würde im obigen Beispiel jede erste Antwort jeder Person codiert werden – jeweils mit einem der Codes 1 bis 13. In die zweite Datenspalte käme die zweite Antwort (wieder mit Code 1 bis 13), in die dritte Variable die dritte Nennung usw. Bis zur sechsten Nennung – mehr Antworten (Nennungen) bei Frage 5 finden sich im gesamten Datenfile bei niemandem.

*Person **15** aus ① in Abbildung 70 z.B. würde in der ersten Anwortvariable Code **8** eingetragen bekommen. Die sechs anderen Variablen würden mit **0** codiert werden. Person **16** erhielte in den ersten fünf Variablen je nach Reihenfolge ihrer Antworten die Codes **1** bis **5**. Person **17** in der ersten Antwortvariable Code **3**.*

Abbildung 70 auf Seite 146 zeigt unter ② ein real in den BUCHdaten vorhandenes Codierungsbeispiel anhand der offenen Frage 7 (**f_07**, vercodet nach der Methode multipler Kategorien).

Bei Frage 7 der BUCHdaten „Versuchen Sie bitte das letzte Fachbuch, das Sie gelesen haben, mit drei Eigenschaften zu charakterisieren" wurden die pro Person maximal drei Antworten in drei Variablen jeweils den Kategorien 1 = „positive Nennung", 3 = „neutral" und 5 = „negative Nennung" zugeordnet. Code 0 kennzeichnet jeweils „nicht genannt".

In Abbildung 70 auf Seite 146 unter ② dargestellt sind drei Datensätze jener Personen, die bei Frage 7 Angaben aufweisen, weil sie bei Frage 3 mit „ja" geantwortet haben. Die befragte Person in **Datenzeile 83** *z.B. nennt zwei positive Eigenschaften, aber keine dritte: die drei Variablen* **f_07_1** *bis* **f_07_3** *werden also mit* **1**, **1** *und* **0** *codiert (❶,❷ und ❸). Eine andere Person – in* **Datenzeile 86** *– antwortet zuerst mit einer positiven, danach mit einer neutralen, abschließend einer negativen Eigenschaft. Dementsprechend erhält die Variable* **f_07_1** *die Codierung* **1** *(❹),* **f_07_2** *Code* **3** *(❺) und* **f_07_3** *wird mit* **5** *codiert (❻).*

Um eine Mehrfachantworten-Analyse technisch durchführen zu können, müssen die – nach multiplen Kategorien oder Dichotomien codierten – Antwortvariablen zunächst in einem sogenannten Variablenset zusammengefasst werden. Abbildung 71 auf Seite 148 zeigt das dazu notwendige Vorgehen anhand der Mehrfachfrage 11 der BUCHdaten:

Auf die Frage „Wenn Sie ein gutes Buch lesen: Wem empfehlen Sie es weiter?" sind vier Antworten möglich. Diese werden in den vier Variablen **f_11_1** *„Partner:in, Familie",* **f_11_2** *„Freund:innen",* **f_11_3** *„Kolleg:innen" und* **f_11_4** *„Anderen" jeweils mit Code* **1** *= „Antwort genannt" bzw. Code* **0** *= „Antwort nicht genannt" dichotom codiert.*

- **Analysieren ↪ Mehrfachantworten ↪ Variablensets definieren...** öffnet den entsprechenden SPSS-Dialog.
- Die Variablen, die zur Mehrfachantworten-Frage gehören, müssen ausgewählt werden (❶). Sie sind hier codiert als **Dichotomien, gezählter Wert** ist **1** (❷).
- Das Mehrfachantwortset erhält noch einen Namen und eine Beschriftung (❸) und wird mit ❹ in der Liste eventuell noch weiterer Sets abgelegt.

Definierte Antwortsets werden über **Analysieren ↪ Mehrfachantworten ↪ Häufigkeiten...** oder über **Analysieren ↪ Mehrfachantworten ↪ Kreuztabellen...** ausgewertet. Abbildung 72 auf Seite 148 veranschaulicht Befehlsdialog und Ergebnis einer Häufigkeitsauswertung des soeben angelegten Mehrfachantwortsets.

- Der Menübefehl lautet **Analysieren ↪ Mehrfachantworten ↪ Häufigkeiten...**
- Das Dialogfeld listet links die definierten Variablensets. Nach Übernahme eines oder mehrerer Sets in den rechten Auswahlbereich und **OK** erfolgt die Auswertung (❶).

Die Ergebnisse von Mehrfachantworten-Analysen werden einmal als Prozentwerte aller gültigen Fälle und einmal als Prozentwerte aller Antworten ausgewiesen.

Das in Abbildung 72 auf Seite 148 dargestellte Ergebnis lässt sich wie folgt beschreiben:

Etwas mehr als die Hälfte der Befragten (279 von 505 Personen, ❷) machen eine Angabe zur Weiterempfehlung von Büchern. In Summe werden 468 Weiterempfehlungen (= Ant-

Mehrfachantworten in SPSS: Auswertung

Analysieren ↪ Mehrfachantworten ↪ Variablensets definieren...

- fasst einzelne Variablen, die zu einer Frage mit Mehrfachantworten gehören, in einem „Mehrfachantwortset“ zusammen
- jedes Set kann dann über

  Analysieren ↪ Mehrfachantworten ↪ Häufigkeiten...

  oder über

  Analysieren ↪ Mehrfachantworten ↪ Kreuztabellen...

  ausgewertet werden

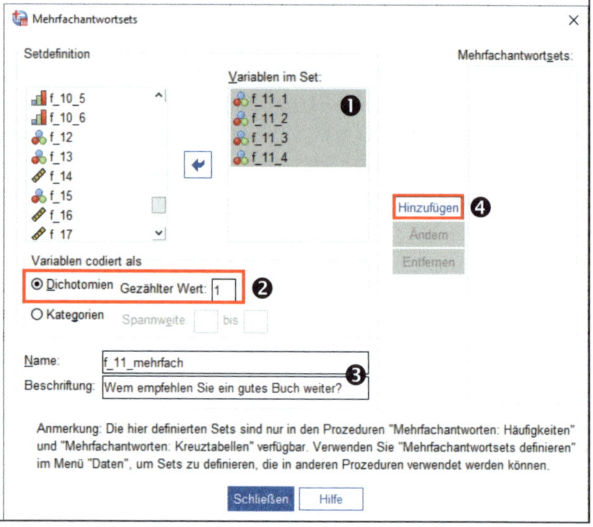

Abbildung 71: Mehrfachantworten in SPSS (Auswertung)

Mehrfachantworten in SPSS: Ergebnis

Analysieren ↪ Mehrfachantworten ↪ Häufigkeiten...

- Der Menübefehl erfolgt analog zu einer Häufigkeitszählung …

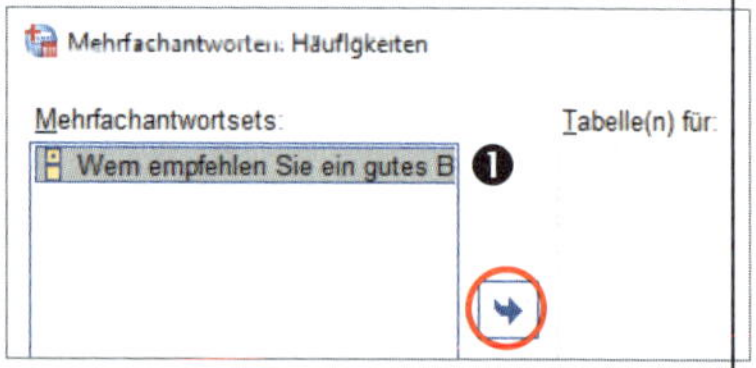

Fallzusammenfassung

	Fälle					
	Gültig		Fehlend		Gesamt	
	N	Prozent	N	Prozent	N	Prozent
$f_11_mehrfach[a]	279	55,2%	226	44,8%	505	100,0%

a. Dichotomie-Gruppe tabellarisch dargestellt bei Wert 1.

Die Ergebnisse werden

❷ als Prozentwerte **aller gültigen Fälle**

und

❸ als Prozentwerte **aller Antworten**

dargestellt.

Häufigkeiten von $f_11_mehrfach

		Antworten		Prozent der Fälle
		N	Prozent	
$f_11_mehrfach Wem empfehlen Sie ein gutes Buch weiter?[a]	f_11_1 Partner:in, Familie	142	30,3%	50,9%
	f_11_2 Freund:innen	179	38,2%	64,2%
	f_11_3 Kolleg:innen	57	12,2%	20,4%
	f_11_4 andere Personen	90	19,2%	32,3%
Gesamt		468	100,0%	167,7%

a. Dichotomie-Gruppe tabellarisch dargestellt bei Wert 1.

❸ : ❷

Abbildung 72: Mehrfachantworten in SPSS (Ergebnis)

worten, ❸) ausgesprochen: am stärksten zu jeweils rund einem Drittel an Freund:innen (38%) sowie Partner:in/Familie (30%). Weniger stehen Kolleg:innen (12%) oder andere Personen (etwa ein Fünftel) im Fokus.

WENN Weiterempfehlungen erfolgen, dann im Schnitt an 1,7 Personenkategorien (468 Antworten : 279 Personen, ❸ : ❷). Wären im Beispiel gleich viele Antworten wie Fälle vorhanden, würden die Antworten 100% der Fälle ergeben. Dann hätte jede Person im Schnitt 1 Antwort vergeben. Tatsächlich summieren sich alle 468 Antworten aber auf 167,7% der 279 Fälle (❷, = 1,7 Antworten pro Fall). Rund zwei Drittel der Befragten (= Fälle, 64%) empfehlen im Freundeskreis weiter, gut die Hälfte (51%) in der Familie.

Mehrfachantwortsets sind in anderen Dialogfeldern als in Mehrfachantworten-Prozeduren NICHT verwendbar. Sie werden im Datenfile NICHT gespeichert und müssen bei jeder SPSS-Sitzung neu definiert werden.[68]

6.5.1.2 | Schließende Analyse bei Häufigkeiten

Zur Signifikanzprüfung einzelner nominaler bzw. ordinaler Merkmale werden für gewöhnlich Schwankungsbreiten von Prozentwerten herangezogen (vgl. Kapitel 5.2.2 ab Seite 93).

SPSS liefert dafür keinen eigenen Befehlsdialog.

6.5.2 | Einzelne (quasi-)metrische Merkmale: Deskriptivstatistik

► Das statistische Grundlagenwissen zu den folgenden Analyseschritten wurde bereits an anderer Stelle erläutert (vgl. Kapitel 5.1.2 ab Seite 55, Kapitel 5.1.3 ab Seite 64 (deskriptive Statistik) sowie Kapitel 5.2.3 ab Seite 95 (schließende Statistik).

6.5.2.1 | Deskriptive Analyse

Sollen **einzelne metrische Variablen oder Skalenitems** in die Auswertung gelangen, bietet SPSS dazu die Routinen **Deskriptive Statistik** und **Explorative Datenanalyse** an.

Welche der beiden Analyseroutinen zur Anwendung gelangt, bleibt dem persönlichen Geschmack überlassen. Beide haben Vor- und Nachteile: Die **Deskriptivstatistik** liefert weniger Maßzahlen, dafür ist der Output etwas übersichtlicher. Die **explorative Datenanalyse** punktet weniger mit ansprechendem Layout, generiert aber deutlich mehr Maßzahlen und erlaubt zusätzlich die Auswertung von Stichprobensubgruppen.

Analysieren ➥ Deskriptive Statistiken ➥ Deskriptive Statistik... ist wie in Abbildung 73 auf Seite 150 ersichtlich relativ einfach und selbsterklärend.

Über **Optionen...** können verschiedene Maßzahlen angefordert werden (❶) – voreingestellt sind Mittelwert, Standardabweichung, Minimum und Maximum. ❷ zeigt den Output.

[68] Im SPSS-Zusatzmodul **Tables** gibt es mit **Analysieren ➥ Tabellen ➥ Mehrfachantwortsets...** einen zweiten, moduleigenen Befehl für Mehrfachvariablen. DIESE Definition KANN abgespeichert werden. Dort angelegte Sets müssen aber auch im Modul selbst – über **Analysieren ➥ Tabellen ➥ Benutzerdefinierte Tabellen...** – ausgewertet werden.

Deskriptive Statistiken mit SPSS: Deskriptive Statistik

Analysieren ➥ Deskriptive Statistiken ➥ Deskriptive Statistik...

- Überblick über (quasi-)metrische Variablen
- fehlende Werte sind immer **listenweise** ausgeschlossen

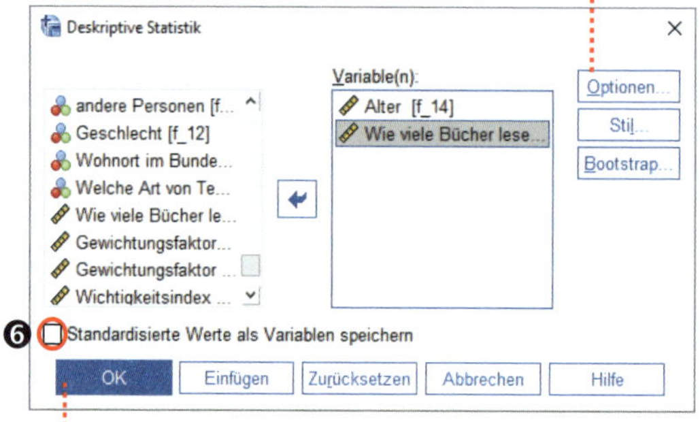

❷ **Deskriptive Statistik**

	N	Minimum	Maximum	Mittelwert	Std.-Abweichung
f_14 Alter	505	15	89	❹ 44,58	❸ 18,049
f_16 Wie viele Bücher lesen Sie im Schnitt pro Jahr?	505	0	22	5,56	6,137
Gültige Werte (Listenweise)	❺ 505				

Abbildung 73: Deskriptive Statistiken mit SPSS: Deskriptive Statistik

Der Mittelwert von **f_14** *(Variable Alter in den* BUCHdaten*) beschreibt die Verteilung nicht besonders gut – im Schnitt weicht jede Person rund 18 Jahre (❸) vom Durchschnittsalter 45 (❹) ab. Auch die durchschnittlich pro Jahr gelesenen 6 Bücher (❹,* **f_16**, *„Wie viele Bücher lesen Sie im Schnitt pro Jahr?" – 5,56) besitzen wenig Aussagekraft für den Datenstand. Jede Person weicht im Schnitt rund 6 Bücher (6,137) vom Mittelwert (❸) ab.*

Gültige Werte (Listenweise) *(❺) weist aus, wie viele Fälle bei ALLEN im aktuellen Auswertungsdialog eingetragenen Variablen einen gültigen Eintrag besitzen. Sobald auch nur EINE der in das Dialogfeld zur Analyse aufgenommenen Variablen einen fehlenden Wert* (vgl. Kapitel 6.3.5 ab Seite 130) *aufweist, wird dieser Datensatz unter ❺ nicht mehr mitgezählt. Im Beispiel haben sowohl bei* **f_14** *als auch bei* **f_16** *alle 505 Datensätze einen gültigen Eintrag.*

Die Deskriptivstatistik bietet die Besonderheit, **standardisierte Werte als Variable speichern** zu können (❻): Diese Option führt mit den ausgewählten Variablen eine Transformation in sogenannte z-Werte durch, die in neuen Variablen am Ende des Datenfiles abgelegt werden. Das hat den Zweck, für Variablen, die in unterschiedlichen (Größen-)Einheiten vorliegen, vergleichbare Messwerte zu erzeugen. Derartige **z-Wert-Transformationen** bedeuten, dass die neu erzeugten Variablen allesamt einen Mittelwert von 0 und eine Standardabweichung von 1 erhalten. Damit werden sie vergleich- und in weiterführenden (z.B. multivariaten[69]) Analysen einsetzbar.

[69] Multivariate Analysen (z.B. Faktoren-, Cluster-, Diskriminanz-, Regressionsanalysen usw.) fokussieren auf gemeinsame Variablenzusammenhänge.

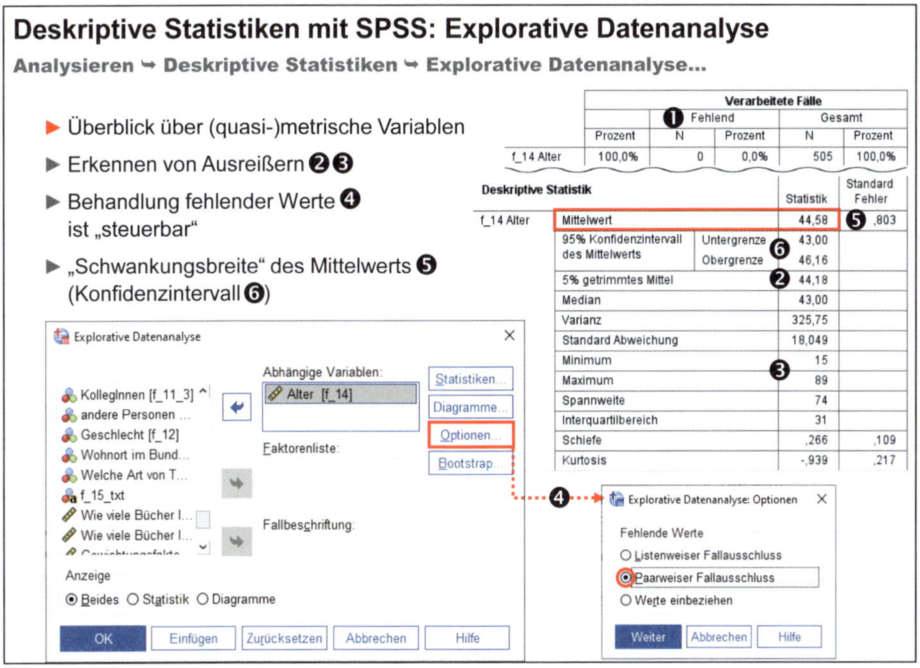

Abbildung 74: Deskriptive Statistiken mit SPSS: Explorative Datenanalyse

In eine Berechnung sollen die Variablen **f_14** *(Alter) und* **f_16** *(gelesene Bücher pro Jahr) der* BUCHdaten *gemeinsam einfließen. Dort reichen Altersangaben von 15 bis 89, die gelesenen Bücher von 0 und 22. Damit besitzt das Alter automatisch eine größere Variabilität der Werte als der Buchkonsum. Die Standardisierung der Werte gleicht dieses Ungleichgewicht aus und „zwängt“ die Werte komprimiert quasi in eine gleich breite Skala.*

Ein zweites verbreitetes Analyseverfahren für metrische Daten und Skalenitems ist **Analysieren ↬ Deskriptive Statistiken ↬ Explorative Datenanalyse....**

Abbildung 74 zeigt wieder anhand der Altersvariable **f_14** ein Anwendungsbeispiel aus den BUCHdaten. Wie der Abbildung zu entnehmen ist, liefert diese Routine deutlich „mehr an Ergebnis“. Neben gebräuchlichen Maßzahlen metrischer Verteilungen ermöglicht der Output über ❶ zunächst die wichtige Kontrolle über die Anzahl ungültiger Werte und somit über die Berechnungsbasis. ❷ und ❸ lassen Ausreißer erkennen.

Der Mittelwert wird einmal mit allen Werten (Ergebnis: 44,58) und einmal unter Ausschluss der 5% größten und 5% kleinsten Werte berechnet (5% getrimmtes Mittel, Ergebnis: 44,18, ❷). Da dieser getrimmte Wert hier sehr nahe beim eigentlichen Mittelwert liegt, halten sich im Beispiel Ausreißer oder Extremwerte wohl in Grenzen. Eine Reihe weiterer gebräuchlicher statistischer Maßzahlen komplettieren das Bild.

Bei dieser Auswertungsroutine ist der Umgang mit fehlenden Werten steuerbar: Wenn sie mehr als eine Variable in die Analyse einbeziehen, setzen viele Auswertende die **Optionen...** auf **Paarweiser Fallausschluss** (❹). Denn **Listenweiser Fallausschluss** bezieht alle jene Datensätze nicht mehr in die Ergebnisermittlung des aktuellen Dialogfelds ein, die auch nur bei EINER der im Dialog ausgewählten Variablen einen fehlenden Wert aufweisen.

6.5.2.2 | Schließende Analyse bei Mittelwerten

Zur Signifikanzprüfung einzelner (quasi-)metrischer Variablen dienen oft Mittelwert-Konfidenzintervalle.

SPSS weist die untere und obere Grenze des Mittelwert-Konfidenzintervalls (mit 95% Sicherheit) in der Ergebnisdarstellung des Dialogs **Analysieren ↬ Deskriptive Statistiken ↬ Explorative Datenanalyse...** standardmäßig aus.

Abbildung 74 auf Seite 151 zeigt unter ❺ den Standardfehler des Mittelwerts. Wird dieser mit 1,96 multipliziert, ergibt sich (für Zufallsstichproben) die „Schwankungsbreite" des Mittelwerts am 95%-Niveau (vgl. Kapitel 5.2.3 ab Seite 95), die mit ihrer unteren und oberen Grenze angeführt ist (❻).

❻ *lässt sich wie folgt interpretieren: In der Stichprobe wurde ein mittleres Alter von 44,58 Jahren ermittelt. In der dieser Stichprobe zugrundeliegenden Grundgesamtheit sind die Personen mit einer Wahrscheinlichkeit von 95% real zwischen 43 und 46,16 Jahre alt.*[70]

Grafisch übersichtlich visualisieren lassen sich Mittelwertsvergleiche über **Fehlerbalkendiagramme**. Abbildung 81 auf Seite 164 zeigt und beschreibt das diesbezügliche Vorgehen.

6.5.3 | Nominal (ordinal) nach nominal (ordinal): Kreuztabelle

▶ Das statistische Grundlagenwissen zu den folgenden Analyseschritten wurde bereits an anderer Stelle erläutert (vgl. Kapitel 5.1.5 ab Seite 67 (deskriptive Statistik) sowie Kapitel 5.2.4 ab Seite 96 (schließende Statistik).

6.5.3.1 | Deskriptive Analyse bei Kreuztabellen

Während sich die bisherigen Analysen mit der Auswertung einzelner nominaler (ordinaler) oder (quasi-)metrischer Variablen (Skalenitems) beschäftigten, werden im nächsten Schritt ZUSAMMENHÄNGE zwischen zwei Variablen untersucht.

Liegen beide auf gegenseitige Beziehungen hin auszuwertende Variablen nominal oder ordinal vor, erfolgt eine Kreuztabellierung. Mit **Kreuztabellen** ist es möglich, die Ausprägungen zweier Variablen miteinander zu verschneiden und neben deskriptiven auch schließende Statistiken zu berechnen: also auch, Unterschiedshypothesen zu überprüfen.

Unter **Analysieren ↬ Deskriptive Statistiken ↬ Kreuztabellen...** erfolgt der Aufruf der Routine.

Abbildung 75 und Abbildung 76 auf Seite 154 zeigen das entsprechende Vorgehen wieder mit einem den BUCHdaten entnommenen Beispiel.

---

[70] 44,58 ± (0,803 • 1,96).

Dabei sollen – ausgehend von Hypothese I auf Seite 24 – die Variablen **f_01** (Frage 1, „Lesen Sie gerne?") und **f_03** (Frage 3, „Haben Sie in den letzten 12 Monaten zumindest ein Fachbuch gelesen?") auf ihren Zusammenhang hin untersucht werden. Hintergrund ist eine – in einem wissenschaftlichen Szenario durch Vorrecherche gestützte, hier zu Demonstrationszwecken aus inhaltlicher Logik aufgestellte – Annahme: „Wenn Personen gerne lesen, dann unterscheiden sie sich in ihrem Fachbuchkonsum von anderen Personen."

- Je eine der beiden „zu kreuzenden" Variablen wird in die **Zeile(n)** und **Spalten** übernommen (❶). Die Variable mit mehr Ausprägungen sollte aus Platzgründen in den Zeilen stehen. Im dargestellten Fall besitzen beide Variablen je zwei Ausprägungen.
- **Gruppierte Balkendiagramme anzeigen** (❷ in Abbildung 75 auf Seite 154) erzeugt eine grafische Übersicht der Zusammenhänge.
- Im Subdialog **Zellen...** (❷ in Abbildung 76 auf Seite 154) sollten Zeilen- und/oder Spaltenprozentuierung angefordert werden. Über Absolutzahlen allein sind Variablenzusammenhänge nur dann (gut) interpretierbar, wenn die Vergleichsgruppen idente Fallzahlen aufweisen.

Als Ergebnis bietet der Viewer zunächst eine Übersicht (nicht in der Abbildung dargestellt), ob und wie viele Datensätze mit fehlenden Werten NICHT in die Kreuztabelle einfließen konnten: Sobald ein Datensatz bei einer der beiden Variablen einen fehlenden Wert aufweist, gelangt dieser Datensatz nicht in die Auswertung. Bei der Interpretation ist es deshalb sehr wichtig, darauf zu achten: Enthält die Tabelle alle Fälle oder fehlen ihr Datensätze – und wenn ja, wie viele? **Generalisierungen von Prozentwerten müssen IMMER im Hinblick auf die Menge und strukturelle Basis der fehlenden Werte erfolgen!**

Im Auswertungsbeispiel sind ALLE Datensätze in der Kreuztabelle enthalten. Darauf weist auch die vollständige Tabellenbasis aller verfügbaren Datensätze (❸ in Abbildung 76) hin.

Das gruppierte Balkendiagramm in Abbildung 75 zeigt den deutlichen Unterschied zwischen den beiden Vergleichsgruppen.

Während unter Nicht-Gerne-Lesenden das Verhältnis Fachbuch-Lesender zu Nicht-Lesenden nur rund 1 : 7 (❸) ausmacht, sind es in der Gruppe der Gerne-Lesenden mehr als 2 : 1 (❹). Fachbuch-Lesende treten also unter Gerne-Lesenden anteilig VIEL häufiger auf.

Eine auf die erste Hypothese (vgl. Seite 24) bezogene Annahme könnte lauten:

Personen, die generell gerne lesen, haben in den letzten 12 Monaten eher ein Fachbuch gelesen als Personen, die NICHT gerne lesen. Oder: Der Anteil an Fachbuchlesenden der letzten 12 Monate ist unter jenen größer, die generell gerne lesen. Oder umgekehrt: Der Anteil generell gerne Lesender ist unter Fachbuch lesenden Personen der letzten 12 Monate größer.

Kreuztabellen müssen immer aus einem sinnvollen Zusammenhang heraus interpretiert werden – sie besitzen keine „Richtung".

Die soeben angeführte Annahme könnte rein mathematisch – ohne Berücksichtigung inhaltlich sinnvoller Zusammenhänge – umgangssprachlich nicht nur lauten: Gerne lesen hat Einfluss auf Fachbuch lesen, sondern genauso gut (und damit inhaltlich wahrscheinlich weniger sinnvoll): Fachbuch lesen führt dazu, gerne zu lesen.

Kreuztabelle: Starker Variablenzusammenhang

Analysieren ➥ Deskriptive Statistiken ➥ Kreuztabellen...

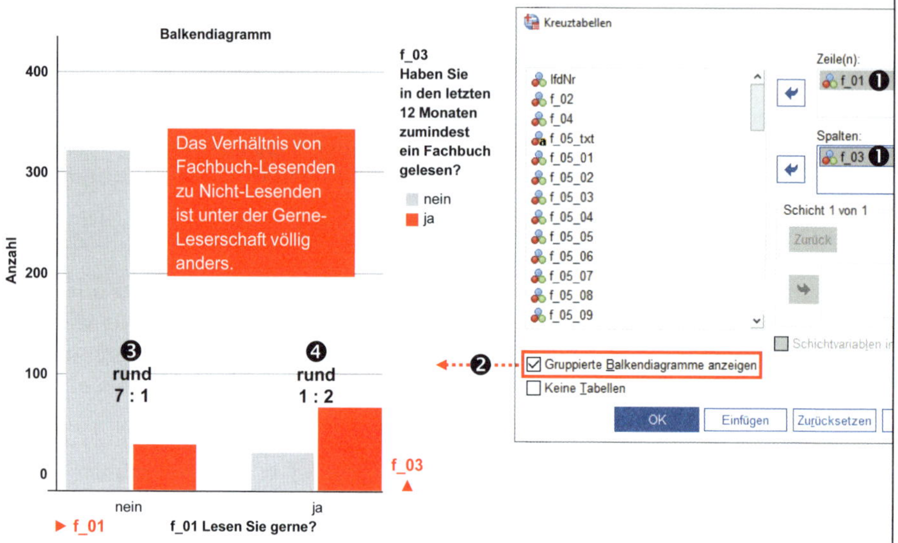

Abbildung 75: Kreuztabelle: Starker Variablenzusammenhang I

Kreuztabelle: Starker Variablenzusammenhang

Analysieren ➥ Deskriptive Statistiken ➥ Kreuztabellen...

▶ zur Analyse von Zusammenhängen zwischen nominalen bzw. ordinalen Variablen mit „überschaubarer“ Anzahl an Ausprägungen

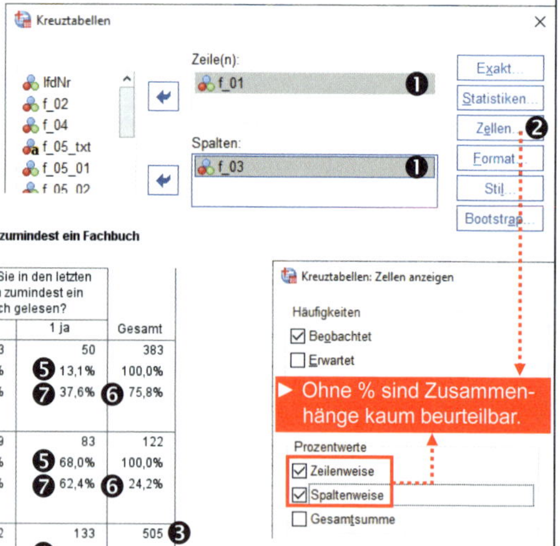

f_01 Lesen Sie gerne? * f_03 Haben Sie in den letzten 12 Monaten zumindest ein Fachbuch gelesen? Kreuztabelle

			f_03 Haben Sie in den letzten 12 Monaten zumindest ein Fachbuch gelesen? 0 nein	1 ja	Gesamt
f_01 Lesen Sie gerne?	0 nein	Anzahl	333	50	383
		% von f_01 Lesen Sie gerne?	86,9%	❺ 13,1%	100,0%
		% von f_03 Haben Sie in den letzten 12 Monaten zumindest ein Fachbuch gelesen?	89,5%	❼ 37,6%	❻ 75,8%
	1 ja	Anzahl	39	83	122
		% von f_01 Lesen Sie gerne?	32,0%	❺ 68,0%	100,0%
		% von f_03 Haben Sie in den letzten 12 Monaten zumindest ein Fachbuch gelesen?	10,5%	❼ 62,4%	❻ 24,2%
Gesamt		Anzahl	372	133	505 ❸
		% von f_01 Lesen Sie gerne?	❹ 73,7%	❹ 26,3%	100,0%
		% von f_03 Haben Sie in den letzten 12 Monaten zumindest ein Fachbuch gelesen?	100,0%	100,0%	100,0%

Abbildung 76: Kreuztabelle: Starker Variablenzusammenhang II

Je nach inhaltlicher Sinnhaftigkeit (bzw. persönlicher Präferenz) können Kreuztabellen über die **Zeilen- oder** die **Spaltenprozentuierung** (vgl. dazu auch Abbildung 26 auf Seite 69) analysiert werden.

*Eine Interpretation über **Zeilenprozent** beginnt am besten in der letzten Gesamtzeile (❹ in Abbildung 76 auf Seite 154): INSGESAMT stehen rund einem Viertel (26%) Fachbuchlesenden etwa drei Viertel (74%) Nicht-Lesende gegenüber. Bei Betrachtung der Gruppen der Nicht-Gerne-Lesenden und Gerne-Lesenden in den darüberstehenden Zeilen wird rasch deren deutlicher Unterschied erkennbar: Während der Prozentanteil Fachbuchlesender unter NICHT-Gerne-Lesenden nur rund 13% beträgt, sind es bei den Gerne-Lesenden 68%, die angeben, in den letzten 12 Monaten ein Fachbuch gelesen zu haben (❺).*

*Ähnlich eindeutige Zahlen liefert die **Spaltenprozentuierung**. Wieder beginnt die Interpretation in der Gesamtspalte: Rund drei Viertel (76%) aller Befragten lesen NICHT gerne, ein Viertel (24%) gerne (❻). In den Spalten daneben finden sich die Werte der Fachbuchlesenden der letzten 12 Monate und jener, die angeben, kein Fachbuch gelesen zu haben. Ein Blick in die Spalte der Fachbuchlesenden zeigt: Dem Gesamtprozentsatz von 24% Gerne-Lesenden stehen 62% (!) Gerne-Lesende unter den Fachbuchlesenden gegenüber (❼).*

Die Datenlage ist somit klar und eindeutig: „Gerne lesen" und „Fachbuch lesen" besitzt offenbar einen sehr starken Zusammenhang.

Als kontrastierendes Gegenbeispiel zeigt Abbildung 77 abschließend eine Datenlage aus den BUCHdaten OHNE nennenswerten Variablenzusammenhang.

Kreuztabelle: Kein Variablenzusammenhang

Analysieren ➥ Deskriptive Statistiken ➥ Kreuztabellen...

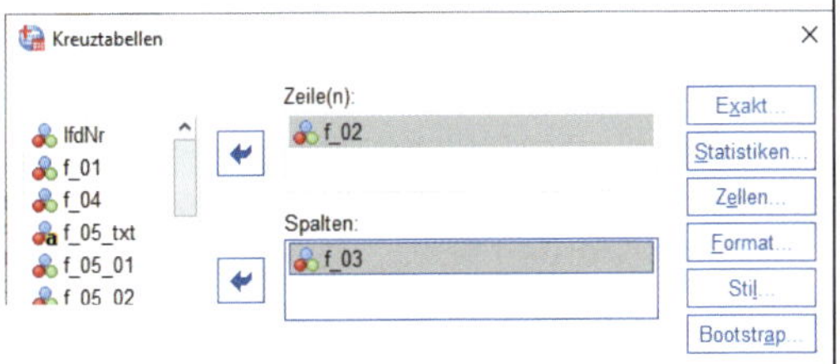

f_02 Haben Sie in den letzten 12 Monaten zumindest einen Roman gelesen? * f_03 Haben Sie in den letzten 12 Monaten zumindest ein Fachbuch gelesen? Kreuztabelle

			f_03 Haben Sie in den letzten 12 Monaten zumindest ein Fachbuch gelesen? 0 nein	1 ja	Gesamt
f_02 Haben Sie in den letzten 12 Monaten zumindest einen Roman gelesen?	0 nein	Anzahl	159	48	207
		% von f_02 Haben Sie in den letzten 12 Monaten zumindest einen Roman gelesen?	❶ 76,8%	❷ 23,2%	100,0%
		% von f_03 Haben Sie in den letzten 12 Monaten zumindest ein Fachbuch gelesen?	42,7% ❸	36,1% ❸	41,0% ❸
	1 ja	Anzahl	213	85	298
		% von f_02 Haben Sie in den letzten 12 Monaten zumindest einen Roman gelesen?	❶ 71,5%	❷ 28,5%	100,0%
		% von f_03 Haben Sie in den letzten 12 Monaten zumindest ein Fachbuch gelesen?	57,3% ❹	63,9% ❹	59,0% ❹
Gesamt		Anzahl	372	133	505
		% von f_02 Haben Sie in den letzten 12 Monaten zumindest einen Roman gelesen?	❶ 73,7%	❷ 26,3%	100,0%
		% von f_03 Haben Sie in den letzten 12 Monaten zumindest ein Fachbuch gelesen?	100,0%	100,0%	100,0%

Abbildung 77: Kreuztabelle: Kein Variablenzusammenhang

*Sowohl aus Sicht der Zeilen- (❶, ❷) als auch aus Sicht der Spaltenprozentuierung (❸, ❹) gibt es in der Kreuztabelle ähnliche Prozentwerte: Personen, die laut Frage 2 in den letzten 12 Monaten einen Roman gelesen haben, und jene, die das nicht getan haben (**f_02**), unterscheiden sich kaum in Bezug auf „Fachbuchlesen in den letzten 12 Monaten" (**f_03**). Es gibt hier offensichtlich keinen nennenswerten Variablenzusammenhang.*

6.5.3.2 | Schließende Analyse bei Kreuztabellen

Signifikanzprüfungen von Prozentunterschieden von nominalen (und ordinalen) Variablen werden mittels **Chi²-Test** durchgeführt. Der Test kann in SPSS sehr einfach in einem Sub-Dialogfeld der Kreuztabellen (unter **Statistiken...**, vgl. ❷ in Abbildung 78 auf Seite 157) angefordert werden.

Die Grundsätze des Chi²-Tests werden in Kapitel 5.2.4 ab Seite 96 erläutert.[71] Dort wird auch der „händische" Abgleich eines aus den eigenen Daten errechneten empirischen Chi²-Werts mit auf unterschiedlichen Signifikanzniveaus kritischen Chi²-Werten einer Teststatistik beschrieben. Diesen Abgleich führt SPSS automatisch durch und liefert als Ergebnis des Tests einen p-Wert (vgl. Kapitel 5.2.1.5 ab Seite 87).

Das vorige Beispiel aus den BUCHdaten soll die Vorgehensweise demonstrieren.

*Noch einmal gelangen wie in Kapitel 6.5.3.1 ab Seite 152 die beiden Variablen **f_01** („Lesen Sie gerne?") und **f_03** („Haben Sie in den letzten 12 Monaten zumindest ein Fachbuch gelesen?") in die nähere Betrachtung. Dort hatte sich ja bereits gezeigt: Gerne lesen und Fachbuch lesen besitzt laut BUCHdaten einen sehr starken Zusammenhang: Jene, die generell gerne lesen, haben zu einem viel größeren Anteil in den letzten 12 Monaten ein Fachbuch gelesen als jene, die nicht gerne lesen.*

Die Ideen hinter Signifikanzprüfungen (und Hypothesenprüfungen) finden sich in Kapitel 5.2 ab Seite 81. Bei Signifikanzprüfungen ist es notwendig, zusätzlich zu inhaltlichen Hypothesen auch statistische Hypothesen aufzustellen: Null- und Alternativhypothese. Beispiele konkreter Hypothesenformulierungen werden in Kapitel 5.2.1.3 ab Seite 84 angeführt. Bezogen auf die Variablen **f_01** und **f_03** müssen **bereits IM VORFELD der Erhebung** folgende Hypothesen aufgestellt worden sein:

***Inhaltliche Hypothese:** Wenn Personen gerne lesen, dann unterscheiden sie sich in ihrem Fachbuchkonsum von anderen Personen.*

Diese Hypothese ist UNgerichtet formuliert – SPSS führt in der Regel ZWEIseitige Signifikanzprüfungen durch (vgl. Kapitel 5.2.1.6 ab Seite 89). Die zu dieser Hypothese (ungerichteten) STATISTISCHEN Hypothesen – Null- und Alternativhypothese – könnten folgendermaßen lauten:

---

[71] Das Testverfahren arbeitet mit dem Vergleich zwischen den beobachteten und erwarteten Werten einer Kreuztabelle (vgl. ab Seite 69 im Kapitel 5.1.5 ab Seite 67). Diese können in SPSS im Submenü **Zellen...** des Kreuztabellen-Dialogs angefordert werden. Erwartete Werte gehen immer davon aus, dass sich eine Verteilung einheitlich durch einen gesamten Datenstand zieht und Untergruppen dieselbe Verteilung wie die Gesamtdaten aufweisen. Die erwarteten Werte „erwarten" also KEINE Gruppenunterschiede. Zwei Variablen gelten deshalb umso MEHR als voneinander abhängig, je stärker die beobachteten Häufigkeiten von den erwarteten abweichen: Je stärker dies der Fall ist, desto größer wird der Chi²-Wert, desto signifikanter wird das Ergebnis.

Kreuztabellen: Chi²-Test

Analysieren ➥ Deskriptive Statistiken ➥ Kreuztabellen ➥ Statistiken…

▶ statistische Prüfung auf die Signifikanz nominaler oder ordinaler Variablenzusammenhänge

❸ Ergebnis ist ein Prozentwert („p-Wert"), der die Wahrscheinlichkeit dieses Ergebnisses unter der Annahme „die Nullhypothese gilt" ausdrückt

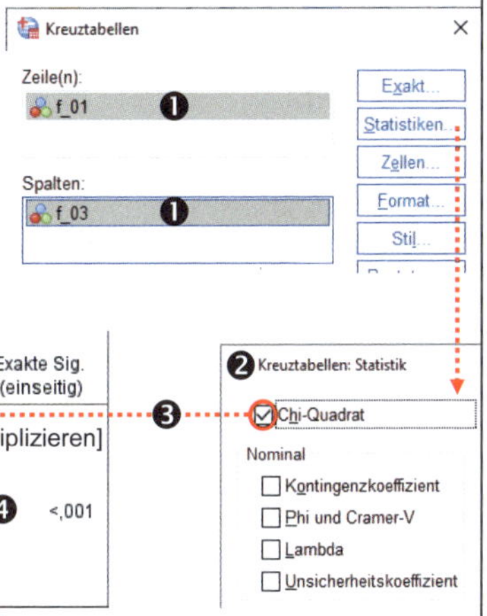

	Wert	df	Asymptotische Signifikanz (zweiseitig)	Exakte Sig. (zweiseitig)	Exakte Sig. (einseitig)
Pearson-Chi-Quadrat	144,156[a]	1	<,001 ❸ [mit 100 multiplizieren]		
Kontinuitätskorrektur[b] ❺	141,336	1	<,001		
Likelihood-Quotient	132,649	1	<,001		
Exakter Test nach Fisher				<,001 ❹	<,001
Zusammenhang linear-mit-linear	143,870	1	<,001		
Anzahl der gültigen Fälle	505				

▶ **Die Nullhypothese muss verworfen werden. Die Alternativhypothese wird (vorläufig) akzeptiert.**

Ein Ergebnis wie dieses wäre zu 100% unwahrscheinlich, sollte real die Nullhypothese („kein Unterschied") gelten.

Abbildung 78: Kreuztabellen: Chi²-Test

Statistische Nullhypothese H_0: *Der Prozentanteil von Personen mit Fachbuchkonsum ist unter jenen, die gerne lesen, gleich groß (ähnlich) wie unter jenen, die nicht gerne lesen.*

Statistische Alternativhypothese H_1 *bzw.* ***H_A****: Der Prozentanteil von Personen mit Fachbuchkonsum ist unter jenen, die gerne lesen, anders als unter jenen, die nicht gerne lesen.*

Die **Nullhypothese** geht also davon aus, dass Menschen, die gerne lesen, und jene, die nicht gerne lesen, zu (etwa) identen Anteilen ein Fachbuch gelesen haben. Zwischen ihnen besteht KEIN wirklicher Unterschied in der Grundgesamtheit.

Die **Alternativhypothese** verfolgt konträr zur Nullhypothese die Annahme, dass in der Grundgesamtheit ein TATSÄCHLICHER Unterschied zwischen Menschen besteht, die gerne lesen oder nicht, was ihren Fachbuchkonsum anbelangt. Egal, welche Stichprobe der Zufall ergibt: In jeder (oder fast jeder) Zufallsstichprobe (die unendlich oft aus der Grundgesamtheit gezogen werden könnte) würde ein Unterschied wie der vorliegende auftreten. **Die Alternativhypothese ist** damit **das logische Gegenteil der Nullhypothese.**

Die Signifikanzprüfung stellt nun die Frage: „Wie groß ist die Wahrscheinlichkeit, einen vorhandenen oder noch stärkeren Ergebnisunterschied wie den (in der Kreuztabelle) ausgewiesenen (vgl. Abbildung 76 auf Seite 154) zu erhalten – unter der Annahme, die Nullhypothese würde gelten?"

Also: Wie groß ist die Wahrscheinlichkeit für ein Kreuztabellenergebnis wie das vorhandene, wenn angenommen wird, dass sich Personen bezüglich ihres Fachbuchkonsums ähnlich bzw. ident verhalten, egal, ob sie gerne lesen oder nicht?

Im Beispiel hat aufgrund des p-Werts – der p-Wert ist mit 100 zu multiplizieren und bedeutet dann: 0 Prozent (❸) – ein derartiges Ergebnis unter Nullhypothesenannahme eine Wahrscheinlichkeit von 0%: Die Nullhypothese muss verworfen werden, die Alternativhypothese wird (vorläufig) akzeptiert. Mit 0% Wahrscheinlichkeit würde ein Unterschied wie der beobachtete in einer Stichprobe auftreten, wenn sich die beiden Vergleichsgruppen nicht unterscheiden würden. Also UNTERSCHEIDEN sie sich wohl in der Realität doch.

Personen, die gerne lesen, haben zu einem signifikant anderen Prozentsatz in den letzten 12 Monaten ein Fachbuch gelesen als Personen, die nicht gerne lesen.

Der Prozentsatz gerne Lesender ist HÖHER – das haben die deskriptiven Gruppenvergleiche im vorigen Kapitel gezeigt.

Eine wissenschaftliche Ergebnisformulierung könnte lauten:

Der Chi²-Test – χ^2 (1, n = 505) = 144,156, p < 0,001[72] – zeigt einen höchst signifikanten Zusammenhang zwischen Leseaffinität und Fachbuchkonsum.

Wie bereits auf Seite 69 im Kapitel 5.1.5 ab Seite 67 angeführt, besitzen Kreuztabellen keine Richtung. Wichtig ist die inhaltliche Sinnhaftigkeit der Interpretation!

Beschrieben werden kann, wie viele Fachbuchlesende sich unter Gerne-Lesenden befinden. Genauso gut ist aber auch ablesbar, wie viele Gerne-Lesende sich unter Fachbuchlesenden befinden. Mit anderen Worten: Führt gerne Lesen eher zu Fachbuchkonsum? Oder führt umgekehrt Fachbuchkonsum dazu, überhaupt gerne zu lesen?

Abschließend sollen noch ein paar **Voraussetzungen bzw. Einschränkungen von Chi²-Tests** nicht unerwähnt bleiben:

- Der Chi²-Wert sagt nichts über die STÄRKE eines Zusammenhangs aus.

  Dazu dienen Zusammenhangsmaße wie z.B. Cramérs V (vgl. Seite 71 im Kapitel 5.1.5 ab Seite 67).

- UNabhängige Stichproben(teile):[73]

  Der Chi2-Test ist nur sinnvoll interpretierbar, wenn die zu vergleichenden Prozentanteile von verschiedenen Datensatz- bzw. Personengruppen stammen (= unabhängige Prozentwerte) und nicht Anteilswerte derselben Datensätze (= abhängige Prozentwerte) miteinander verglichen werden.

[72] Die Angabe des **χ^2-Werts** dient zur Bezifferung der Größe des Variablenzusammenhangs: je größer der χ^2-Wert, desto stärker der Zusammenhang. Die erste Zahl in der Klammer bezeichnet die **Freiheitsgrade** (**df** = degrees of freedom). Diese kennzeichnen, aus wie vielen Zellen die jeweilige Kreuztabelle besteht (df = Zahl der Zeilen minus 1 • Zahl der Spalten minus 1). Sie geben damit einen wichtigen Hinweis auf die Komplexität des Variablenzusammenhangs: Je mehr Zellen (und df) eine Kreuztabelle enthält, desto schwieriger wird die Interpretation des Variablenzusammenhangs. Danach wird noch innerhalb der Klammer die Stichprobengröße ***n*** (n kursiv gesetzt) angeführt. Der ***p***-Wert (p kursiv gesetzt; wenn p = 0,000, dann geschrieben als p < 0,001) vervollständigt die Ergebnisdarstellung und bezeichnet die Wahrscheinlichkeit dieses oder eines noch stärkeren Ergebnisses unter Annahme der H_0.

[73] Für abhängige Stichproben (Vergleich der Anteilswerte derselben Datensätze bzw. Personen) kann für Tabellen mit zwei Zeilen und zwei Spalten im **Statistik...**-Sub-Dialogfeld der Kreuztabellen ein spezieller Test – der **McNemar**-Test – angefordert werden.

*Also z.B. NICHT ein Vergleich, ob alle (= dieselben) Personen eher ein Fachbuch (**f_03**, „Haben Sie in den letzten 12 Monaten zumindest ein Fachbuch gelesen?") oder einen Roman (**f_02**, „Haben Sie in den letzten 12 Monaten zumindest ein Fachbuch gelesen?") gelesen haben: Das entspräche bei beiden Fragen dem Anteil der „ja"-Antworten ALLER Befragten. Sondern, ob z.B. Personen, die angeben, gerne zu lesen (**f_01**, „Lesen Sie gerne?", Antwort „ja"), eher ein Fachbuch gelesen haben (**f_03**, „ja") als ANDERE Personen, die angeben, NICHT gerne zu lesen (**f_01**, Antwort „nein")?*

- Keine zu geringe Anzahl erwarteter Häufigkeiten (vgl. Seite 69 im Kapitel 5.1.5 ab Seite 67):

  Alle erwarteten Häufigkeiten müssen größer als 0 sein. Nicht mehr als 20% der erwarteten Häufigkeiten dürfen kleiner als 5 sein. Bei Tabellen mit zwei Zeilen und zwei Spalten sollte KEINE erwartete Zellhäufigkeit kleiner als 5 sein.

  Sind diese Bedingungen nicht erfüllt, ist bei Tabellen mit zwei Zeilen und zwei Spalten Fishers exakter Test anwendbar (❹ in Abbildung 78 auf Seite 157). Bei größeren Kreuztabellen (mehr als zwei Zeilen und zwei Spalten) empfiehlt es sich, Variablenausprägungen in Gruppen zusammenzufassen (vgl. Kapitel 6.4.1 ab Seite 133) oder mehr Daten zu erheben und damit eine größere Stichprobe zu erreichen.

- Keine generell zu kleine Stichprobe:

  Die Berechnung eines Chi^2-Tests ist nur dann sinnvoll, wenn sich die gesamte Kreuztabelle auf mehr als 20 Datensätze bezieht.

  Bei Tabellen mit zwei Zeilen und zwei Spalten kann dem SPSS-Ergebnis bei 20 bis 50 Datensätzen aber ein automatisch berechneter „kontinuitätskorrigierter" p-Wert entnommen werden (❺ in Abbildung 78 auf Seite 157). Bei weniger als 20 Fällen ist bei Zwei-Mal-zwei-Tabellen wieder Fishers exakter Test anwendbar (❹ in Abbildung 78).

6.5.4 | (Quasi-)Metrisch neben (quasi-)metrisch ODER (quasi-)metrisch nach nominal (ordinal): Mittelwertsvergleich

► Das statistische Grundlagenwissen zu den folgenden Analyseschritten wurde bereits an anderer Stelle erläutert (vgl. Kapitel 5.1.6 ab Seite 71 (deskriptive Statistik) sowie Kapitel 5.2.5 ab Seite 99 (schließende Statistik).

6.5.4.1 | Deskriptive Analyse bei Mittelwertsvergleichen

In der Praxis sehr oft notwendig ist die Auswertung metrischer Variablen bzw. quasimetrischer Skalenitems im Vergleich zueinander. Auch die Analyse metrischer Variablen bzw. quasimetrischer Skalenitems nach nominalen bzw. ordinalen Untergruppen ist sehr verbreitet. Dabei gelangen meist **Mittelwertsvergleiche** zur Anwendung.

Dabei werden – noch ohne statistische Signifikanztests – durchschnittliche (Beurteilungs-)Unterschiede zwischen Variablen derselben Datensätze (bzw. Personen) ODER anderer Datensätze (= Datensatz- oder Personengruppen) miteinander verglichen. Im ersteren Fall sind die Vergleiche solche verbundener (abhängiger, gepaarter) (Teil-)Stichproben bzw. Datensätze, im zweiten Fall unabhängiger (Teil-)Stichproben (vgl. dazu auch die wiederholten Ausführungen auf Seite 72 im Kapitel 5.1.6 sowie rund um Abbildung 35 auf Seite 96 und Abbildung 37 auf Seite 99).

SPSS stellt hier mit **Analysieren ↪ Mittelwerte und Proportionen vergleichen ↪ Mittelwerte...** ein einfaches Mittelwerts-Vergleichsverfahren zur Verfügung.

*Geprüft werden soll beispielhaft, ob sich die einzelnen Mittelwerte der Itemliste von Frage 6 der BUCHdaten (**f_06_1** bis **f_06_9**, „Wie muss ein ideales Fachbuch für Sie beschaffen sein? Urteilen Sie bitte zwischen 1 = ‚sehr wichtig' und 5 = ‚gar nicht wichtig'") voneinander unterscheiden (= Vergleich abhängiger Datensätze). Im zweiten Schritt soll zusätzlich ein möglicher Einfluss des bevorzugten Kauforts laut Frage 4 (**f_04**, „Kaufen Sie Bücher lieber in einer Buchhandlung oder im Versandhandel?") auf die einzelnen Eigenschaften untersucht werden (= Vergleich unabhängiger Datensätze).*

- Nach Klick auf **Analysieren ↪ Mittelwerte und Proportionen vergleichen ↪ Mittelwerte...** (vgl. Abbildung 79) werden die 9 Items der Frage 6 f_06_1 bis f_06_9 (1) in die Variablenauswahl gezogen. Die **Unabhängige Variable** ist f_04 (2).
- Neben Mittelwert, Standardabweichung und Fallzahl jedes Items können über das Submenü **Optionen...** weitere statistische Maßzahlen angefordert werden (3).

Der Ergebnisoutput zeigt eine tabellarische Gegenüberstellung der ausgewählten statistischen Maßzahlen, getrennt nach den beiden Untergruppen (4) und insgesamt, für den gesamten Datenstand (5).

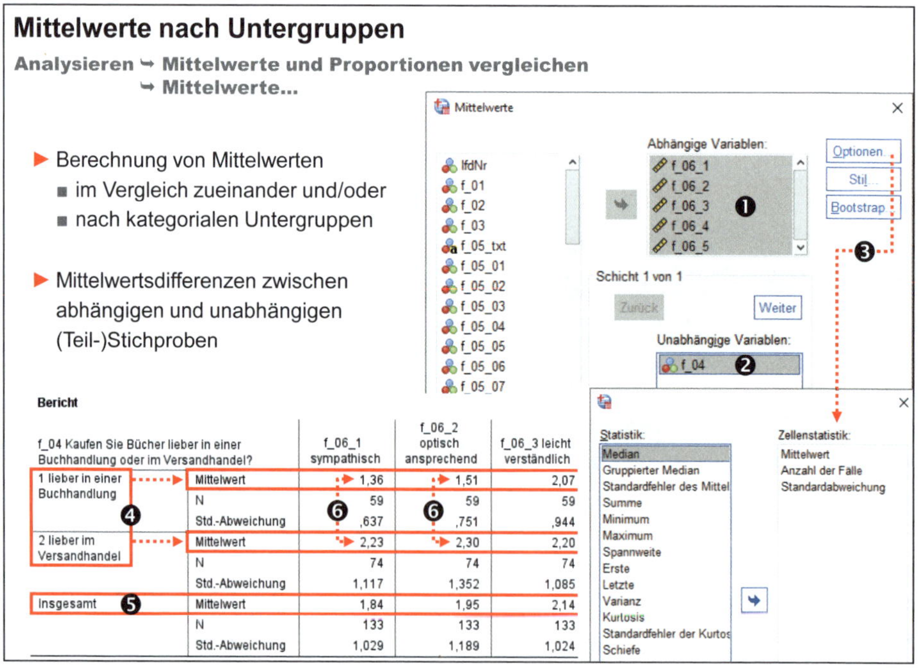

f_04 Kaufen Sie Bücher lieber in einer Buchhandlung oder im Versandhandel?		f_06_1 sympathisch	f_06_2 optisch ansprechend	f_06_3 leicht verständlich
1 lieber in einer Buchhandlung (4)	Mittelwert	1,36	1,51	2,07
	N	59	59	59
	Std.-Abweichung	,637	,751	,944
2 lieber im Versandhandel	Mittelwert	2,23	2,30	2,20
	N	74	74	74
	Std.-Abweichung	1,117	1,352	1,085
Insgesamt (5)	Mittelwert	1,84	1,95	2,14
	N	133	133	133
	Std.-Abweichung	1,029	1,189	1,024

Abbildung 79: Mittelwerte nach Untergruppen

Im in Abbildung 79 auf Seite 160 *dargestellten Tabellenauszug (mit den ersten drei Skalenvariablen) ist der starke Mittelwertsunterschied zwischen den beiden Vergleichsgruppen bei den Variablen* **f_06_1** *(„sympathisch") und* **f_06_2** *(„optisch ansprechend") ersichtlich (❻): Buchhandelaffine legen offensichtlich deutlich größeren Wert auf Sympathie und optisches Erscheinungsbild. Das zeigt der wesentlich kleinere Mittelwert.*

Ein weiteres Verfahren, das SPSS für abhängige und unabhängige Mittelwertsvergleiche bereitstellt, ist die **explorative Datenanalyse**. Diese Routine (**Analysieren ➥ Deskriptive Statistiken ➥ Explorative Datenanalyse...**) gelangte hier im Buch bereits bei der Auswertung einzelner metrischer Variablen zur Anwendung (vgl. die Erläuterungen rund um Abbildung 74 auf Seite 151). An dieser Stelle neu ist jetzt der mögliche Ergebnis-Split nach kategorialen Datensatz-Untergruppen – ein unabhängiger (Teil-)Stichprobenvergleich.

Dazu ist es lediglich erforderlich, in der **Faktorenliste** (❶ in Abbildung 80) eine zusätzliche Variable einzutragen, nach deren kategorialen Untergruppen die Mittelwerte (und andere statistische Maßzahlen) berechnet werden sollen.

Diesmal erfolgt die Ergebnisdarstellung getrennt nach den Analysegruppen (❶). Wie bei der Variableneinzelauswertung liefert der in Abbildung 80 skizzierte Output neben der Information, aus wie viele Fällen sich die Mittelwerte der Vergleichsgruppen zusammensetzen, eine größere Anzahl gebräuchlicher metrischen Maßzahlen und die Möglichkeit, Ausreißer zu erkennen.

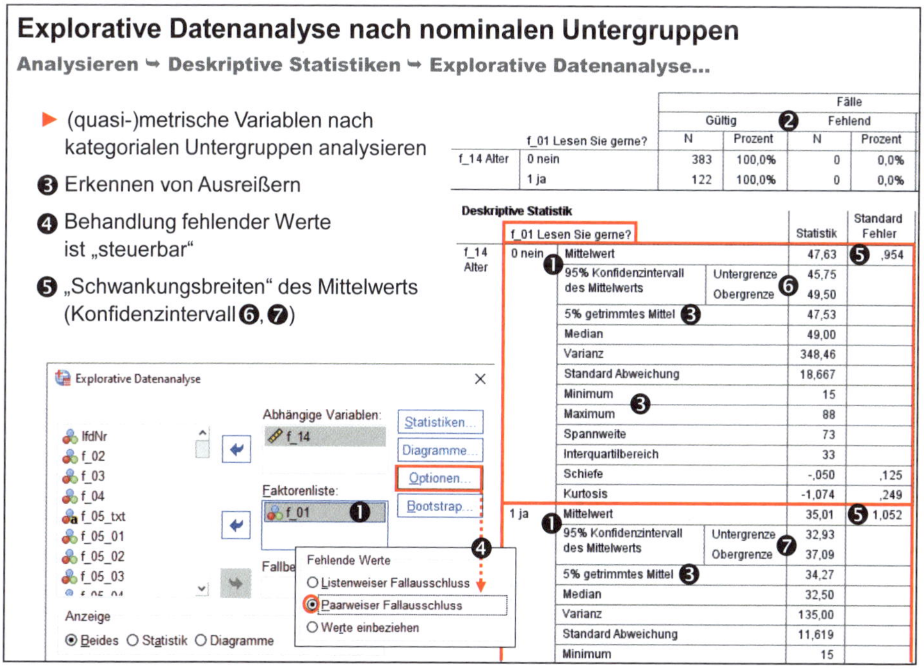

Abbildung 80: Explorative Datenanalyse nach nominalen Untergruppen

*Der Mittelwert der Variablen Alter (**f_14**) der BUCHdaten wird nun nach jenen Personen gesplittet, die Frage 1 „Lesen Sie gerne?“ (**f_01**) bejahen oder nicht (❶ in Abbildung 80 auf Seite 161). In die Mittelwerte fließen alle Datensätze ein, es gibt keine fehlenden Werte (❷). Je Untergruppe werden zunächst einmal ALLE vorhandenen Werte gemittelt. Das Ergebnis: Jene, die nicht gerne lesen, sind im Schnitt 47,63 Jahre alt, die anderen 35,01. Gerne lesende Personen sind offensichtlich jünger als die nicht gerne lesenden.*

Das 5% getrimmte Mittel stellt wieder die Mittelwerte unter Ausschluss der 5% größten und 5% kleinsten Werte dar (❸).

Da auch die 5% getrimmten Mittelwerte der Untergruppen sehr nahe beim „richtigen“ Mittelwert liegen, gibt es offensichtlich keine nennenswerten Extremfälle.

Die Behandlung fehlender Werte (❹) sollte generell auf **Paarweiser Fallausschluss** gesetzt werden. Erfolgt hier der **Listenweise Fallausschluss**, wird jeder Datensatz aus der explorativen Datenanalyse genommen, wenn er bei auch nur EINER der im Dialogfeld zur Auswertung übergebenen Variablen einen fehlenden Wert aufweist.

*Im aktuellen Beispiel hat diese Festlegung keinen Effekt. **f_01** und **f_14** enthalten beide keine fehlenden Werte.*

❺, ❻ und ❼ in Abbildung 80 auf Seite 161 sind Themen der schließenden Statistik und werden im folgenden Kapitel näher beschrieben.

6.5.4.2 | Schließende Analyse bei Mittelwertsvergleichen

Signifikanzprüfungen von Mittelwertsunterschieden (quasi-)metrischer Variablen können über das **Konfidenzintervall des Mittelwerts** erfolgen.

Das **Mittelwert-Konfidenzintervall** weist SPSS z.B. mit seiner unteren und oberen Grenze (mit 95% Sicherheit) in der Ergebnisdarstellung des Dialogs **Analysieren ↳ Deskriptive Statistiken ↳ Explorative Datenanalyse...** standardmäßig aus.

Abbildung 80 auf Seite 161 zeigt unter ❺ den Standardfehler des Mittelwerts. Wird dieser mit 1,96 multipliziert, ergibt sich (für Zufallsstichproben) die „Schwankungsbreite“ des Mittelwerts am 95%-Niveau (vgl. Kapitel 5.2.3 ab Seite 95), die mit ihrer unteren und oberen Grenze angeführt ist (❻, ❼).

In der Stichprobe wurde für Personen, die gerne lesen, ein mittleres Alter von 35 Jahren ermittelt. In der dieser Stichprobe zugrundeliegenden Grundgesamtheit sind diese Personen mit einer Wahrscheinlichkeit von 95% zwischen 33 (32,93) und 37 (37,09) Jahre alt (❼).[74] Jene, die NICHT gerne lesen, sind in der Grundgesamtheit mit einer Wahrscheinlichkeit von 95% zwischen 45,8 (45,75) und 49,5 Jahre alt (❻).[75] Damit sind gerne Lesende laut diesen Daten signifikant jünger: Die größtmögliche Ausprägung des kleineren (37,09) und die kleinstmögliche des größeren Mittelwerts (45,75) überschneiden sich NICHT.

Grafisch visualisieren lassen sich Mittelwert-Konfidenzintervalle komfortabel über **Fehlerbalkendiagramme**. Abbildung 81 auf Seite 164 beschreibt das dazu erforderliche Vorgehen.

---

[74] 35,01 ± (1,052 • 1,96).

[75] 47,63 ± (0,954 • 1,96).

*Wie bereits beim deskriptiven Mittelwertsvergleich (vgl. Abbildung 79 auf Seite 160) wird aus den BUCHdaten analysiert, ob Personen, die Bücher lieber in einer Buchhandlung kaufen (**f_04**), andere Ansprüche an Fachbücher haben als Versandhandelbefürwortende. Frage 6 enthält dazu 9 Wichtigkeitskriterien für Fachbücher (**f_06_1** bis **f_06_9**), die zwischen 1 = „sehr wichtig" und 5 „gar nicht wichtig" beurteilt werden.*[76]

- Der entsprechende SPSS-Menübefehl lautet **Grafik ↪ Diagrammerstellung....**
- Ausgewählt werden **Balken** (❶ in Abbildung 81 auf Seite 164), danach muss das Icon mit den einfachen Fehlerbalken (❷) zur **Diagrammvorschau** gezogen werden.
- ZUERST wird die kategoriale Gruppierungsvariable (f_04) dem X-Achsen-Bereich zugewiesen (❸).
- DANACH müssen alle Variablen der Frage 6 (f_06_1 bis f_06_9) in der Variablenauswahl des Grafik-Dialogfelds mit **strg & Klick** markiert und dann gleichzeitig in das Auswahlfeld der Y-Achse gezogen werden (❹). Die gleichzeitige Auswertung mehrerer Variablen ist nur dann möglich, wenn diese metrisches Skalenniveau besitzen. Darauf weist das kleine Lineal neben dem Variablennamen hin.[77]
- Bei **Optionen...** sollte die Auswahl NICHT auf [...] **listenweise ausschließen** fallen, (❺), da ansonsten nur Datensätze ohne einen einzigen fehlenden Wert bei ALLEN im Dialogfeld befindlichen Variablen ins Diagramm einbezogen werden.
- Ein Klick auf **OK** startet die grafische Darstellung.

Im Fehlerbalkendiagramm stellt die runde Markierung in der Mitte jedes Balkens den Mittelwert des jeweiligen Items dar.[78] Die davon nach oben und unten führenden Striche zeigen jeweils das Konfidenzintervall des Mittelwerts. Überlappen die Striche einander, sind die Mittelwertsunterschiede nicht signifikant.

In der Abbildung veranschaulichen die ersten neun Fehlerbalken auf der linken Seite (①) die Ergebnisse jener Personen, die laut Frage 4 Bücher lieber in der Buchhandlung beziehen. Rechts daneben finden sich die neun Werte der Versandhandelkaufenden (②).

Ein Vergleich der jeweils neun Items INNERHALB von ① und ② findet jeweils zwischen **abhängigen (Teil-)Stichproben** statt, der Vergleich jedes einzelnen Items ZWISCHEN ① und ② stellt einen Vergleich zwischen **unabhängigen (Teil-)Stichproben** dar.

Viele Mittelwerte liegen (noch) in etwa auf Höhe des Skalenwerts 2. Nur vier Items stechen ins Auge: Der erste (❻), zweite (❼) und achte Fehlerbalken (❾) sind bei den Buchhandel-Kaufenden überlappungsfrei tiefer angesiedelt als bei den Versandhandel-Befürwortenden. Der sechste Balken (❽) ist SOWOHL in ① ALS AUCH ② signifikant niedriger.

Das bedeutet: Für alle Befragten ist vor allem „hoher persönlicher Nutzen" eine essentielle Eigenschaft – egal, ob sie Bücher lieber im stationären oder Versandhandel kaufen (❽). Buchhandel-Affinen sind hingegen die Faktoren „Sympathie" (❻), „Optik" (❼) und „übersichtliche Gestaltung" (❾) überzufällig wichtiger als jenen mit Versandhandel-Präferenz.

[76] Die genaue Formulierung der Items findet sich im BUCHdaten-Fragebogen (vgl. Abbildung 2 auf Seite 17).

[77] Befindet sich neben den Variablennamen im Dialogfeld ein anderes Symbol, erlaubt **rechter Mausklick** auf den oder die entsprechenden Variablennamen in einem Kontextmenü die notwendige Umstellung auf metrisch.

[78] Die runde Markierung entspricht der Höhe der Säulen in Abbildung 35 auf Seite 96 und Abbildung 37 auf Seite 99.

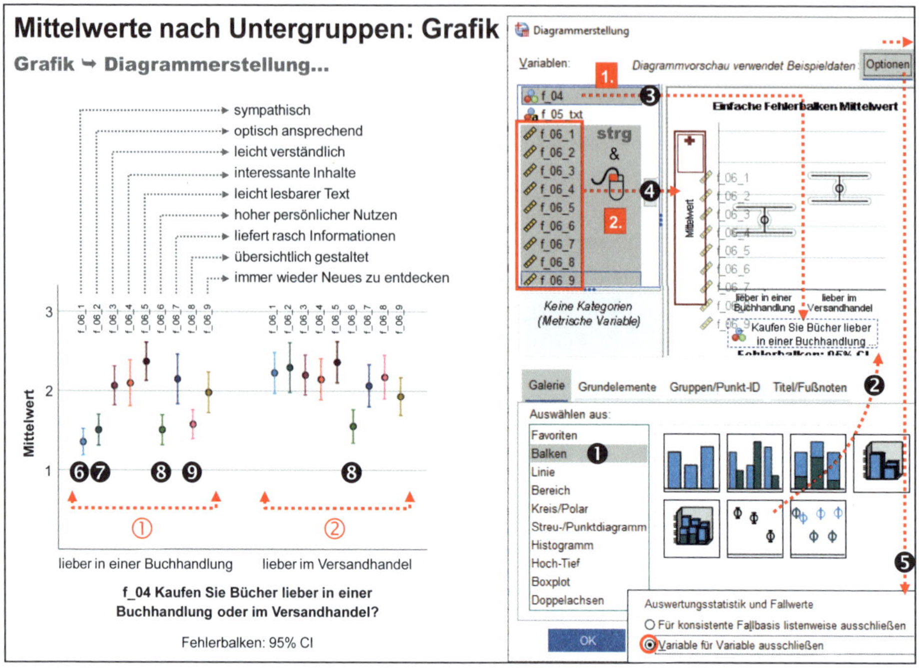

Abbildung 81: Mittelwerte nach Untergruppen: Grafik

Wie bei nominalen können auch bei (quasi-)metrischen Daten signifikante Variablenunterschiede neben Mittelwert-Konfidenzintervallen ebenso über p-Werte (vgl. Kapitel 5.2.1.5 ab Seite 87) analysiert werden:[79] Hypothesenprüfende **statistische Mittelwerts-Vergleichstests** unterteilen sich in **Parameterverfahren** und **parameterfreie Verfahren**.

6.5.4.3 | Parameterverfahren und parameterfreie Verfahren

Viele Statistiker:innen halten **Parameterverfahren** für „höherwertiger"[80]: Diese Tests **basieren auf Mittelwerten und Varianzen**, was auch Größenunterschiede von Mittelwerten beurteilbar macht. Sie sind jedoch nur unter gewissen **Voraussetzungen** anwendbar.

1. Die zu prüfenden Variablen müssen **intervall-** bzw. **rational skaliert** sein **oder** (quasi-metrische) **Ratingskalierung** (Zustimmungs- und Beurteilungsvariablen) aufweisen.
2. Die zu vergleichenden **Werte** (bei Teilgruppenvergleichen JEDER EINZELNEN Vergleichsgruppe) **sollten normalverteilt sein**. Eine diesbezügliche Prüfung erfolgt mit einem Normalverteilungstest (vgl. Kapitel 6.5.4.5 ab Seite 166).

[79] Was sind die zentralen Unterschiede zwischen p-Werten und Mittelwert-Konfidenzintervallen? Konfidenzintervalle besitzen jedes für sich eine Irrtumswahrscheinlichkeit, p-Werte nur einmal, pro Test. Konfidenzintervalle zeigen nicht nur signifikante Unterschiede auf, sondern auch Richtung und Größe von Ergebnisdifferenzen. p-Werte hingegen erlauben die schnelle Entscheidung, ob ein Unterschied als signifikant einzustufen ist oder nicht. p-Werte und Konfidenzintervalle ergänzen einander bei der Ergebnisbeurteilung (vgl. Hommel et al., 2009).

[80] Field (2018, S. 283) beschränkt diese Meinung auf Fälle fehlender Normalverteilung.

Verfahren für Mittelwertsvergleiche

Parameterverfahren

[1]	Stichproben (bzw. Variablen)	ABhängig = gepaart = verbunden	zwei	T-Test für ABhängige Stichproben	[1]
[2]			drei (und mehr)	Varianzanalyse mit Messwiederholung	[2]
[3]	Stichproben (bzw. Variablen	UNabhängig	zwei	T-Test für UNabhängige Stichproben	[3]
[4]			drei (und mehr)	Varianzanalyse (ANOVA)	[4]

parameterFREIE Verfahren

[5]	*Stichproben (bzw. Variablen)*	*ABhängig = gepaart = verbunden*	*zwei*	*Wilcoxon-Test*	*[5]*
[6]			*drei (und mehr)*	*Friedman-Test*	*[6]*
[7]	*Stichproben (bzw. Variablen*	*UNabhängig*	*zwei*	*U-Test*	*[7]*
[8]			*drei (und mehr)*	*Kruskal-Wallis-Test*	*[8]*

Abbildung 82: Verfahren für Mittelwertsvergleiche

Trifft eine der beiden Voraussetzungen NICHT zu, darf mit einem Parameterverfahren eigentlich nicht gerechnet werden.[81]

Als weitere Voraussetzung für Parameterverfahren findet sich sehr verbreitet der Hinweis auf die Notwendigkeit von **Varianzhomogenität** bzw. **Sphärizität**. Diese Anforderung ist nach Field (2018) aber als eher vernachlässigbar einzustufen.[82]

Als Ersatz für Parameterverfahren fungieren **parameterFREIE Verfahren**: Sie rechnen **auf der Basis von Rangplätzen**. Das macht sie zwar weniger anfällig für extreme Werte (vgl. Seite 63 im Kapitel 5.1.2). Allerdings fehlen dadurch die Informationen über die Größenordnung von Unterschieden (vgl. Field, 2018, S. 283).

Parameterfreie Verfahren haben außer der Forderung nach zumindest Ordinalskalierung **keine** weiteren **Voraussetzungen**. Sie sind immer anwendbar. Auch dann, wenn die Anforderungen an ein Parameterverfahren erfüllt wären.

[81] In der statistischen Literatur finden sich immer wieder Hinweise auf Simulationsstudien: Sie zeigen, dass fehlende Normalverteilung dennoch nicht unbedingt einen Hinderungsgrund für ein Parameterverfahren darstellen muss. Insbesondere bei großen Stichproben, in etwa gleich großen Vergleichsgruppen oder im Fall nicht allzu starker Abweichung von der Normalverteilung.

[82] **Varianzhomogenität** bedeutet Gleichheit der Varianzen der Vergleichsgruppen, **Sphärizität** Varianzgleichheit zwischen allen paarweisen Messwiederholungen. Dieser Umstand wird im Zuge der jeweiligen Parameter-Signifikanztests (vgl. Abbildung 82) direkt geprüft. Alle Verfahren in der Abbildung bieten in ihren Outputs aber auch korrigierende Ergebnisberechnungen für den Fall fehlender Varianzgleichheit an (vgl. die Abbildungen und Erläuterungen direkt bei den entsprechenden Tests). Damit ist diese „Anforderung" eigentlich keine mehr (vgl. Field, 2018, S. 259).

6.5.4.4 | Die Wahl des richtigen Testverfahrens

Wenn (wissenschaftlich) Forschende nur ungern mit parameterfreien Verfahren arbeiten, lehnen sie deren Berechnungslogik auf Basis von Rangplätzen ab. Auch bei Verletzung der Voraussetzungen wird das jeweilige Parameterverfahren und dessen dadurch geringere Teststärke in Kauf genommen: Der Test rechnet dann zwar etwas „genauer“ als der parameterfreie, dafür „irrt“ er sich leichter (vgl. Fields, 2018, S. 283). Welcher Weg hier beschritten wird, hängt wohl auch vom Verwendungszusammenhang der Testergebnisse ab. Studentische (und viele andere) Arbeiten wiederum orientieren sich stärker an den Ergebnissen der Voraussetzungsprüfung und wenden im Zweifelsfall das parameterfreie Verfahren an.

Bei größeren, deutlichen Mittelwertsunterschieden liefern den praktischen Erfahrungen des Autors nach BEIDE Verfahrensarten meist idente Signifikanzprüfungsergebnisse.

Ist die grundsätzliche Entscheidung pro oder contra Parameterverfahren gefallen, muss noch der „richtige“ Signifikanztest ausgewählt werden. Dieser hängt von der Art der Datenlage (wer oder was miteinander verglichen wird) ab: Je nach Anzahl der Vergleichsgruppen und Vergleich abhängiger oder unabhängiger (Teil-)Stichproben gibt es das passende Testverfahren. Der Unterschied zwischen abhängigen und unabhängigen Gruppenvergleichen wurde in diesem Buch bereits mehrmals beschrieben: zuletzt zu Beginn von Kapitel 6.5.4.1 ab Seite 159.

> ***Abhängig (gepaart, verbunden)*** *sind z.B. Wiederholungsmessungen (Messungen zu mehreren Zeitpunkten) bei denselben Personen.*
>
> *Bei einer Inhaltsanalyse wären Werte derselben Codiereinheiten als abhängig zu werten.*
>
> ***Unabhängig*** *ist z.B. ein Mittelwertsvergleich zwischen Personen bis 40 Jahre und älteren oder Versuchs- und Kontrollgruppe(n) bei einem Experiment.*
>
> *Bei Inhaltsanalysen wäre ein Vergleich von Messungen in zwei Medienarten unabhängig.*

Bei der Interpretation der Ergebnisse gelten dann dieselben Basisannahmen „hinter Signifikanzprüfungen“ wie bei Prozentwerten. Diese wurden bereits in Kapitel 5.2.1 ab Seite 81 eingehend erläutert.

Abbildung 82 auf Seite 165 gibt einen Überblick über mögliche Testverfahren. [1], [2], [3] und [4] sind Parameterverfahren, [5], [6], [7] und [8] parameterfreie. Die Auswahl des richtigen Signifikanztests hängt wie bereits oben erwähnt davon ab, ob die Werte abhängiger oder unabhängiger Stichproben(teile) miteinander verglichen werden und ob zwei oder mehr Vergleichsgruppen in die Analyse gelangen.

6.5.4.5 | Normalverteilungsprüfung

Im Zuge der Signifikanzberechnung von Mittelwertsunterschieden hat eine Normalverteilungsprüfung den Zweck, die Möglichkeiten für ein Parameterverfahren auszuloten.

Eine Normalverteilungsprüfung erfolgt am besten über den Menübefehl **Analysieren ↪ Deskriptive Statistik ↪ Explorative Datenanalyse…**. Soll der Mittelwertsvergleich zwischen unabhängigen Stichproben(teilen) erfolgen, muss die Normalverteilungsprüfung je Vergleichsgruppe erfolgen. Die Umsetzung in SPSS zeigt Abbildung 83 auf Seite 167.

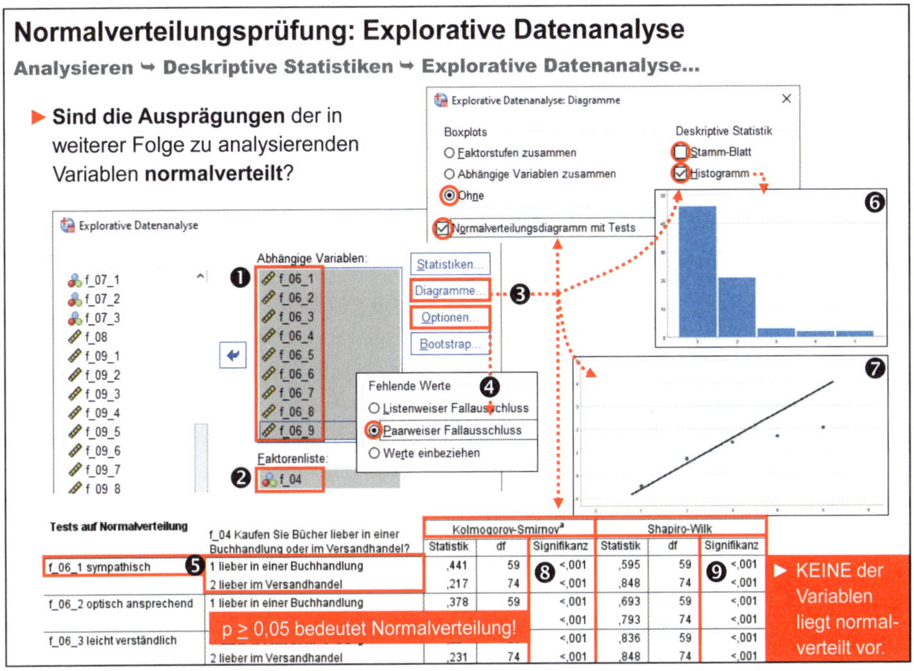

Abbildung 83: Normalverteilungsprüfung über Explorative Datenanalyse

Im Beispiel soll aus den BUCHdaten *geprüft werden, ob Personen, die Bücher lieber in einer Buchhandlung kaufen (Frage 4,* **f_04***), andere Ansprüche an Fachbücher haben (Itembatterie der Frage 6 mit insgesamt 9 Items zur Wichtigkeit von Fachbucheigenschaften,* **f_06_1** *bis* **f_06_9***) als Menschen, die Fachbücher lieber auf dem Versandweg beziehen.*

- Die auf Normalverteilung zu testenden Variablen werden unter **Abhängige Variablen:** eingetragen (❶). Der Datensplit nach **f_04** kommt in die **Faktorenliste:** (❷).
- Die eigentliche Überprüfung auf Normalverteilung muss im Subdialog **Diagramme...** durch Setzen eines Häkchens bei **Histogramm** und **Normalverteilungsdiagramm mit Tests...** angefordert werden (❸). Aus Übersichtsgründen sollen KEINE Boxplots und KEIN Stamm-Blatt ausgegeben werden.
- Unter **Optionen...** sollten die **Fehlenden Werte** unbedingt auf **Paarweiser Fallausschluss** gesetzt werden (❹, vgl. auch ❹ in Abbildung 80 und die dortigen Erläuterungen zu diesem Punkt).

Das Ergebnis zeigt – für jedes Item – getrennt nach den Vergleichsgruppen (❺) ein Histogramm (❻), ein sogenanntes „Q-Q-Diagramm" (❼) sowie die Ergebnisse von zwei verbreiteten Normalverteilungstests (❽, ❾).

Bei diesen Tests lautet die Nullhypothese: „Es liegt Normalverteilung vor." **Umgekehrt als bei Signifikanzberechnungen(!)** weist deshalb hier ein p-Wert größer gleich 0,05 (≥ 5%) auf Normalverteilung hin.

Das Beispiel zeigt: Weder in der Gruppe der Buchhandlungskaufenden noch in der Vergleichsgruppe ist ein einziger p-Wert größer bzw. gleich 0,05 (❽,❾): Normalverteilung liegt also nirgends vor.[83]

Die beiden ausgewiesenen Tests können je nach Datenlage unterschiedliche Ergebnisse liefern. Auch die Fallzahl beeinflusst das Prüfergebnis. Grundsätzlich rechnet der **Shapiro-Wilk-Test** (❾) „strenger" als der **Kolmogorov-Smirnov-Test** (❽). Dieser Test wird deshalb – wenn die p-Werte der Tests unterschiedlich zwischen 0 und 5% liegen bzw. bei kleinen Stichproben – oft bevorzugt.

Im Zweifelsfall empfiehlt sich auch die Interpretation der beiden Grafiken. Diese werden für jede Variable und jede Vergleichsgruppe extra ausgegeben. Nähern sich die Säulen eines **Histogramm**s (❻) an eine Gaußsche Normalverteilungskurve (④ in Abbildung 25 auf Seite 67) an, ist – trotz vielleicht anders lautender p-Werte (❽,❾) der Tests – von (zumindest annähernder) Normalverteilung auszugehen. Das kann bei großen Stichproben der Fall sein. Auch wenn die Punkte eines **Q-Q-Diagramm**s (❼) möglichst nah oder fast alle auf der schrägen Linie liegen, ist (annähernd) Normalverteilung wahrscheinlich. In derartigen Fällen kann überlegt werden, trotz nicht vollständig erfüllter Voraussetzungen ein Parameterverfahren zum Mittelwertsvergleich einzusetzen.

Im Beispiel in Abbildung 83 auf Seite 167 ist das NICHT der Fall: Auch die p-Werte und Diagramme weisen – in Übereinstimmung mit den Normalverteilungstests – auf fehlende Normalverteilung hin.

Die folgenden Kapitel demonstrieren der Reihe nach die in Abbildung 82 auf Seite 165 aufgelisteten Testverfahren anhand konkreter Datenbeispiele aus den BUCHdaten.

6.5.4.6 | T-Test für ABhängige Stichproben

Bei einem T-Test für abhängige Stichproben werden ZWEI Mittelwerte derselben Personen bzw. Datensätze miteinander verglichen.

Für jeden Datensatz liegen bei jeder der beiden Vergleichsvariablen Werte vor. Diese sind „gepaart", da die Vergleichswerte jeweils an derselben Person bzw. demselben Gegenstand erhoben wurden (und sich damit jeweils in denselben Datenzeilen befinden).

Abbildung 84 auf Seite 169 veranschaulicht den T-Test für ZWEI abhängige Stichproben anhand zweier aus der Itembatterie zur Frage 6 der BUCHdaten ausgewählter Variablen.

Frage 6 lautet: „Wie muss ein ideales Fachbuch für Sie beschaffen sein, damit Sie es gerne lesen?" Im Beispiel wird der Wichtigkeitsmittelwert von Item **f_06_1** *„muss mir sympathisch sein" dem Mittelwert von Item* **f_06_3** *„muss leicht verständlich sein" gegenübergestellt.*

[83] Da es für Parameterverfahren notwendig ist, dass die Variablen JEDER Teilgruppe normalverteilt vorliegen, ist bereits an dieser Stelle der Weg für ein parameterFREIES Verfahren vorgegeben. Dem Schema in Abbildung 82 auf Seite 165 folgend fällt die Wahl also auf den U-Test [7]: parameterfreier Vergleich der Werte zweier UNabhängiger Stichprobenteile (vgl. Kapitel 6.5.4.12 ab Seite 185). Der U-Test wäre im Beispiel neun Mal auszuführen – ein Mal für jedes Item.

[1] T-Test für 2 abhängige Stichproben

Analysieren ➥ Mittelwerte und Proportionen vergleichen ➥ t-Test bei Stichproben mit paarigen Werten...

▶ Unterscheiden sich die **ZWEI Mittelwerte derselben** Datensätze signifikant?

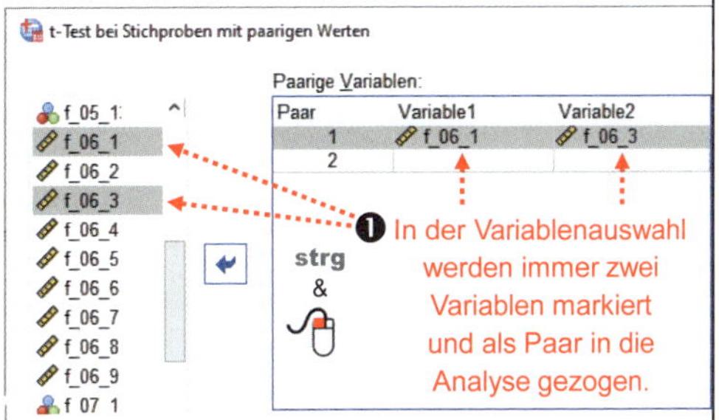

Statistik bei gepaarten Stichproben ❷

		Mittelwert	Standardabweichung
Paaren 1	f_06_1 sympathisch	1,84	1,029
	f_06_3 leicht verständlich	2,14	1,024

▶ Ideale Fachbücher müssen eher sympathisch als leicht verständlich sein.

Test bei gepaarten Stichproben

		Gepaarte Differenzen: Mittelwert	Standardabweichung	Standardfehler des Mittelwertes	95% Konfidenzintervall der Differenz: Unterer Wert	Oberer Wert	T	df	❸ Sig. (2-seitig)
Paaren 1	f_06_1 sympathisch - f_06_3 leicht verständlich	-,301	1,441	,125	-,548	-,054	-2,408	132	,017

▶ Die beiden Mittelwerte unterscheiden sich signifikant voneinander.

Abbildung 84: T-Test für 2 abhängige Stichproben

Da es sich beim T-Test um ein Parameterverfahren handelt, müssen die MesswertDIFFERENZEN der Testvariablen normalverteilt vorliegen: Mittelwertsdifferenzen lassen sich am besten in einer neuen Variable berechnen (vgl. Kapitel 6.4.2 ab Seite 137): **f_06_Differenz = f_06_3 – f_06_1**. Die Normalverteilungsprüfung von **f_06_Differenz** erfolgt dann wie in Kapitel 6.5.4.5 ab Seite 166 beschrieben.

Der Test ergibt, dass die Messwertdifferenzen der Variablen laut Shapiro-Wilk- und Kolmogorov-Smirnov-Test NICHT normalverteilt vorliegen. Histogramm und Q-Q-Diagramm lassen jedoch nur wenig Abweichung von der Normalverteilung erkennen.[84]

Deshalb und gemäß Fußnote 81 auf Seite 165 ist eine Anwendung des T-Tests durchaus vertretbar.

- Der Aufruf des Tests erfolgt über **Analysieren ➥ Mittelwerte und Proportionen vergleichen ➥ t-Test bei Stichproben mit paarigen Werten...**.
- In der Variablenauswahl müssen immer zwei zu vergleichende Variablen (**strg & Klick**) markiert und in die Auswahl gezogen werden (❶ in Abbildung 84).
- Ein Klick auf **OK** liefert im Output zunächst eine Deskriptivstatistik (❷).

Der Mittelwert von **f_06_3** *ist deutlich höher als der von* **f_06_1**.

- Die eigentliche Teststatistik zeigt ❸.

[84] Diese Prüfung wurde im Hintergrund durchgeführt. Hier angesprochen werden nur ihre Ergebnisse.

Der Mittelwertsunterschied ist signifikant. Ideale Fachbücher müssen eher sympathisch (= niedrigerer der beiden Mittelwerte) als leicht verständlich sein.

Achtung: Werden bipolare Items (wie z.B. in Frage 9 der BUCHdaten) verglichen, ist es erforderlich, vor dem Test eine **Richtungsbereinigung** eventuell umgekehrt gepolter Statements durchzuführen (vgl. Kapitel 6.4.1, die Erläuterungen rund um Abbildung 62 auf Seite 136). Ansonsten werden eventuell Mittelwertsunterschiede interpretiert, die lediglich in der umgekehrten Polung im Fragebogen begründet sind.

Eine wissenschaftliche Ergebnisformulierung könnte lauten:

Die Fachbuchanforderungen „sympathisch" und „leicht verständlich" wurden auf einer 5-stufigen Skala (1 = sehr wichtig; 5 = gar nicht wichtig) abgefragt und mittels gepaartem T-Test auf ihre Unterschiedlichkeit überprüft. Die Mittelwertsdifferenz zwischen Sympathie (M = 1,84, SD = 1,029) und leichter Verständlichkeit (M = 2,14, SD = 1,024) konnte als signifikant ($t(132) = 2{,}408$, $p = 0{,}017$)[85] nachgewiesen werden.

6.5.4.7 | Varianzanalyse mit Messwiederholung

Die Varianzanalyse mit Messwiederholung **(rmANOVA, repeated measures ANOVA)** vergleicht MEHR ALS ZWEI Mittelwerte derselben Personen bzw. Datensätze miteinander.

Für jeden Datensatz liegen bei jeder der Vergleichsvariablen Werte vor. Diese sind „gepaart", da die mehr als zwei Vergleichswerte jeweils an derselben Person bzw. demselben Gegenstand erhoben wurden (und sich damit jeweils in denselben Datenzeilen befinden).

Abbildung 85 auf Seite 171 veranschaulicht die Varianzanalyse mit Messwiederholung für MEHR ALS ZWEI abhängige Stichproben anhand aller 9 aus der Itembatterie zur Frage 6 der BUCHdaten ausgewählten Variablen.

Frage 6 lautet: „Wie muss ein ideales Fachbuch für Sie beschaffen sein, damit Sie es gerne lesen?" Die von 1 = „sehr wichtig" bis 5 = „gar nicht wichtig" skalierten Items bezeichnen die verschiedenen Eigenschaften, die die Befragten in den BUCHdaten einem guten Fachbuch zuschreiben.

„Ein Fachbuch muss ..." **f_06_1** *„mir sympathisch sein" |* **f_06_2** *„optisch ansprechend sein" |* **f_06_3** *„leicht verständlich sein" |* **f_06_4** *„interessante Inhalte haben" |* **f_06_5** *„einen leicht lesbaren Text haben" |* **f_06_6** *„einen hohen persönlichen Nutzen haben" |* **f_06_7** *„rasch Informationen liefern" |* **f_06_8** *„übersichtlich gestaltet sein" |* **f_06_9** *„immer wieder Neues zu entdecken haben".*

---

[85] ***M*** (kursiv gesetzt) bezeichnet den Mittelwert, ***SD*** (ebenfalls kursiv) die Standardabweichung (standard deviation). Ist die Standardabweichung so groß oder größer als eine ganze Skalenposition, kennzeichnet der Mittelwert die Verteilung nicht so gut: Jeder einzelne Messwert weicht dann im Schnitt eine ganze Skalenposition vom Mittelwert ab. Die Angabe des (kleingeschriebenen, kursiv gesetzten) ***t*-Wert**s dient zur Bezifferung der Größe des Mittelwertsunterschieds: Mit steigendem t-Wert steigt auch der Unterschied. Ein eventuelles negatives Vorzeichen vor dem t-Wert (wie im SPSS-Output) braucht nicht angeführt zu werden. Die **Freiheitsgrade** (**df**, degrees of freedom, vgl. Kapitel 5.2.1.8 ab Seite 92) werden in runden Klammern nach dem t angeführt. Sie lassen sich am ehesten wie folgt interpretieren: Je mehr Freiheitsgrade einem Ergebnis zugrundeliegen, als desto hochwertiger bzw. fundierter ist es zu betrachten. Der ***p***-Wert (p ebenfalls kursiv gesetzt; wenn p = 0,000, dann geschrieben als $p < 0{,}001$) vervollständigt die Ergebnisdarstellung und bezeichnet die Wahrscheinlichkeit dieses oder eines noch stärkeren Ergebnisses unter Annahme der H_0 („Es besteht kein realer Zusammenhang").

[2] Varianzanalyse mit Messwiederholung für > 2 abh. Stichproben

Analysieren ➥ Allgemeines lineares Modell ➥ Messwiederholung...

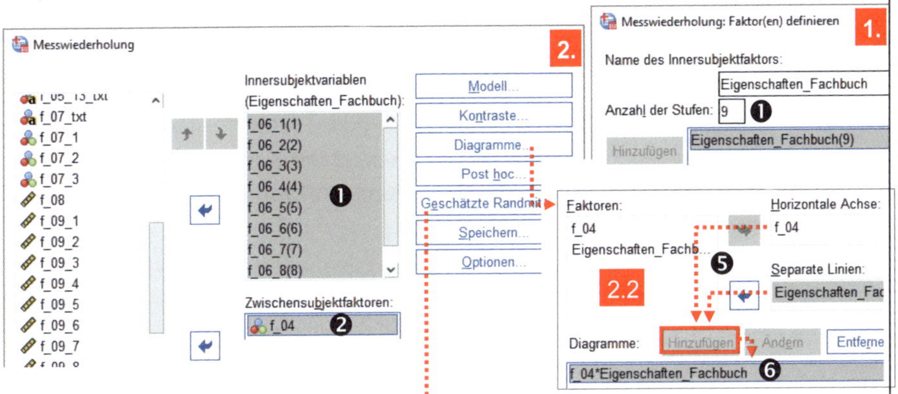

▶ Unterscheiden sich die **MEHR ALS ZWEI Mittelwerte derselben** Datensätze signifikant voneinander? **(rmANOVA)**

▶ **Hat** der bevorzugte Kaufort **einen Effekt**? **(mixed ANOVA)**

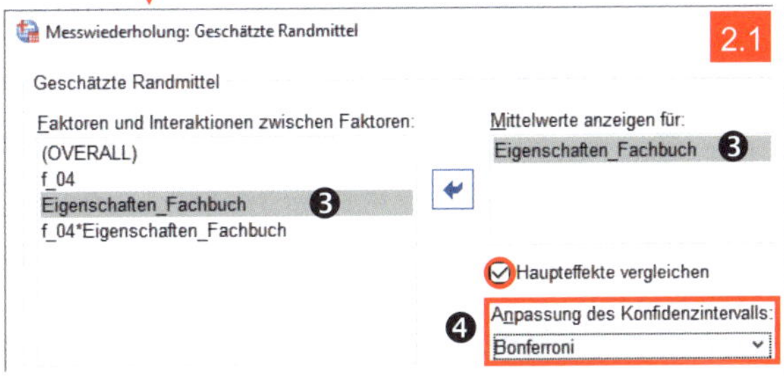

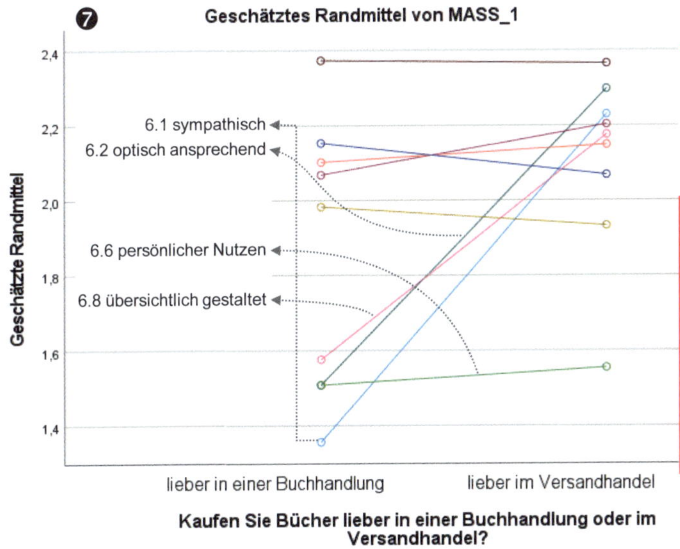

▪ Die Mittelwerts-unterschiede und den Einfluss des bevorzugten Kauforts bei Item 1, 2 und 8 zeigt das Diagramm.

▶ Ideale Fachbücher müssen – vor allem für Kaufende im Buchhandel – sympathisch, optisch ansprechend und übersichtlich sein.

Generell steht hoher persönlicher Nutzen im Vordergrund.

Abbildung 85: Varianzanalyse mit Messwiederholung für mehr als 2 abhängige Stichproben

Zusätzlich kann bei der Varianzanalyse mit Messwiederholung auch der etwaige Einfluss nominaler Variablen auf die Mittelwertsunterschiede geprüft werden **(mixed ANOVA)**. Im Beispiel wird untersucht, ob der bevorzugte Buchkaufort (laut Frage 4, f_04) eine Einflussgröße darstellt.

Frage 4 lautet: „Kaufen Sie Bücher lieber in einer Buchhandlung oder im Versandhandel?" mit Antwortmöglichkeit „lieber in einer Buchhandlung" bzw. „lieber im Versandhandel".

Da es sich bei der Varianzanalyse um ein Parameterverfahren handelt, sollten die Testvariablen normalverteilt vorliegen. Die Normalverteilungsprüfung erfolgt wie in Kapitel 6.5.4.5 ab Seite 166 beschrieben.

Der Test ergibt, dass keine einzige der Testvariablen laut Kolmogorov-Smirnov- und Shapiro-Wilk-Test normalverteil vorliegt.[86] Die Varianzanalyse mit Messwiederholung sollte deshalb eigentlich NICHT angewendet werden. Das Testverfahren, das zum Einsatz gelangen muss, ist der parameterfreie Friedman-Test (vgl. Kapitel 6.5.4.11 ab Seite 183).

Da die Varianzanalyse mit Messwiederholung aber relativ robust auf nicht allzu große Verletzungen ihrer Voraussetzungen reagiert – vgl. Fußnote 81 auf Seite 165 –, wird sie deshalb an dieser Stelle (zu Demonstrationszwecken) dennoch ausgeführt und beschrieben.

- Der Aufruf der Varianzanalyse mit Messwiederholung erfolgt über **Analysieren ↪ Allgemeines lineares Modell ↪ Messwiederholung...**.
- Im **1.** Schritt werden die zu testenden 9 Variablen im **Innersubjektfaktor** zusammengefasst. Im Beispiel besitzt der Innersubjektfaktor den Namen Eigenschaften_Fachbuch, der Faktor soll 9 Stufen umfassen (für die 9 Variablen der Frage 6, ❶ in Abbildung 85 auf Seite 171). Mit **Hinzufügen** und **Definieren** wird der Faktor für den aktuellen Analysedialog angelegt (fixiert).
- Im **2.** Schritt erfolgt die „Befüllung" der 9 Stufen des Innersubjektfaktors mit den 9 Variablen f_06_1 bis f_06_9 (❶). Als eventuelle Einflussvariable auf die Mittelwertsunterschiede wird als **Zwischensubjektfaktor** f_04 eingetragen (❷).
- In 2.1 wird im **Geschätzte Randmittel**-Submenü die Anzeige der Mittelwerte für den Innersubjektfaktor Eigenschaften_Fachbuch (also alle 9 Testvariablen) angefordert (❸). Um feststellen zu können, welcher Mittelwert sich von welchem signifikant unterscheidet, muss **Haupteffekte vergleichen** angewählt sein. Ein hier gebräuchliches Vergleichsverfahren ist das nach **Bonferroni** (❹).
- Unter 2.2. können **Diagramme** die Ergebnisse besser veranschaulichen. Dazu kommt die Einflussvariable f_04 zur **Horizontalen Achse**. **Separate Linien** soll es für alle 9 Variablen, also für Eigenschaften_Fachbuch, geben (❺). Um f_04 mit den 9 Variablen diagrammmäßig zu verknüpfen, müssen die beiden Einträge noch über **Hinzufügen** in die Liste der zu zeichnenden Diagramme aufgenommen werden (❻).
- Ein Klick auf **OK** führt die Varianzanalyse aus.

Das in Abbildung 85 auf Seite 171 dargestellte Ergebnisdiagramm (❼) bietet einen sehr schönen und schnellen ersten Überblick über die Datenlage.

---

[86] Diese Prüfung wurde im Hintergrund durchgeführt. Hier angesprochen werden nur ihre Ergebnisse.

[2] Varianzanalyse mit Messwiederholung: Ergebnisauszug

Mauchly-Test auf Sphärizität[a]

Maß: MASS_1

Innersubjekteffekt	Mauchly-W	...	Sig.
Eigenschaften_Fachbuch	,712	...	,154

❶ ► Die Varianzen sind homogen.

- Ist der Mauchly-Test signifikant, ist die Sphärizität durch inhomogene Varianzen der Mittelwertsdifferenzen verletzt.

► Zur Signifikanzprüfung müsste dann auf eine der darunterliegenden korrigierenden Zeilen zurückgegriffen werden.

► Im Beispiel (p-Wert Mauchly ≥ 0,05) wird der Signifikanzwert in der Zeile „Sphärizität angenommen" abgelesen. ❷

Tests der Innersubjekteffekte

Maß: MASS_1

Quelle		Typ III Quadratsumme	df	Mittel der Quadrate	F	Sig.
Eigenschaften_Fachbuch	Sphärizität angenommen	61,312	❺ 8	7,664	7,120	<,001
	Greenhouse-Geisser	61,312	7,367	8,322	7,120	<,001
	Huynh-Feldt (HF)	61,312	7,909	7,752	7,120	<,001
	Untergrenze	61,312	1,000	61,312	7,120	,009
Eigenschaften_Fachbuch * f_04	Sphärizität angenommen	38,274	8	4,784	4,445	<,001
	Greenhouse-Geisser	38,274	7,367	5,195	4,445	<,001
	Huynh-Feldt (HF)	38,274	7,909	4,839	4,445	<,001
	Untergrenze	38,274	1,000	38,274	4,445	,037
Fehler	Sphärizität angenommen	1128,107	❺ 1048	1,076		

► Es gibt höchst signifikante Unterschiede zwischen den neun Variablen und einen Effekt des bevorzugten Kauforts.

Tests der Zwischensubjekteffekte

Maß: MASS_1

Transformierte Variable: Mittel

Quelle	Typ III Quadratsumme	df	Mittel der Quadrate	F	Sig.
Konstanter Term	4622,659	1	4622,659	4512,646	<,001
f_04	20,072	1	20,072	19,594	❸ <,001
Fehler	134,194	131	1,024		

► Der Kaufort hat einen höchst signifikanten Einfluss.

Paarweise Vergleiche (Anpassung des Konfidenzintervalls, z.B. nach Bonferroni)

Maß: MASS_1

(I) Eigenschaften _Fachbuch	(J) Eigenschaften _Fachbuch	Mittelwertdifferenz (I-J)	Std.-Fehler	Sig.[b]
1	2	-,110	,128	1,000
	3	-,342	,122	,208
	4	-,332	,125	,317
❹	5	-,576*	,120	<,001
	6	,262	,118	1,000
	7	-,317	,126	,472
				1,000

► Wo (zwischen welchen Items) die Unterschiede liegen, zeigt der paarweise Vergleich: z.B. unterscheidet sich Item 1 („muss sympathisch sein") höchst signifikant von Item 5 („muss leicht lesbaren Text haben").

- Die INHALTLICHE Dimension der Mittelwertsunterschiede (= Höhe der Werte) muss einer Deskriptivstatistik „außerhalb" der Analyse entnommen werden.

Abbildung 86: Varianzanalyse mit Messwiederholung: Ergebnisauszüge

Die Grafik zeigt über die Höhe der Start- und Endpunkte der 9 Linien die Mittelwertsunterschiede an: Je niedriger, desto besser (wichtiger) ist das jeweilige Item. Der laut Frage 4 bevorzugte Kaufort für Bücher hat bei den Items 1, 2 und 8 großen Einfluss auf die Beurteilungsmittelwerte: Ideale Fachbücher müssen – vor allem für Kaufende im Buchhandel – sympathisch, optisch ansprechend und übersichtlich sein (= Items 6.1, 6.2, 6.8).

Hoher persönlicher Nutzen (Item 6.6) ist – unabhängig vom Kaufort – besonders wichtig.

In den Tabellen auf Abbildung 86 auf Seite 173 zeigen ❶ und ❷ die eigentlichen Ergebnisse der Analyse. Standardmäßig „mitgeliefert" wird bei der Varianzanalyse der **Mauchly-Test auf Sphärizität** (❶). Dieser dient der Prüfung auf Varianzgleichheit zwischen allen paarweisen Messwiederholungen. Sphärizität stellt ja eine der Voraussetzungen für die Anwendung eines Parameterverfahrens wie der Varianzanalyse dar (vgl. Kapitel 6.5.4.3 ab Seite 164). Gleichheit der Varianzen kann verworfen werden, wenn der Mauchly-Test einen p-Wert kleiner als 0,05 ergibt. Wie bei der Normalverteilungsprüfung ist hier – entgegen den sonstigen Konventionen bei Signifikanzprüfungen – ein größerer p-Wert „besser": Liegt der p-Wert bei 5% oder darüber, sind die Varianzen homogen.

Im Beispiel sind die Varianzen homogen (❶).

Die Ergebnisse der Varianzanalyse können also in der Tabelle **Tests der Innersubjekteffekte** aus den Zeilen „Sphärizität angenommen" interpretiert werden.

Der p-Wert bestätigt das Diagramm und zeigt, dass es hochsignifikante Unterschiede zwischen den neun Variablen und einen Effekt des bevorzugten Kauforts (❷) gibt.

Die Ergebnisse der Varianzanalyse könnten auch bei fehlender Sphärizität interpretiert werden (vgl. Fußnote 82 auf Seite 165): Der Signifikanzwert (p-Wert) müsste dann nur in der Tabelle **Tests der Innersubjekteffekte** aus einer der darunterliegenden „korrigierenden" Zeilen entnommen werden.

Ob die Einflussvariable Kaufort eine Wirkung hat, ist (auch) der Tabelle **Tests der Zwischensubjekteffekte** zu entnehmen.

Der niedrige p-Wert weist auf einen hochsignifikanten Einfluss des Kauforts auf die Mittelwertsdifferenzen hin (❸).

Wo (zwischen welchen Items) die zentralen Unterschiede liegen, zeigt der im Menü angeforderte **paarweise Vergleich** (❹ in Abbildung 85 auf Seite 171).

Im Beispiel unterscheidet sich z.B. Item 1 „muss sympathisch sein" signifikant von Item 5 „muss leicht lesbaren Text haben" (❹ in Abbildung 86 auf Seite 173) usw.

Achtung: Werden bipolare Items (wie z.B. in Frage 9 der BUCHdaten) verglichen, ist es erforderlich, vor dem Test eine **Richtungsbereinigung** eventuell umgekehrt gepolter Statements durchzuführen (vgl. Kapitel 6.4.1 ab Seite 133, die Erläuterungen rund um Abbildung 62 auf Seite 136). Ansonsten werden eventuell Mittelwertsunterschiede interpretiert, die bloß in der umgekehrten Polung im Fragebogen begründet sind.

Eine wissenschaftliche Ergebnisformulierung könnte lauten:

Das Idealprofil von Fachbüchern wurde mittels 9 Rating-Items (1 = sehr wichtig; 5 = gar nicht wichtig) abgefragt. Eine Varianzanalyse mit Messwiederholung sollte die wichtigsten Fachbuch-Eigenschaften identifizieren. Als intervenierende Einflussgröße wurde der bevorzugte Kaufort (Buchhandlung versus Versandhandel) untersucht. Die Ergebnisse der Varianzanalyse – $F(8, 1048) = 7{,}120$, $p < 0{,}001$[87] – sowie eine Deskriptivstatistik zeigen höchst signifikante Unterschiede: Ideale Fachbücher müssen – für Kaufende im Buchhandel – sympathisch, optisch ansprechend und übersichtlich sein. Hoher persönlicher Nutzen steht – unabhängig vom Kaufort – generell im Vordergrund.

6.5.4.8 | T-Test für UNabhängige Stichproben

Bei einem T-Test für unabhängige Stichproben werden die Mittelwerte EINER Variable zwischen ZWEI unterschiedlichen Personen- bzw. Datensatz-Gruppen verglichen.

Beim T-Test für unabhängige Stichproben wird eine Gruppenvariable benötigt. Sie enthält für jeden Datensatz die Information über seine Gruppenzugehörigkeit. Hat die Gruppenvariable mehr als zwei Ausprägungen, müssen zwei von ihnen für den T-Test ausgewählt werden.

Abbildung 87 auf Seite 176 veranschaulicht den T-Test für ZWEI unabhängige Stichproben anhand eines ausgewählten Items zu Frage 6 der BUCHdaten. Sein Beurteilungsmittelwert wird zwischen den beiden Samplegruppen, die Frage 4 bildet, verglichen.

Frage 6 lautet: „Wie muss ein ideales Fachbuch für Sie beschaffen sein, damit Sie es gerne lesen?" Im Beispiel wird der Wichtigkeitsmittelwert von Item **f_06_2** *„muss optisch ansprechend sein" zwischen jenen Personen verglichen, die Bücher lieber in einer Buchhandlung kaufen, und jenen, die den Versandhandel bevorzugen (Frage 4,* **f_04***).*

Da es sich beim T-Test um ein Parameterverfahren handelt, sollte die Testvariable JE VERGLEICHSGRUPPE normalverteilt vorliegen. Die Normalverteilungsprüfung von **f_06_2** nach den Untergruppen von **f_04** erfolgt wie in Kapitel 6.5.4.5 ab Seite 166 beschrieben.

Der Test ergibt, dass die Variable in beiden Vergleichsgruppen NICHT normalverteilt vorliegt.[88] *Deshalb sollte der T-Test im Normalfall NICHT angewendet werden, sondern besser der parameterfreie U-Test.*

Da der T-Test für unabhängige Stichproben aber relativ robust auf Verletzung seiner Voraussetzungen reagiert, wird er dennoch oft angewendet (vgl. Fußnote 81 auf Seite 165 und den Beginn von Kapitel 6.5.4.4 auf Seite 166). Auch an dieser Stelle wird deshalb der T-Test ausgeführt und beschrieben.

---

[87] Die Angabe des ***F*-Werts** (F kursiv gesetzt) dient zur Bezifferung der Größe der Mittelwertsunterschiede: je größer der *F*-Wert, desto deutlicher ist der Unterschied. Die **Freiheitsgrade (df**, degrees of freedom, vgl. Kapitel 5.2.1.8 ab Seite 92) werden in runden Klammern nach dem *F* angeführt. Die erste Zahl (8, ❺ in Abbildung 86 auf Seite 173) referenziert auf die Anzahl der 9 Vergleichsvariablen (df = Vergleichswerte – 1), die zweite Zahl (1048) auf die Anzahl der verglichenen Datenwerte (9 Variablen (df = 9 – 1) mal jeweils 133 Personen (df = 133 – 1) mit Angaben). Im Beispiel reduziert sich die Zahl 132 um einen weiteren Freiheitsgrad, da in die Analyse auch der Zwischensubjektfaktor f_04 (mit zwei Ausprägungen) mitaufgenommen wurde. Der df-Wert 1048 (8 • 131) entstammt dem Ende der Tabelle „Tests der Innersubjekteffekte" und wurde der Zeile „Fehler – Sphärizität angenommen" entnommen (❺). Der ***p*-**Wert (p ebenfalls kursiv gesetzt; wenn p = 0,000, dann geschrieben als $p < 0{,}001$) vervollständigt die Ergebnisdarstellung und bezeichnet die Wahrscheinlichkeit dieses oder eines noch stärkeren Ergebnisses unter Annahme der H_0 („Es besteht kein realer Zusammenhang").

[88] Diese Prüfung wurde im Hintergrund durchgeführt. Hier angesprochen werden nur ihre Ergebnisse.

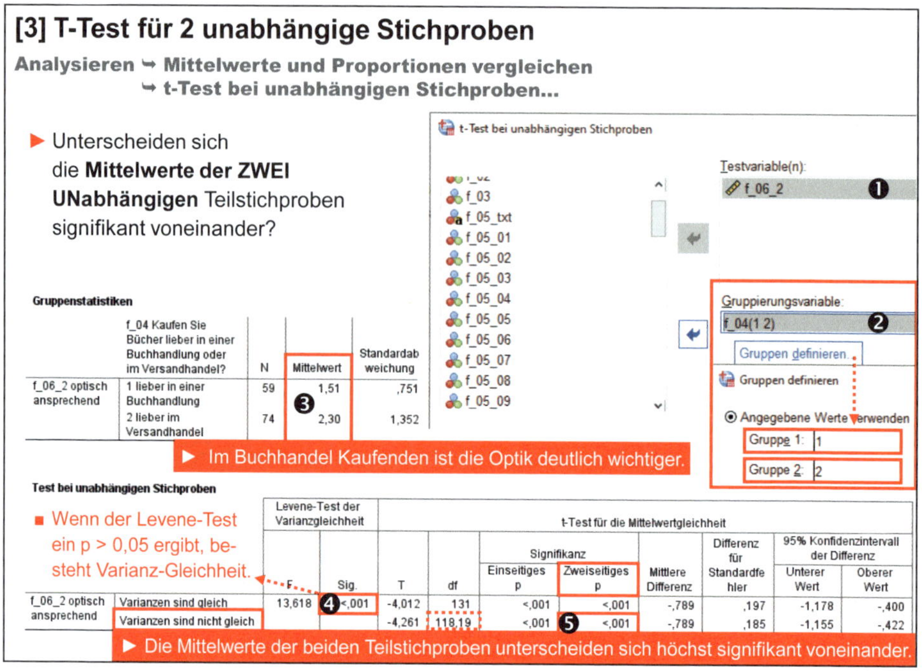

Abbildung 87: T-Test für 2 unabhängige Stichproben

- Der Aufruf des Tests erfolgt über **Analysieren ➥ Mittelwerte und Proportionen vergleichen ➥ t-Test bei unabhängigen Stichproben...**.
- Die **Testvariable** ist die Skalenvariable **f_06_2** (❶ in Abbildung 87). Ihr Mittelwert wird nach den zwei Ausprägungen der **Gruppierungsvariable f_04** verglichen (❷).

  SPSS verlangt hier in jedem Fall die Eingabe der beiden Codes der zu vergleichenden Gruppen, auch wenn die Variable ohnehin nur zwei Ausprägungen enthält.
- Ein Klick auf **OK** liefert im Output zunächst eine Deskriptivstatistik (❸).

Die Deskriptivstatistik zeigt, dass der Mittelwert in der Vergleichsgruppe „Buchhandlungskaufende" deutlich niedriger ist.

- Die eigentlichen Teststatistiken zeigen ❹ und ❺.

Der **Levene-Test** (❹ in Abbildung 87) dient zur Überprüfung der Homogenität der Varianzen der beiden Vergleichsgruppen. Varianzhomogenität stellt ja eine der Voraussetzungen für die Anwendung des T-Tests für unabhängige Stichproben dar (vgl. Kapitel 6.5.4.3 ab Seite 164). Gleichheit der Varianzen kann verworfen werden, wenn der Levene-Test einen p-Wert kleiner als 0,05 ergibt. Wie bei der Normalverteilungsprüfung ist hier – entgegen den sonstigen Konventionen bei Signifikanzprüfungen – ein größerer p-Wert „besser": Liegt der p-Wert bei 5% oder darüber, sind die Varianzen homogen.

Im Beispiel sind die Varianzen heterogen (❹).

Die Ergebnisse können auch bei fehlender Varianzhomogenität interpretiert werden (vgl.

Fußnote 82 auf Seite 165): Der Signifikanzwert (p-Wert) muss in der Signifikanztabelle nur der Zeile **Varianzen sind nicht gleich** entnommen werden – SPSS berechnet im Hintergrund den hier besser geeigneten **Welch-Test**.

Im abgebildeten Beispiel unterscheiden sich die Mittelwerte der beiden Teilstichproben höchst signifikant voneinander (❺). In aktuellen SPSS-Versionen wird die Signifikanz standardmäßig ein- und zweiseitig berechnet (vgl. Kapitel 5.2.1.6 ab Seite 89).

Im Fall homogener (gleicher) Varianzen müssten die T-Test-Ergebnisse aus der ersten Zeile **Varianzen sind gleich** der Teststatistik entnommen werden.

Eine wissenschaftliche Ergebnisformulierung könnte lauten:

Die Wichtigkeit „ansprechender Optik" wurde mittels 5-stufiger Skala (1 = sehr wichtig; 5 = gar nicht wichtig) abgefragt und mittels T-Test für unabhängige Stichproben zwischen Buchhandels- und Versandhandelkaufenden auf Unterschiedlichkeit geprüft. Die Mittelwertsdifferenz zwischen Buchhandel- (M = 1,51, SD = 0,751) und Versandhandel-Affinen (M = 2,30, SD = 1,352) erwies sich als höchst signifikant ($t(118{,}186) = 4{,}261$, $p < 0{,}001$)[89].

6.5.4.9 | Varianzanalyse für unabhängige Stichproben (ANOVA)

Bei einer Varianzanalyse für unabhängige Stichproben (ANOVA) werden die Mittelwerte EINER Variable zwischen MEHR ALS ZWEI unterschiedlichen Personen- bzw. Datensatz-Gruppen miteinander verglichen.

Bei der Varianzanalyse für unabhängige Stichproben wird eine Gruppenvariable benötigt. Sie enthält für jeden Datensatz die Information über seine Gruppenzugehörigkeit. Diese Gruppenvariable hat hier mehr als zwei Ausprägungen (sonst gelangt der T-Test – vgl. Kapitel 6.5.4.8 ab Seite 175 – zur Anwendung).

Abbildung 88 auf Seite 179 veranschaulicht die Varianzanalyse für MEHR ALS ZWEI unabhängige Stichproben anhand Frage 16 der BUCHdaten. Ihr Mittelwert wird zwischen den drei Samplegruppen, die Frage 15 bildet, verglichen.

Frage 16 lautet: „Wie viele Bücher lesen Sie im Schnitt pro Jahr?" und erlaubt eine offene, metrische Mengenangabe. Im Beispiel wird der Mittelwert durchschnittlich gelesener Bücher pro Jahr zwischen Personen mit unterschiedlicher Textaffinität verglichen: Zwischen jenen, die auf Frage 15 „Welche Art von Texten lesen Sie am liebsten?" mit „Artikel online,

---

[89] ***M*** (kursiv gesetzt) bezeichnet den Mittelwert, ***SD*** (ebenfalls kursiv) die Standardabweichung (standard deviation). Ist die Standardabweichung so groß oder größer als eine ganze Skalenposition, kennzeichnet der Mittelwert die Verteilung nicht so gut: Jeder einzelne Messwert weicht dann im Schnitt eine ganze Skalenposition vom Mittelwert ab. Die Angabe des (kleingeschriebenen, kursiv gesetzten) ***t*-Wert**s dient zur Bezifferung der Größe des Mittelwertsunterschieds: Mit steigendem *t*-Wert steigt auch der Unterschied. Ein eventuelles negatives Vorzeichen vor dem *t*-Wert (wie im SPSS-Output) braucht nicht angeführt zu werden. Die **Freiheitsgrade** (**df**, degrees of freedom, vgl. Kapitel 5.2.1.8 ab Seite 92) werden in runden Klammern nach dem *t* angeführt. Sie bezeichnen – vereinfacht formuliert – die Anzahl der Werte, die änderbar wären, ohne das Gesamtergebnis zu verändern. Freiheitsgrade nehmen in den Berechnungsformeln statistischer Tests eine wichtige Rolle ein und lassen sich am ehesten wie folgt interpretieren: Je mehr Freiheitsgrade einem Ergebnis zugrunde liegen, als desto hochwertiger bzw. fundierter ist es zu betrachten. Im hier vorliegenden Ergebnis wurde der Wert für die Freiheitsgrade korrigiert, um einen zuverlässigen p-Wert zu erhalten (Welch-Test). Der ***p*-Wert** (p ebenfalls kursiv gesetzt; wenn p = 0,000, dann geschrieben als $p < 0{,}001$) vervollständigt die Ergebnisdarstellung und bezeichnet die Wahrscheinlichkeit dieses oder eines noch stärkeren Ergebnisses unter Annahme der H_0 („Es besteht kein realer Zusammenhang").

in Zeitungen, Zeitschriften ..." oder „Romane" oder „Sach- und Fachbücher" geantwortet haben (f_15).

Bei der Varianzanalyse handelt es sich um ein Parameterverfahren: Aus diesem Grund sollten die Testvariablen JE VERGLEICHSGRUPPE normalverteilt vorliegen. Eine Normalverteilungsprüfung von f_16 nach den Untergruppen von f_15 erfolgt wie in Kapitel 6.5.4.5 ab Seite 166 beschrieben.

Der Normalverteilungstest ergibt, dass die Variable in allen drei zu vergleichenden Gruppen NICHT normalverteilt vorliegt:[90] *Die Varianzanalyse sollte im Normalfall NICHT angewendet werden, sondern besser der parameterfreie Kruskal-Wallis-Test* *(vgl. Kapitel 6.5.4.13 ab Seite 186).*

Da die Varianzanalyse aber relativ robust auf die Verletzung ihrer Voraussetzungen reagiert, gelangt sie oft dennoch zur Anwendung (vgl. Fußnote 81 auf Seite 165 und den Beginn von Kapitel 6.5.4.4 auf Seite 166). Auch an dieser Stelle wird sie deshalb trotzdem beschrieben.

- Der Aufruf der Varianzanalyse erfolgt über **Analysieren ↪ Mittelwerte und Proportionen vergleichen ↪ Einfaktorielle Varianzanalyse...**.
- Die **Abhängige Variable** sind die metrischen Daten von f_16 (❶ in Abbildung 88 auf Seite 179). Ihre Mittelwerte werden nach den Ausprägungen der Gruppierungsvariable **Faktor** f_15 verglichen (❷).

In die Analyse werden ALLE Ausprägungen der Faktor-Variable als unabhängige Teilstichproben miteinbezogen. Liegt eine Untergruppe in (zu) geringer Menge vor oder interessieren nicht alle Teilstichproben, müssen die Daten vor der Varianzanalyse gefiltert werden (vgl. Seite 124 im Kapitel 6.3.2).

- Im **Optionen**-Submenü ist es sinnvoll, eine **Deskriptivstatistik** (❸) und den **Test auf Homogenität der Varianzen** (❹) anzufordern. Die Varianzhomogenität ist ja neben der Normalverteilung eine weitere Voraussetzung parametrischer Tests.

  Sollte Varianzhomogenität fehlen, muss ein spezielles Testverfahren – die **Welch**-Anova (❺) – interpretiert werden.

Die ANOVA prüft nur generell auf signifikante Mittelwertsunterschiede. Zwischen welchen Gruppen wie starke Unterschiede bestehen, geben **Deskriptivstatistik** (❸) und **Post-hoc**-Test an.

- Der **Post hoc...**-Subdialog (❼, ❽) ermöglicht die Auswahl entsprechender Mehrfachvergleichstests für Datenlagen MIT und OHNE Varianzhomogenität.

  SPSS bietet hier eine Vielfalt an Test an, die für jeweils unterschiedliche Datenlagen besser oder schlechter geeignet sind. In der Literatur empfohlen werden die in Abbildung 88 auf Seite 179 ausgewählten Verfahren.[91]

---

[90] Diese Prüfung wurde im Hintergrund durchgeführt. Hier angesprochen werden nur ihre Ergebnisse.

[91] Bei gleichen Varianzen und gleicher Fallzahl der Vergleichsgruppen empfiehlt sich **Q nach R-E-G-W**, bei gleichen Varianzen und leicht unterschiedlicher Fallzahl **Gabriel**, bei gleichen Varianzen und stark unterschiedlicher Fallzahl **GT2 nach Hochberg**, bei ungleichen Varianzen (gleiche oder ungleiche Fallzahl) **Games-Howell** (vgl. Field, 2018, S. 551).

[4] Einfaktorielle Varianzanalyse für mehr als 2 unabh. Stichproben

Analysieren ➥ Mittelwerte und Proportionen vergleichen
➥ Einfaktorielle Varianzanalyse...

▶ Unterscheiden sich **die Mittelwerte der MEHR ALS ZWEI UNabhängigen** Teilstichproben signifikant voneinander?

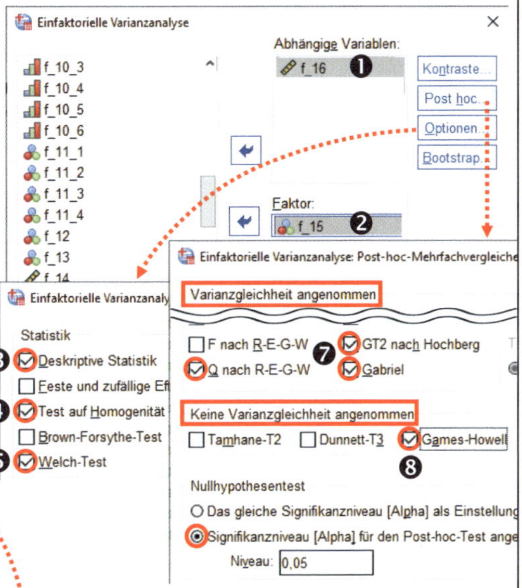

Deskriptive Statistik

f_16 Wie viele Bücher lesen Sie im Schnitt pro Jahr?

	N	Mittelwert	Std.-Abweichung
1 kurze Artikel in Zeitungen, Zeitschriften, online ...	280	5,45	6,003
2 Romane, Belletristik	121	3,77 ❸	4,983
3 Sach- und Fachbücher	104	7,96	6,935
Gesamt	505	5,56	6,137

Tests der Varianzhomogenität

		Levene-Statistik ❹	df1	df2	Sig.
f_16	Basiert auf dem Mittelwert	17,788	2	502	<,001

▶ Die Varianzhomogenität fehlt.

ANOVA

f_16 Wie viele Bücher lesen Sie im Schnitt pro Jahr?

	Quadratsumme	df	Mittel der Quadrate	F	Sig. ❻
Zwischen den Gruppen	991,722	2	495,861	13,838	<,001
Innerhalb der Gruppen	17988,6	502	35,834		
Gesamt	18980,3	504			

- Ist der Levene-Test signifikant, sind die Varianzen inhomogen.
  - ▶ Die „richtige" ANOVA kann nur bei p-Wert Levene ≥ 0,05 interpretiert werden.
  - ▶ Ansonsten dient zur Signifikanzprüfung die korrigierende Welch-Anova.

Robuste Testverfahren zur Prüfung auf Gleichheit der Mittelwerte

f_16 Wie viele Bücher lesen Sie im Schnitt pro Jahr?

	Statistik[a]	df1	df2	Sig.
Welch ❺	13,407	2	229,108	<,001

a. Asymptotisch F-verteilt

▶ Es gibt höchst signifikante Mittelwertsunterschiede zwischen zwei oder mehr Teilstichproben(gruppen).

Mehrere Vergleiche

Abhängige Variable: f_16 Wie viele Bücher lesen Sie im Schnitt pro Jahr?

	(I) f_15 Welche Art von Texten lesen Sie am liebsten?	(J) f_15 Welche Art von Texten lesen Sie am liebsten?	Sig.
Gabriel	1 kurze Artikel in Zeitungen, Zeitschriften, online ...	2 Romane, Belletristik	,026
		3 Sach- und Fachbücher	<,001
Hochberg	1 kurze Artikel in Zeitungen, Zeitschriften, online ...	2 Romane, Belletristik	,030
Games-Howell	1 kurze Artikel in Zeitungen, Zeitschriften, online ...	2 Romane, Belletristik	,011
		3 Sach- und Fachbücher	,004
	2 Romane, Belletristik	1 kurze Artikel in Zeitungen, Zeitschriften, online ...	,011
		3 Sach- und Fachbücher	<,001
	3 Sach- und Fachbücher	1 kurze Artikel in Zeitungen, Zeitschriften, online ...	,004
		2 Romane, Belletristik	<,001

*. Die Mittelwertdifferenz ist in Stufe 0.05 signifikant.

▶ Alle drei Vergleichsgruppen weisen höchst signifikante oder signifikante Mittelwertsunterschiede auf: Die meisten Bücher lesen im Schnitt Fachbuchaffine, die wenigsten Belletristik-Interessierte (❸).

Abbildung 88: Einfaktorielle Varianzanalyse für mehr als 2 unabhängige Stichproben

Ein Klick auf **OK** führt die Varianzanalyse durch und liefert den Output.

Die Interpretation der Ergebnisse beginnt am besten mit einer deskriptiven Betrachtung der analysierten Mittelwertsunterschiede:

*Die **Deskriptivstatistik** (❸) zeigt Mittelwertsunterschiede in den drei Vergleichsgruppen. Die Gruppen sind fallzahlenmäßig unterschiedlich groß.*

Der **Levene-Test** (❹ in Abbildung 88 auf Seite 179) dient zur Überprüfung der Homogenität der Varianzen der drei Vergleichsgruppen. Varianzhomogenität stellt ja eine der Voraussetzungen für die Anwendung der ANOVA dar (vgl. Kapitel 6.5.4.3 ab Seite 164). Gleichheit der Varianzen kann verworfen werden, wenn der Levene-Test einen p-Wert kleiner als 0,05 ergibt. Wie bei der Normalverteilungsprüfung ist hier – entgegen den sonstigen Konventionen bei Signifikanzprüfungen – ein größerer p-Wert „besser": Liegt der p-Wert bei 5% oder darüber, sind die Varianzen homogen.

Im Beispiel sind die Varianzen heterogen.

Die Ergebnisse können auch bei fehlender Varianzhomogenität interpretiert werden (vgl. Fußnote 82 auf Seite 165): Der Signifikanzwert (p-Wert) muss in diesem Fall nur der bereits „vorausahnend" im Dialog extra angeforderten **Welch**-Anova (❺) entnommen werden – sie ist ein korrigierendes, **robustes Testverfahren zur Prüfung auf Gleichheit der Mittelwerte**.

Im abgebildeten Beispiel unterscheiden sich die Mittelwerte der drei Teilstichproben höchst signifikant voneinander.

Im Fall homogener (gleicher) Varianzen müsste die Signifikanzprüfung über den p-Wert der „richtigen" ANOVA erfolgen (❻).

Der im Beispiel hohe Signifikanzwert gibt aber nicht an, wo bzw. zwischen welchen Teilstichproben(gruppen) die Unterschiede stark sind. Dazu sind Deskriptivstatistik und Post-hoc-Test notwendig.

Die Deskriptivstatistik zeigt, dass der Mittelwert bei jenen Personen am geringsten ist, die am liebsten Romane und Belletristik lesen. Am größten ist der Mittelwert bei jenen, die angeben, am liebsten Sach- und Fachbücher zu lesen (❸).

Wegen fehlender Varianzgleichheit wird der Games-Howell-**Post-hoc-Test** interpretiert (vgl. Fußnote 91 auf Seite 178):

Der Post-hoc-Test macht deutlich: Zwischen allen drei Gruppen gibt es im Hinblick auf die durchschnittliche Lesemenge von Büchern (höchst) signifikante Unterschiede (❽).

Bei Varianzgleichheit wäre – je nach Datenlage – einer der anderen im Dialogfeld angeforderten Post-hoc-Tests (Q nach R-E-G-W, Gabriel oder GT2 nach Hochberg, vgl. Fußnote 91 auf Seite 178) zu interpretieren.

Eine wissenschaftliche Ergebnisformulierung könnte lauten:

Die jährliche durchschnittliche Lesemenge von Büchern wurde mittels offener Mengenangabe abgefragt und mittels Welch-Anova zwischen jenen Personen verglichen, die am liebsten (Online-)Artikel, Belletristik oder Fachbücher lesen. Die Mittelwertsdifferenzen

(Affinität für (Online-)Artikel *M* = 5,45, *SD* = 6,003; Belletristik *M* = 3,77, *SD* = 4,983; Fachbücher *M* = 7,96, *SD* = 6,935) konnten zwischen allen drei Vergleichsgruppen als (teilweise auch höchst) signifikant ($F(2, 229{,}108) = 13{,}407$, $p < 0{,}001$)[92] nachgewiesen werden.

Die hier beschriebene Varianzanalyse war die EINfaktorielle. Eine MEHRfaktorielle Varianzanalyse würde herausarbeiten, welche FaktorEN Einfluss auf Mittelwerte haben – je für sich bzw. in Wechselwirkung zueinander.

6.5.4.10 | Wilcoxon-Test

Bei einem Wilcoxon-Test für abhängige Stichproben werden ZWEI Messwerte derselben Personen bzw. Datensätze miteinander verglichen.

Für jeden Datensatz liegen bei jeder der beiden Vergleichsvariablen Werte vor. Diese sind „gepaart", da die Vergleichswerte jeweils an derselben Person bzw. demselben Gegenstand erhoben wurden (und sich damit jeweils in denselben Datenzeilen befinden).

Abbildung 89 auf Seite 182 veranschaulicht den Wilcoxon-Test für ZWEI abhängige Stichproben anhand zweier aus den Items zur Frage 6 der BUCHdaten ausgewählter Variablen.

Frage 6 lautet: „Wie muss ein ideales Fachbuch für Sie beschaffen sein, damit Sie es gerne lesen?" Im Beispiel wird der Wichtigkeitsmittelwert von Item **f_06_1** *„muss mir sympathisch sein" dem Mittelwert von Item* **f_06_3** *„muss leicht verständlich sein" gegenübergestellt.*

Da es sich beim Wilcoxon-Test um ein parameterfreies Verfahren handelt, müssen die Testvariablen NICHT auf Normalverteilung geprüft werden. Parameterfreie Tests sind verteilungsunabhängig und können immer angewendet werden.

- Der Aufruf des Tests erfolgt über **Analysieren ↪ Nichtparametrische Tests ↪ Klassische Dialogfelder ↪ Zwei verbundene Stichproben....**
- In der Variablenauswahl müssen immer zwei zu vergleichende Variablen (**strg & Klick**) markiert und in die Auswahl gezogen werden (❶ in Abbildung 89).
- Der **Wilcoxon**-Test wird unter den zur Verfügung stehenden Tests ausgewählt (❷).
- Das Submenü **Optionen** ermöglicht die Anforderung einer Deskriptivstatistik (❸): Nur damit können die Mittelwertsunterschiede auch inhaltlich interpretiert werden.

---

[92] ***M*** (kursiv gesetzt) bezeichnet den Mittelwert, ***SD*** (ebenfalls kursiv) die Standardabweichung (standard deviation). Ist die Standardabweichung groß (im Beispiel größer als der Mittelwert selbst), kennzeichnet der Mittelwert die Verteilung nicht so gut: Jeder einzelne Messwert weicht dann im Schnitt eine ganze Skalenposition vom Mittelwert ab. Die Angabe des ***F*-Werts** (*F* ebenfalls kursiv) dient zur Bezifferung der Größe des Mittelwertsunterschieds: je größer der *F*-Wert, desto deutlicher ist der Unterschied. Die **Freiheitsgrade** (**df**, degrees of freedom, vgl. Kapitel 5.2.1.8 ab Seite 92) werden in runden Klammern nach dem *F* angeführt. Sie bezeichnen – vereinfacht formuliert – die Anzahl der Werte, die änderbar wären, ohne das Gesamtergebnis zu verändern. Freiheitsgrade nehmen in den Berechnungsformeln statistischer Tests eine wichtige Rolle ein und lassen sich am ehesten wie folgt interpretieren: Je mehr Freiheitsgrade einem Ergebnis zugrunde liegen, als desto hochwertiger bzw. fundierter ist es zu betrachten. Im hier vorliegenden Ergebnis wurde der Wert für die Freiheitsgrade korrigiert, um einen zuverlässigen p-Wert zu erhalten (Welch-Test). Der ***p***-Wert (*p* ebenfalls kursiv gesetzt; wenn p = 0,000, dann geschrieben als $p < 0{,}001$) vervollständigt die Ergebnisdarstellung und bezeichnet die Wahrscheinlichkeit dieses oder eines noch stärkeren Ergebnisses unter Annahme der H_0 („Es besteht kein realer Zusammenhang").

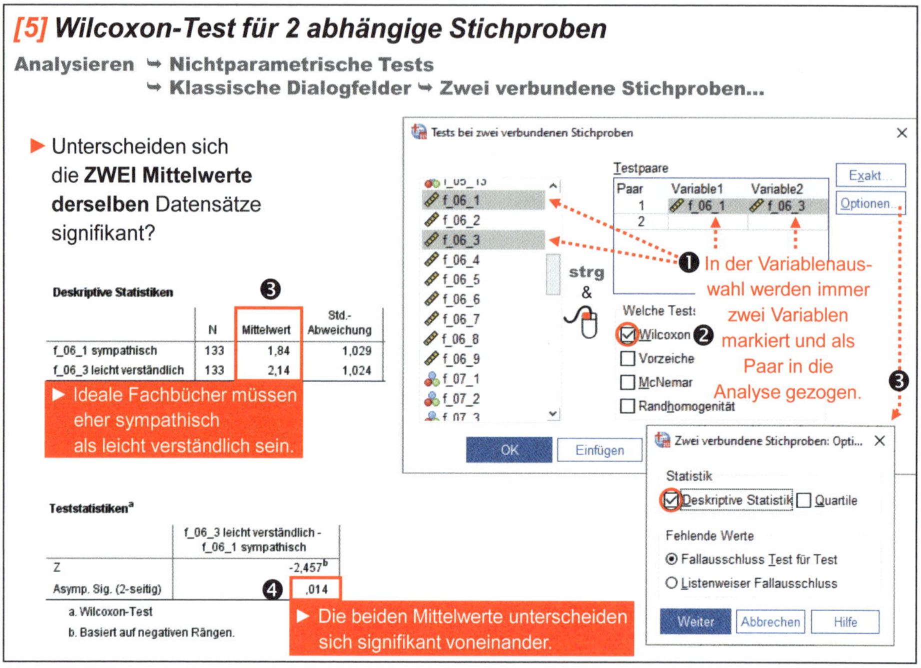

Abbildung 89: Wilcoxon-Test für 2 abhängige Stichproben

Ein Klick auf **OK** liefert im Viewer die Ergebnisse.

Die Deskriptivstatistik (❸) zeigt: Der Mittelwert von **f_06_3** *ist deutlich höher als der von* **f_06_1**. *Das deutet auf höhere Wichtigkeit von Sympathie gegenüber Verständlichkeit hin.*

Die eigentliche Teststatistik findet sich in ❹.

Der Mittelwertsunterschied ist signifikant. Ideale Fachbücher müssen eher sympathisch als leicht verständlich sein.

Eine wissenschaftliche Ergebnisformulierung könnte lauten:

Die Fachbuchanforderungen „sympathisch" und „leicht verständlich" wurden auf einer 5-stufigen Skala (1 = sehr wichtig; 5 = gar nicht wichtig) abgefragt und und mittels parameterfreiem Wilcoxon-Test auf ihre Unterschiedlichkeit überprüft. Die Mittelwertsdifferenz zwischen Sympathie (*M* = 1,84, *SD* = 1,029) und leichter Verständlichkeit (*M* = 2,14, *SD* = 1,024) erwies sich als signifikant ($Z(n = 133) = -2{,}457$, $p = 0{,}014$)[93].

---

93 ***M*** (kursiv gesetzt) bezeichnet den Mittelwert, ***SD*** (ebenfalls kursiv) die Standardabweichung (standard deviation). Ist die Standardabweichung so groß oder größer als eine ganze Skalenposition, kennzeichnet der Mittelwert die Verteilung nicht so gut: Jeder einzelne Messwert weicht dann im Schnitt eine ganze Skalenposition vom Mittelwert ab. Die Angabe des (kursiv gesetzten) ***Z*-Wert**s dient zur Bezifferung der Größe des Unterschieds: Mit steigendem *Z*-Wert steigt auch der Mittelwertsunterschied. Innerhalb der runden Klammern nach dem *Z*-Wert wird der Stichprobenumfang (***n*** kursiv gesetzt, Anzahl der Personen, deren beide Werte in den Vergleich einfließen) angegeben. Der ***p***-Wert (p ebenfalls kursiv gesetzt; wenn p = 0,000, dann geschrieben als $p < 0{,}001$) vervollständigt die Ergebnisdarstellung und bezeichnet die Wahrscheinlichkeit dieses oder eines noch stärkeren Ergebnisses unter Annahme der H_0 („Es besteht kein realer Zusammenhang").

Achtung: Werden bipolare Items (wie z.B. in Frage 9 der BUCHdaten) verglichen, ist es erforderlich, vor dem Test eine **Richtungsbereinigung** eventuell umgekehrt gepolter Statements durchzuführen (vgl. die Erläuterungen rund um Abbildung 62 auf Seite 136 im Kapitel 6.4.1). Ansonsten werden eventuell Mittelwertsunterschiede interpretiert, die lediglich in der umgekehrten Polung im Fragebogen begründet sind.

6.5.4.11 | Friedman-Test

Bei einem Friedman-Test für abhängige Stichproben werden MEHR ALS ZWEI Messwerte derselben Personen bzw. Datensätze miteinander verglichen.

Für jeden Datensatz liegen bei jeder der beiden Vergleichsvariablen Werte vor. Diese sind „gepaart", da die Vergleichswerte jeweils an derselben Person bzw. demselben Gegenstand erhoben wurden (und sich damit jeweils in denselben Datenzeilen befinden).

Abbildung 90 auf Seite 184 veranschaulicht den Friedman-Test für MEHR ALS ZWEI abhängige Stichproben anhand aller 9 aus der Itembatterie zur Frage 6 der BUCHdaten ausgewählten Variablen.

Frage 6 lautet: „Wie muss ein ideales Fachbuch für Sie beschaffen sein, damit Sie es gerne lesen?" Die von 1 = „sehr wichtig" bis 5 = „gar nicht wichtig" skalierten Items bezeichnen die verschiedenen Eigenschaften, die die Befragten in den BUCHdaten einem guten Fachbuch zuschreiben.

„Ein Fachbuch muss ..." **f_06_1** *„mir sympathisch sein" |* **f_06_2** *„optisch ansprechend sein" |* **f_06_3** *„leicht verständlich sein" |* **f_06_4** *„interessante Inhalte haben" |* **f_06_5** *„einen leicht lesbaren Text haben" |* **f_06_6** *„einen hohen persönlichen Nutzen haben" |* **f_06_7** *„rasch Informationen liefern" |* **f_06_8** *„übersichtlich gestaltet sein" |* **f_06_9** *„immer wieder Neues zu entdecken haben".*

Da es sich beim Friedman-Test um ein parameterfreies Verfahren handelt, müssen die Testvariablen NICHT auf Normalverteilung geprüft werden. Parameterfreie Tests sind verteilungsunabhängig und können immer angewendet werden.

- Der Aufruf des Tests erfolgt über **Analysieren ↪ Nichtparametrische Tests ↪ Klassische Dialogfelder ↪ K verbundene Stichproben...**.
- Die zu vergleichenden 9 Variablen werden in die Auswahl gezogen (❶).
- Unter den verfügbaren Tests wird der **Friedman**-Test ausgewählt (❷).
- Unter **Statistiken** liefert eine **Deskriptivstatistik** (❸) bessere Ergebnisübersicht.
- Ein Klick auf **OK** liefert die Testergebnisse.

In der Mittelwertsübersicht (❹) sticht gegenüber allen anderen Eigenschaften vor allem der „hohe persönliche Nutzen" ins Auge.

- Die eigentliche Teststatistik zeigt ❺.

Der p-Wert macht darauf aufmerksam: Einzelne Mittelwerte unterscheiden sich höchst signifikant voneinander.

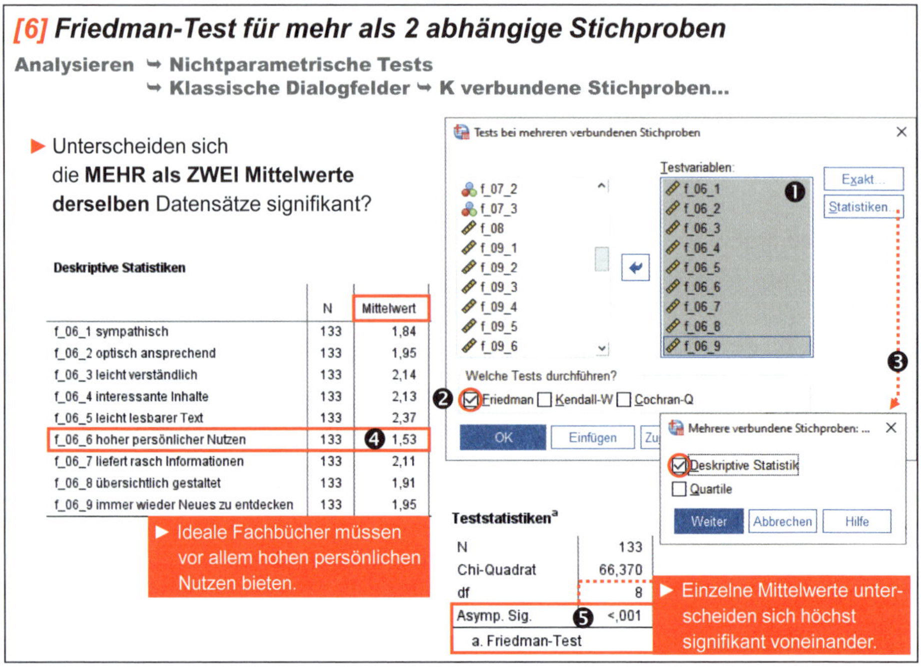

Abbildung 90: Friedman-Test für mehr als 2 abhängige Stichproben

WELCHE Mittelwerte signifikante Unterschiede aufweisen, kann allerdings aus dem Ergebnis NICHT abgelesen werden. Hierzu könnte z.B. der parameterfreie Wilcoxon-Test (vgl. Kapitel 6.5.4.10 ab Seite 181) mit paarweisen Vergleichen Abhilfe schaffen.

Achtung: Werden bipolare Items (wie z.B. in Frage 9 der BUCHdaten) verglichen, ist es erforderlich, vor dem Test eine **Richtungsbereinigung** eventuell umgekehrt gepolter Statements durchzuführen (vgl. die Erläuterungen rund um Abbildung 62 auf Seite 136 im Kapitel 6.4.1). Ansonsten werden eventuell Mittelwertsunterschiede interpretiert, die lediglich in der umgekehrten Polung im Fragebogen begründet sind.

Eine wissenschaftliche Ergebnisformulierung könnte lauten:

> Das Idealprofil von Fachbüchern wurde mittels 9 Rating-Items (1 = sehr wichtig; 5 = gar nicht wichtig) abgefragt. Der parameterfreie Friedman-Test – $\chi^2(8, n = 133) = 66{,}370, p < 0{,}001$)[94] – sowie eine Deskriptivstatistik zeigen höchst signifikante Ergebnisunterschiede: Ideale Fachbücher müssen an erster Stelle hohen persönlichen Nutzen bieten.

[94] Die Angabe des **χ^2-Werts** dient zur Bezifferung der Größe des Mittelwertsunterschieds: Mit steigendem χ^2-Wert steigt auch der Unterschied. Die erste Zahl in der Klammer bezeichnet die **Freiheitsgrade** (**df** = degrees of freedom). Diese kennzeichnen, wie viele Variablen (df = Variablenanzahl – 1) in den Friedman-Test einbezogen wurden. Je mehr Variablen im Test sind, desto schwieriger wird die Interpretation der Ergebnisse (WELCHE Werte weichen von welchen signifikant ab?). Danach wird noch innerhalb der Klammer die Stichprobengröße ***n*** (n kursiv gesetzt) angeführt. Der ***p***-Wert (p ebenfalls kursiv gesetzt; wenn p = 0,000, dann geschrieben als $p < 0{,}001$) vervollständigt die Ergebnisdarstellung und bezeichnet die Wahrscheinlichkeit dieses oder eines noch stärkeren Ergebnisses unter Annahme der H_0 („Es besteht kein realer Zusammenhang“).

6.5.4.12 | U-Test

Bei einem U-Test für unabhängige Stichproben werden die Mittelwerte EINER Variable zwischen ZWEI unterschiedlichen Personen- bzw. Datensatz-Gruppen verglichen.

Der U-Test für unabhängige Stichproben benötigt eine Gruppenvariable. Sie enthält für jeden Datensatz die Information über seine Gruppenzugehörigkeit. Hat die Gruppenvariable mehr als zwei Ausprägungen, müssen zwei davon für den U-Test ausgewählt werden.

Abbildung 91 veranschaulicht den U-Test für ZWEI unabhängige Stichproben anhand eines ausgewählten Items zu Frage 6 der BUCHdaten. Sein Beurteilungsmittelwert wird zwischen den beiden Samplegruppen, die Frage 4 bildet, verglichen.

Frage 6 lautet: „Wie muss ein ideales Fachbuch für Sie beschaffen sein, damit Sie es gerne lesen?“ Im Beispiel wird der Mittelwert der Wichtigkeit von Item **f_06_2** *„muss optisch ansprechend sein“ zwischen jenen Personen verglichen, die Bücher lieber in einer Buchhandlung kaufen, und jenen Konsumentinnen und Konsumenten, die den Versandhandel bevorzugen (Frage 4,* **f_04***).*

Da es sich beim U-Test um ein parameterfreies Verfahren handelt, ist KEINE Prüfung auf Normalverteilung notwendig. Der U-Test kann immer zur Anwendung gelangen.

Der Aufruf des Tests erfolgt über **Analysieren ↪ Nichtparametrische Tests ↪ Klassische Dialogfelder ↪ 2 unabhängige Stichproben....**

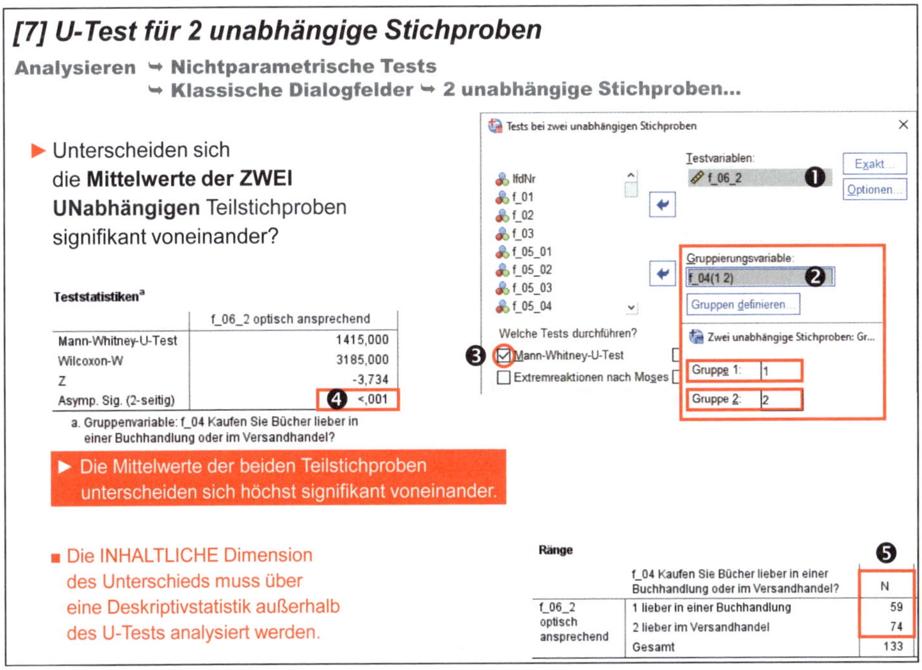

Abbildung 91: U-Test für 2 unabhängige Stichproben

- Die **Testvariable** ist die Skalenvariable f_06_2 (❶ in Abbildung 91 auf Seite 185). Ihr Mittelwert wird nach den zwei Ausprägungen der **Gruppierungsvariable** f_04 verglichen (❷).

  SPSS verlangt hier in jedem Fall die Eingabe der beiden Codes der zu vergleichenden Gruppen, auch wenn die Variable ohnehin nur zwei Ausprägungen enthält.
- Berechnet werden soll der **Mann-Whitney-U-Test** (❸).
- Ein Klick auf **OK** liefert die Testergebnisse.

Im abgebildeten Beispiel unterscheiden sich die Mittelwerte der beiden Teilstichproben höchst signifikant voneinander (❹).

- Die INHALTLICHE Dimension des Mittelwertsunterschieds muss bei diesem Test entweder über eine Deskriptivstatistik „außerhalb" des U-Tests (vgl. Kapitel 6.5.4.1 ab Seite 159) oder etwa ein Fehlerbalkendiagramm (vgl. dazu die Ausführungen rund um Abbildung 81 auf Seite 164) analysiert und interpretiert werden.

Die Deskriptivstatistik (außerhalb des U-Tests, in der Abbildung nicht dargestellt) zeigt: Der Mittelwert in der Vergleichsgruppe „Buchhandlungskaufende" ist viel niedriger: Personen, die Bücher lieber im Buchhandel kaufen, ist bei Fachbüchern die Optik deutlich wichtiger als jenen, die bevorzugt im Versandhandel bestellen.

- Eine im Dialogfeld unter **Optionen** des U-Tests anforderbare **Deskriptivstatistik** liefert keine sinnvollen Ergebnisse.

Eine wissenschaftliche Ergebnisformulierung könnte lauten:

Die Wichtigkeit „ansprechender Optik" wurde auf einer 5-stufigen Skala (1 = sehr wichtig; 5 = gar nicht wichtig) abgefragt und mittels parameterfreiem U-Test auf Unterschiedlichkeit zwischen Buch- und Versandhandelkaufenden überprüft. Die Mittelwertsdifferenz von Buchhandel-Affinen (M = 1,51, SD = 0,751) zu Versandhandel-Befürwortenden (M = 2,30, SD = 1,352) konnte als höchst signifikant ($U(n_1 = 59, n_2 = 74) = 1415, p < 0,001$)[95] nachgewiesen werden.

6.5.4.13 | Kruskal-Wallis-Test

Beim Kruskal-Wallis-Test für unabhängige Stichproben werden die Mittelwerte EINER Variable zwischen MEHR ALS ZWEI unterschiedlichen Personen- bzw. Datensatz-Gruppen miteinander verglichen.

Beim Kruskal-Wallis-Test für unabhängige Stichproben wird eine Gruppenvariable benötigt.

---

[95] ***M*** (kursiv gesetzt) bezeichnet den Mittelwert, ***SD*** (ebenfalls kursiv) die Standardabweichung (standard deviation). Ist die Standardabweichung so groß oder größer als eine ganze Skalenposition, kennzeichnet der Mittelwert die Verteilung nicht so gut: Jeder einzelne Messwert weicht dann im Schnitt eine ganze Skalenposition vom Mittelwert ab. Die Angabe des (kursiv gesetzten) ***U*-Wert**s dient zur Bezifferung der Größe des Mittelwertsunterschieds: Mit sinkendem *U*-Wert steigt der Unterschied. Nach dem *U* werden in runden Klammern die Stichprobengrößen (***n*** kursiv gesetzt) der beiden Vergleichsgruppen angegeben (❺ in Abbildung 91 auf Seite 185). Der ***p***-Wert (p ebenfalls kursiv gesetzt; wenn p = 0,000, dann geschrieben als $p < 0,001$) vervollständigt die Ergebnisdarstellung und bezeichnet die Wahrscheinlichkeit dieses oder eines noch stärkeren Ergebnisses unter Annahme der H_0.

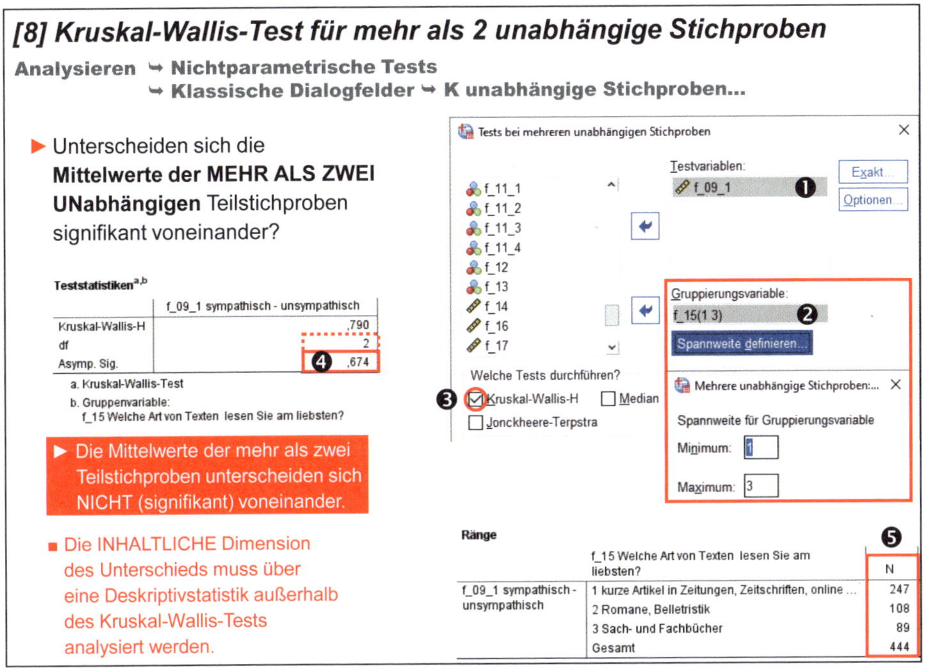

Abbildung 92: Kruskal-Wallis-Test für mehr als 2 unabhängige Stichproben

Sie enthält für jeden Datensatz die Information über seine Gruppenzugehörigkeit. Diese Gruppenvariable hat hier mehr als zwei Ausprägungen (sonst gelangt der U-Test – vgl. Kapitel 6.5.4.12 ab Seite 185 – zur Anwendung).

Abbildung 92 veranschaulicht den Kruskal-Wallis-Test für MEHR ALS ZWEI unabhängige Stichproben anhand eines ausgewählten Items zu Frage 9 der BUCHdaten. Sein Beurteilungsmittelwert wird zwischen den drei Samplegruppen aus Frage 15 verglichen.

*Frage 9 lautet: „Wie sehr treffen die positiven oder negativen Ausprägungen der folgenden Eigenschaften Ihrer Ansicht nach auf Fachbücher zu?“ Im Beispiel wird der Beurteilungsmittelwert von Item 9.1 (**f_09_1**) „sympathisch – unsympathisch“ zwischen jenen Personen verglichen, die auf Frage 15 „Welche Art von Texten lesen Sie am liebsten?“ mit „Artikel online, in Zeitungen, Zeitschriften ...“ oder „Romane“ oder „Sach- und Fachbücher“ geantwortet haben (**f_15**).*

Da es sich beim Kruskal-Wallis-Test um ein parameterfreies Verfahren handelt, muss keine Prüfung auf Normalverteilung der Testvariablen erfolgen.

- Der Aufruf des Kruskal-Wallis-Tests erfolgt über **Analysieren ➥ Nichtparametrische Tests ➥ Klassische Dialogfelder ➥ K unabhängige Stichproben....**
- Die **Testvariable** ist die Skalenvariable f_09_1 (❶). Ihre Mittelwerte werden nach den Ausprägungen der **Gruppierungsvariable** f_15 verglichen (❷).

  Der Bereich der Gruppenvariable muss nicht alle ihrer Ausprägungen umfassen, er muss aber kontinuierlich sein.

Das bedeutet z.B. beim Vorhandensein von 5 Ausprägungen einer Gruppenvariable: Die Mittelwerte nach Code 1, 2 und 5 zu vergleichen wäre NICHT möglich, nach Code 1, 2 und 3 hingegen schon.

- Berechnet werden soll der **Kruskal-Wallis-U-Test** (❸).
- Ein Klick auf **OK** liefert die Testergebnisse.

Im abgebildeten Beispiel unterscheiden sich die Mittelwerte der drei Teilstichproben NICHT signifikant voneinander.

- WELCHE Mittelwerte wie große (bzw. signifikante) Unterschiede aufweisen, kann allerdings aus dem Ergebnis NICHT abgelesen werden. Die INHALTLICHE Dimension des Mittelwertsunterschieds muss bei diesem Test entweder über eine Deskriptivstatistik „außerhalb" des Kruskal-Wallis-Tests (vgl. Kapitel 6.5.4.1 ab Seite 159) oder etwa ein Fehlerbalkendiagramm (vgl. dazu die Ausführungen rund um Abbildung 81 auf Seite 164) analysiert und interpretiert werden.

  Auch der parameterfreie U-Test (vgl. Kapitel 6.5.4.12 ab Seite 185) mit paarweisen Vergleichen könnte hier Abhilfe schaffen.

Die Deskriptivstatistik (außerhalb des Kruskal-Wallis-Tests) zeigt, dass sich die Mittelwerte zwischen Personen, die am liebsten (Online-)Artikel, Romane oder Fach- und Sachbücher lesen, nur sehr geringfügig unterscheiden.

- Eine im Dialogfeld unter **Optionen** des Kruskal-Wallis-Tests anforderbare **Deskriptivstatistik** liefert keine sinnvollen Ergebnisse.

Eine wissenschaftliche Ergebnisformulierung könnte lauten:

Die Sympathie von Fachbüchern wurde auf einer 6-stufigen bipolaren Skala (1 = sehr sympathisch; 6 = sehr unsympathisch) abgefragt und zwischen jenen drei Personengruppen verglichen, die am liebsten (Online-)Artikel, Belletristik oder Sach- und Fachbücher lesen. Der parameterfreie Kruskal-Wallis-Test – $H(2, n_1 = 247, n_2 = 108, n_3 = 89) = 0{,}790, p = 0{,}674$[96] – sowie ein deskriptiver Mittelwertsvergleich zeigen keine (signifikanten) Ergebnisunterschiede.

6.5.5 | (Quasi-)Metrisch (ordinal) mit (quasi-)metrisch (ordinal): Korrelation

► Das statistische Grundlagenwissen zu den folgenden Analyseschritten wurde bereits an anderer Stelle erläutert (vgl. Kapitel 5.1.7 ab Seite 73 (deskriptive Statistik) sowie Kapitel 5.2.6 ab Seite 100 (schließende Statistik)).

---

[96] Die Angabe des ***H*-Wert**s dient zur Bezifferung der Größe des Mittelwertsunterschieds: Mit steigendem *H*-Wert steigt auch der Unterschied. Die erste Zahl in der Klammer nach dem *H* bezeichnet die **Freiheitsgrade** (**df** = degrees of freedom): Sie kennzeichnen, wie viele Teilgruppen (df = Gruppenanzahl – 1) in den Kruskal-Wallis-Test einbezogen wurden. Je mehr Gruppen verglichen werden, desto schwieriger wird die Ergebnisinterpretation (WELCHE Werte weichen von welchen signifikant ab?). Die ***n*** (*n* kursiv gesetzt) innerhalb der Klammer kennzeichnen die Größe der drei Vergleichsgruppen (❺ in Abbildung 92). Der ***p***-Wert (p kursiv gesetzt) vervollständigt die Ergebnisdarstellung und bezeichnet die Wahrscheinlichkeit dieses oder eines noch stärkeren Ergebnisses unter Annahme der H_0.

6.5.5.1 | Deskriptive Analyse bei Korrelationen

Metrische Zusammenhänge visualisieren **Streudiagramme**, zur Ergebnisanalyse der Beziehung zweier zumindest ordinaler Variablen dient der **Korrelationskoeffizient**.

Das Wesen und die Aussagekraft von Streudiagrammen wurde bereits an anderer Stelle erläutert (rund um Abbildung 27 und Abbildung 28 auf Seite 74 im Kapitel 5.1.7). Das Vorgehen zur Erstellung eines Streudiagramms skizziert Abbildung 93 auf Seite 190.

Aus den BUCHdaten soll analysiert werden, ob die Anzahl unfreiwillig gelesener Bücher mit dem Lebensalter zusammenhängt. Dazu wird die Altersvariable **f_14** *in Form eines Streudiagramms mit Frage 17 verbunden: „Wie viele Bücher lesen Sie im Schnitt pro Jahr nicht ganz freiwillig?" (***f_17***).*[97]

- Der entsprechende SPSS-Menübefehl lautet **Grafik ➥ Diagrammerstellung…**.

  Ein danach eventuell erscheinendes Warnungs-Dialogfeld kann mit **OK** weggeklickt werden.
- Ausgewählt wird **Streu-/Punktdiagramm** (❶), danach muss das erste Icon links mit den einfachen Punkten (❷) zur **Diagrammvorschau** gezogen werden.
- Die Altersvariable **f_14** wird dem Y-Achsen-Bereich zugewiesen (❸).
- Die zweite metrische Variable **f_17** kommt in das Auswahlfeld der X-Achse (❹).

  Ein Streudiagramm macht nur bei metrisch skalierten Variablen Sinn. Darauf weist das kleine Lineal neben den beiden Variablennamen hin.[98]
- Ein Klick auf **OK** startet die grafische Darstellung.

Abbildung 93 auf Seite 190 zeigt den Zusammenhang: Die beiden Variablen besitzen einen mittleren bis höheren negativen Zusammenhang (vgl. Abbildung 28 auf Seite 74). Jeder Punkt im Diagramm steht für einen Datensatz, dessen kombinierte Ausprägung auf **f_14** *und* **f_17** *dargestellt wird. In der Anordnung der Punkte ist ein gewisses Muster zu erkennen – sie nehmen nach rechts hin ab, die Punktestapel werden niedriger (❺).*

Eine „wirklich" bzw. „besser" ellipsenförmige Punktwolke wie in Abbildung 27 auf Seite 74 im Kapitel 5.1.7 beschrieben fehlt aber.

(Auch) deshalb wird zusätzlich der **Korrelationskoeffizient** berechnet. Er soll mehr und weitere Klarheit schaffen.

Wie auf Seite 76 im Kapitel 5.1.7 beschrieben, gibt es zwei verbreitete Korrelationskoeffizienten: Zur Analyse metrischer Zusammenhänge dient die **Korrelation nach Pearson**. Ab ordinalem Skalenniveau bzw. bei Ausreißern oder Extremwerten ist die **Spearman-Korrelation** verbreitet.

Das Vorgehen zur Berechnung eines Korrelationskoeffizienten nach Pearson und Spearman zeigt Abbildung 94 auf Seite 190.

---

[97] Die genaue Formulierung der Frage findet sich im BUCHdaten-Fragebogen (vgl. Abbildung 2 auf Seite 17).

[98] Befindet sich neben den Variablennamen im Dialogfeld ein anderes Symbol, ermöglicht **rechter Mausklick** auf den entsprechenden Variablennamen in einem Kontextmenü die notwendige Umstellung auf metrisch.

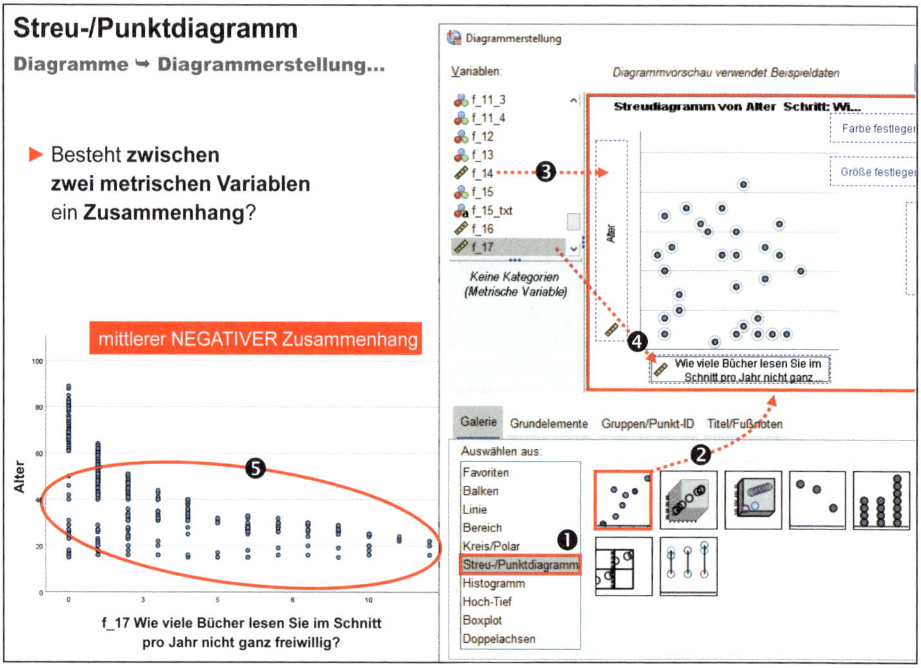

Abbildung 93: Zusammenhang zwischen metrischen Variablen: Streudiagramm

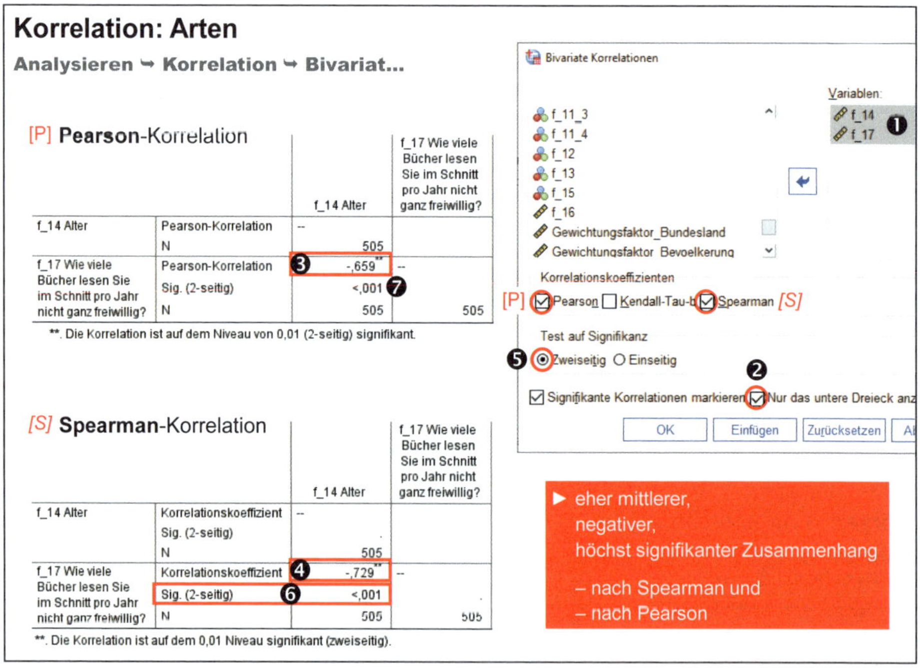

Abbildung 94: Arten von Korrelationen

Analog zum soeben erzeugten Streudiagramm soll aus den BUCHdaten wieder analysiert werden, ob die Anzahl unfreiwillig gelesener Bücher mit dem Lebensalter zusammenhängt. Dazu wird die Altersvariable **f_14** *mit Frage 17 (***f_17***, „Wie viele Bücher lesen Sie im Schnitt pro Jahr nicht ganz freiwillig?"* [99]*) korreliert.*

- Der SPSS-Menübefehl lautet **Analysieren ↪ Korrelation ↪ Bivariat....**
- Alle zu korrelierenden Variablen werden in die Auswahl übernommen (❶).
- **Nur das untere Dreieck anzeigen** (❷) verhindert, dass in den Ergebnistabellen jede Variable doppelt mit jeder Variable und auch mit sich selbst korreliert wird – beides trägt nicht zur Ergebnisinterpretation bei.
- Durchgeführt werden soll die **Pearson-Korrelation** ([P]) und hier, zu Vergleichszwecken, auch die **Spearman-Korrelation** (*[S]*).
- Ein Klick auf **OK** startet die Berechnung.

Abbildung 94 auf Seite 190 zeigt das Ergebnis: Der Pearson-Koeffizient verweist auf einen eher mittleren negativen Zusammenhang (❸), Spearman auf einen „beginnend" höheren (❹, vgl. Abbildung 28 auf Seite 74) zwischen den beiden Variablen Alter und Anzahl unfreiwillig gelesener Bücher.

6.5.5.2 | Schließende Analyse bei Korrelationen

Die Korrelation der beiden BUCHdaten-Variablen aus dem vorigen Kapitel – **f_14** *(Alter) und* **f_17** *(„Wie viele Bücher lesen Sie im Schnitt pro Jahr nicht ganz freiwillig?" – soll auf ihre Signifikanz überprüft werden.*

Werden korrelative Zusammenhänge mittels Pearson-Korrelation auf ihre Signifikanz überprüft, ist Normalverteilung aller Variablen erforderlich (vgl. Seite 76 im Kapitel 5.1.7). Die Normalverteilungsprüfung von **f_14** und **f_17** erfolgt wie in Kapitel 6.5.4.5 ab Seite 166 beschrieben.

- Dazu werden beide Variablen in den Bereich der **abhängigen Variablen** gezogen.

Die Überprüfung ergibt, dass die Ausprägungen der beiden Variablen laut Kolmogorov-Smirnov- und Shapiro-Wilk-Test NICHT normalverteilt vorliegen. Histogramm und Q-Q-Diagramm unterstützen eindeutig dieses Ergebnis.[100]

Aufgrund der fehlenden Normalverteilung muss die Signifikanzprüfung über den Spearman-Koeffizienten erfolgen.

- Die Signifikanzprüfung kann direkt im Dialogfeld der Korrelationsberechnungen angefordert werden (❺ in Abbildung 94 auf Seite 190).

  SPSS führt die Prüfung für alle markierten Korrelationskoeffizienten durch. Im Beispiel interpretiert werden sollte – wegen fehlender Normalverteilung – der p-Wert von **Spearman** (*[S]*).

Die Signifikanzberechnung ist hier ein- oder zweiseitig möglich (vgl. Kapitel 5.2.1.6 ab Seite 89).

---

[99] Die genaue Formulierung der Frage findet sich im BUCHdaten-Fragebogen (vgl. Abbildung 2 auf Seite 17).
[100] Diese Prüfung wurde im Hintergrund durchgeführt. Hier angesprochen werden nur ihre Ergebnisse.

Abbildung 94 auf Seite 190 attestiert dem im vorigen Kapitel ermitteltem Zusammenhang höchste Signifikanz (❻).[101]

Eine wissenschaftliche Ergebnisformulierung könnte lauten:

Zwischen den Variablen Alter und unfreiwillige Lesemenge an Büchern konnte mittels Spearman-Rang-Korrelation ein (eher) mittlerer negativer Zusammenhang nachgewiesen werden, der sich als höchst signifikant herausstellte (r_s (503) = -0,729, $p < 0{,}001$)[102].

[101] Im Beispiel wäre auch die hier wegen fehlender Normalverteilung nicht anwendbare Signifikanzprüfung nach Pearson höchst signifikant gewesen (❼).

[102] ***r*** (kursiv gesetzt) bedeutet „Korrelationskoeffizient", das tiefgestellte $_s$ kennzeichnet die Berechnung nach Spearman. Aus der Fallzahl n = 505 werden die **Freiheitsgrade** (**df** = degrees of freedom = Fallzahl – 2) berechnet und im Ergebnis in Klammern angegeben: df bei **f_14** in Kombination mit **f_17** = n – 2 = 503. Je mehr Freiheitsgrade einem Ergebnis zugrundeliegen, als desto hochwertiger (fundierter) ist es zu betrachten. Der ***p***-Wert (p ebenfalls kursiv gesetzt; wenn p = 0,000, dann geschrieben als $p < 0{,}001$) vervollständigt die Ergebnisdarstellung und bezeichnet die Wahrscheinlichkeit dieses oder eines noch stärkeren Ergebnisses unter Annahme der H_0 („Es besteht kein realer Zusammenhang", r = 0). Die H_0 wird bei zweiseitiger Signifikanzprüfung gegen die Alternativhypothese „r ≠ 0" geprüft, bei einseitiger gegen „r > 0" bzw. „r < 0".

6.6 | Entscheidungsbaum für Auswertungen

▼***Abstract*** *(in diesem Kapitel geht's um ...)*▼

• **Auswertung einzelner nominaler** oder **ordinaler Variablen:** Häufigkeitsauswertung • bei Mehrfachangaben Analyse von Mehrfachantworten • grafische Darstellung mit Kreis-, Linien-, Balken- oder Säulendiagrammen
• **Auswertung einzelner metrischer** oder **Ratingskalen-Variablen:** Deskriptivstatistik oder explorative Datenanalyse • grafische Darstellung mit Kreis-, Linien-, Balken- oder Säulendiagrammen
• **Auswertung nominaler** oder **ordinaler Variablen nach nominalen** oder **ordinalen Variablen:** Kreuztabellen • grafische Darstellung mit Säulen- oder Balkendiagrammen • Signifikanzprüfungen mittels Chi²-Test
• **Auswertung metrischer** oder von **Ratingskalen-Variablen im Vergleich zueinander** ODER **nach nominalen (ordinalen) Untergruppen:** einfache deskriptive Mittelwertsvergleiche • grafische Darstellung mittels Fehlerbalkendiagrammen • Signifikanzprüfungen mittels Parameter- und parameterfreier Verfahren (abhängig von Skalierung, Normalverteilung sowie von Art und Zahl der Vergleiche)
• **Auswertung metrischer (ordinaler)** oder von Ratingskalen-Variablen **mit metrischen (ordinalen)** oder Ratingskalen-Variablen: bivariate Korrelationen • grafische Darstellung mittels Streudiagrammen • Pearson- oder Spearman-Koeffizient (abhängig von Skalenniveau und im Falle der Signifikanzermittlung von Normalverteilung)

Die richtige Auswertungsroutine auszuwählen kann da und dort ein wenig herausfordernd sein.

Unterstützung für eine korrekte Auswertung haben bereits weiter vorne in diesem Buch einzelne Überblicksdarstellungen geboten: Welches Verfahren ist messniveaubedingt wann anzuwenden (vgl. Kapitel 5.3 ab Seite 102), welches Mittelwertsvergleichsverfahren muss aufgrund einer bestehenden Datenlage gewählt werden (vgl. Kapitel 6.5.4.4 ab Seite 166)?

Das vorliegende Kapitel fasst nun alle in diesem Buch beschriebenen Datenanalyseverfahren in einem Gesamtüberblick zusammen – vom einfachen Auswerten einzelner Variablen bis hin zum Prüfen komplexerer Variablenzusammenhänge ohne und mit (hypothesenbezogenen) Signifikanzchecks:

Ein **Entscheidungsbaum** (vgl. Abbildung 95 auf Seite 194) gibt Hilfestellung: In der Abbildung sind alle in Kapitel 5 ab Seite 52 und in Kapitel 6.5 ab Seite 143 (Umsetzung mit SPSS) beschriebenen Analyseverfahren mit ihren Anwendungsbedingungen angeführt.

Skalenniveau und Datenlage bestimmen die Wahl des Analyseverfahrens. Skalenniveau und Datenlage wiederum werden selbst durch Erkenntnisinteressen, Forschungsfragen und Hypothesen jeder empirischen Erhebung bedingt. Damit spannt sich der gesamte „empirische Bogen", der „rote Faden der Empirie", ganz zurück zum Beginn dieses Buchs (vgl. Kapitel 1 ab Seite 19).

Entscheidungs-How to do für Auswertungsroutinen

Signifikanzprüfungen bei Mittelwertsvergleichen

① verbundene (abhängige) (Teil-)Stichproben	zwei	Messwertdifferenzen normalverteilt	T-Test bei verbundenen Stichproben	[1]
		nicht normalverteilt	Wilcoxon-Test	*[5]*
	mehr als zwei	je Variable normalverteilt	Varianzanalyse mit Messwiederholung	[2]
		nicht normalverteilt	Friedman-Test	*[6]*
unverbundene (unabhängige) (Teil-)Stichproben	zwei	je Gruppe normalverteilt	T-Test bei unabhängigen Stichproben	[3]
		nicht normalverteilt	U-Test	*[7]*
	mehr als zwei	je Gruppe normalverteilt	(Einfaktorielle) Varianzanalyse	[4]
		nicht normalverteilt	Kruskal-Wallis-Test	*[8]*

Korrelations-Koeffizienten

② mindestens intervallskaliert	keine Ausreißer, Extremwerte		Pearson-Korrelation [P]
	normalverteilt	(bei Signifikanzprüfung)	
	Ausreißer bzw. nicht normalverteilt	(bei Signifikanzprüfung)	Spearman-Korrelation *[S]*
mindestens ordinal skaliert			

Abbildung 95: Entscheidungsbaum für Auswertungsroutinen

❶ in Abbildung 95 auf Seite 194:

Für **einzelne nominale**[103] oder **ordinale Variablen**[104] bieten sich deskriptiv einfache Häufigkeitszählungen (ab Seite 53), schließend Schwankungsbreiten von Prozentwerten (ab Seite 93), in SPSS ab Seite 143 (SPSS-Menübefehl **Analysieren ↪ Deskriptive Statistiken ↪ Häufigkeiten...**) an.

❷ in Abbildung 95 auf Seite 194:

Einzelne metrische Variablen[105] oder solche **aus Ratingskalen**[106] werden mit deskriptiven Statistiken (ab Seite 55) ausgewertet, schließend mit Konfidenzintervallen (ab Seite 95), in SPSS mit Deskriptivstatistiken bzw. der explorativen Datenanalyse (ab Seite 149, SPSS-Menübefehle **Analysieren ↪ Deskriptive Statistiken ↪ Deskriptive Statistik...** und **Analysieren ↪ Deskriptive Statistiken ↪ Explorative Datenanalyse...**). Grafische Darstellungen sind hier vor allem in Form von Säulen- und Balkendiagrammen möglich: Beispiele dazu finden sich im Downloadbereich von howtodo.at. Auch Fehlerbalkendiagramme (Seiten 96, 99, 164) sind (bei Zufallsstichproben) eine Option.

❸ in Abbildung 95 auf Seite 194:

Zwei nominale oder **ordinale Variablen**[107] werden in Form von Kreuztabellen miteinander verknüpft (deskriptiv ab Seite 67, schließend ab Seite 96, in SPSS ab Seite 152). Der SPSS-Menübefehl lautet **Analysieren ↪ Deskriptive Statistiken ↪ Kreuztabellen...**. Grafisch darstellbar sind Variablenbeziehungen dieser Art mittels Säulen- oder Balkendiagrammen: Beispiele dazu finden sich im Downloadbereich von howtodo.at. Signifikanzprüfungen erfolgen (bei Zufallsstichproben) mittels Chi^2-Test.

❹ in Abbildung 95 auf Seite 194:

Befasst sich die Auswertung mit **metrischen Variablen** oder solchen **aus** (quasi-metrischen) **Ratingskalen im Vergleich zueinander**[108] oder **nach nominalen Untergruppen**[109], gelangen Mittelwertsvergleiche (deskriptiv ab Seite 71, schließend ab Seite 99, in SPSS ab Seite 159) zum Einsatz. Erreichbar sind die Vergleiche in SPSS über **Analysieren ↪ Mittelwerte und Proportionen vergleichen ↪ Mittelwerte...** oder **Analysieren ↪ Deskriptive Statistiken ↪ Explorative Datenanalyse...**. Die besten grafischen Übersichten liefern hier Säulen- und Balkendiagramme: Beispiele dazu finden sich im Downloadbereich von howtodo.at. Auch Fehlerbalkendiagramme (Seiten 96, 99, 164) sind (bei Zufallsstichproben) eine Option. Signifikanzprüfungen (bei Zufallsstichproben) richten sich nach der Datenlage: Je nach Skalenniveau, vorhandener Normalverteilung oder nicht

---

[103] Vgl. BUCHdaten-Fragebogen (S. 18–19): Fragen 1, 2, 3, 4, 5, 7, 11, 12, 13, 15.

[104] Frage 10.

[105] Fragen 8, 14, 16, 17.

[106] Fragen 6, 9.

[107] z.B.: Frage 1 und 2, Frage 1 und 3, Frage 1 und Frage 4.

[108] z.B.: Frage 16 und 17, oder Frage 6 bzw. Frage 9, alle Items, jeweils im Vergleich zueinander.

[109] z.B.: Frage 8 nach Frage 4, oder Frage 6 (einzelne Items) nach Frage 4.

(Prüfung ab Seite 166), Art (verbundene oder unabhängige) und Anzahl der Vergleichsgruppen stehen unterschiedliche Parameter- und parameterfreie Verfahren zur Auswahl (ab Seite 164).

① in Abbildung 95 auf Seite 194 zeigt den „Weg der Entscheidung" zu den einzelnen Verfahren: Der T-Test für zwei abhängige Stichproben (**Analysieren ↪ Mittelwerte und Proportionen vergleichen ↪ t-Test bei Stichproben mit paarigen Werten...**) wird ab Seite 168 näher erläutert, die Varianzanalyse mit Messwiederholung für mehr als zwei abhängige Stichproben (**Analysieren ↪ Allgemeines lineares Modell ↪ Messwiederholung...**) ab Seite 170. Ist parameterfreies Auswerten notwendig, wird für zwei verbundene Stichproben(teile) der Wilcoxon-Test (**Analysieren ↪ Nichtparametrische Tests ↪ Klassische Dialogfelder ↪ Zwei verbundene Stichproben...**) ab Seite 181 beschrieben, der Friedman-Test (**Analysieren ↪ Nichtparametrische Tests ↪ Klassische Dialogfelder ↪ K verbundene Stichproben...**) für mehr als zwei abhängige Gruppen ab Seite 183.

Handelt es sich um zwei unabhängige Stichprobenteile, kommt der T-Test für unabhängige Stichproben (**Analysieren ↪ Mittelwerte und Proportionen vergleichen ↪ t-Test bei unabhängigen Stichproben...**) ab Seite 175 zum Einsatz, für mehr als zwei unabhängige Gruppen die einfaktorielle Varianzanalyse (**Analysieren ↪ Mittelwerte und Proportionen vergleichen ↪ Einfaktorielle Varianzanalyse...**) ab Seite 177. Die zu diesen beiden Verfahren korrespondierenden parameterfreien Tests sind für zwei Gruppen der U-Test (**Analysieren ↪ Nichtparametrische Tests ↪ Klassische Dialogfelder ↪ 2 unabhängige Stichproben...**) ab Seite 185 und für mehr als zwei Gruppen der Kruskal-Wallis-Test (**Analysieren ↪ Nichtparametrische Tests ↪ Klassische Dialogfelder ↪ K unabhängige Stichproben...**) ab Seite 186.

❺ in Abbildung 95 auf Seite 194:

Liegen **metrische** (oder ordinale) **Variablen** bzw. solche **aus Ratingskalen** vor, die **mit metrischen**[110] (oder ordinalen) **Variablen** oder solchen **aus Ratingskalen**[111] **in Zusammenhang** gebracht werden sollen, dienen dazu Korrelationen (deskriptiv ab Seite 73, schließend ab Seite 100, in SPSS ab Seite 188). Der SPSS-Menübefehl lautet **Analysieren ↪ Korrelation ↪ Bivariat...**. Grafisch darstellbar sind Variablenbeziehungen dieser Art mittels Streudiagrammen (Seiten 74, 190). Abhängig von eventuell vorhandenen Ausreißern (bzw. Extremwerten, vgl. Abbildung 23 auf Seite 63), Skalenniveau und – falls eine Signifikanzprüfung erfolgen soll – Normalverteilung (Prüfung ab Seite 166) gelangen Pearson- oder Spearman-Koeffizient zur Anwendung (② in Abbildung 95 auf Seite 194).

---

[110] Vgl. BUCHdaten-Fragebogen (S. 18–19) – z.B.: Frage 8 mit Frage 16 oder Frage 14 mit Frage 17.

[111] z.B.: Frage 14 mit Frage 6, erstes Item; oder Frage 6, erstes Item mit Frage 9, erstes Item.

6.7 | Datenanalyse forschungsfragen-/hypothesenkonsistent auswerten

▼ ***Abstract*** *(in diesem Kapitel geht's um ...)* ▼

• **Verknüpfung** von Datenanalyseplan für Forschungsfragen und Hypothesen, Fragebogen, Entscheidungsbaum für Auswertungsroutinen und zusätzlich erforderlichen Analyseschritten
• beispielhafte **Beantwortung von Forschungsfragen** und **Prüfung von Hypothesen** in einem **Ergebnisbericht**

Im letzten Kapitel werden viele der im Buch angeführten statistischen Kennzahlen und Verfahren beispielhaft angewendet.

6.7.1 | Forschungsfragen-/hypothesenkonsistente Analyseplanung

VOR jeder empirischen Erhebung sollte UNBEDINGT ein Datenanalyseplan erstellt werden. Nur dann ist Passgenauigkeit zwischen Forschungsfragen, Hypothesen[112] und Erhebungsinstrument sichergestellt!

In den folgenden beiden Kapiteln wird der bereits in Kapitel 1.3 ab Seite 22 aufgestellte Datenanalyseplan für Forschungsfragen und Hypothesen mit dem Fragebogen zu den BUCHdaten (vgl. Seite 17 und Seite 18), dem Entscheidungsbaum für Auswertungsroutinen (vgl. Abbildung 95 auf Seite 194) und eventuell zusätzlichen erforderlichen Analyseschritten (= Seitenhinweisen) sequenziell (→) verknüpft.

6.7.1.1 | Analyseplanung für Forschungsfragen

FF $_{1}$: Wie groß ist die Leseaffinität der österreichischen Wohnbevölkerung?

FF $_{1.1}$: Wie groß ist die Leseaffinität **generell**?

↘ Frage 1 BUCHdaten

■ Häufigkeitszählung

→ Entscheidungsbaum ❶

FF $_{1.2}$: Wie groß ist die Leseaffinität **in Bezug auf Belletristik**?

↘ Frage 2 BUCHdaten

■ Häufigkeitszählung

→ Entscheidungsbaum ❶

FF $_{1.3}$: Wie groß ist die Leseaffinität **in Bezug auf Fachliteratur**?

↘ Frage 3 BUCHdaten

■ Häufigkeitszählung

→ Entscheidungsbaum ❶

---

[112] Zu den Forschungsfragen und Hypothesen dieses Buchs vgl. Fußnote 4 auf Seite 22.

FF $_{2}$: Welche spontanen Anforderungen stellen österreichische Fachbuch-Leserinnen und -Leser an Fachbücher?

↘ Frage 5 (nur für Datensätze mit „JA" bei Frage 3)
- Quantifizierung in Antwortcluster, Mehrfachantworten-Vercodung, Häufigkeiten

→ ab Seite 124 → ab Seite 30 → ab Seite 145 → Entscheidungsbaum ❶

FF $_{3}$: Wie hoch sind die halbjährlichen Ausgaben österreichischer Fachbuch-Leserinnen und -Leser für Fachliteratur?

↘ Frage 8 (für Datensätze mit „JA" bei Frage 3)
- Mittelwert und Deskriptivstatistiken

→ eventuell ab Seite 124 → Entscheidungsbaum ❷

FF $_{4}$: Welchen Zusammenhang gibt es zwischen der Leseaffinität der österreichischen Wohnbevölkerung und ihrem Konsum von Literatur?

FF $_{4.1}$: Welchen Zusammenhang gibt es [zwischen der Leseaffinität der österreichischen Wohnbevölkerung] und ihrem **Konsum von Belletristik**?

↘ Frage 1 mit Frage 2
- Kreuztabelle

→ Entscheidungsbaum ❸

FF $_{4.2}$: Welchen Zusammenhang gibt es [...] und ihrem **Konsum von Fachliteratur**?

↘ Frage 1 mit Frage 3
- Kreuztabelle

→ Entscheidungsbaum ❸

FF $_{5}$: Welche Meinung hat die österreichische Wohnbevölkerung über Fachbücher **generell**?

↘ Frage 9, alle Items
- Fehlerbalkendiagramm, (paarweise) Mittelwertsvergleich(e) der Items, eventuell davor Zusammenfassung in einen Gesamt-Item-Index (pro Datensatz)

→ ab Seite 137 → Entscheidungsbaum ❹ → Signifikanzprüfung ①[2] oder ①*[6]*

FF $_{5.1}$: Welche Meinung hat [die österreichische Wohnbevölkerung über Fachbücher] **in Bezug auf die eigene, subjektive Wahrnehmung?**

↘ Frage 9, Items 9.1, 9.4 und 9.9
- Bildung eines Mittelwertsindex (pro Datensatz), dann Deskriptivstatistiken

→ ab Seite 137 → Entscheidungsbaum ❷

FF $_{5.2}$: Welche Meinung hat [...] **in Bezug auf formale Aspekte**?

↘ Frage 9, Items 9.2 und 9.8
- Bildung eines Mittelwertsindex (pro Datensatz), dann Deskriptivstatistiken

→ ab Seite 137 → Entscheidungsbaum ❷

FF $_{5.3}$: Welche Meinung hat [...] **in Bezug auf inhaltliche Aspekte?**

↘ Frage 9, Items 9.3 und 9.5

■ Bildung eines Mittelwertsindex (pro Datensatz), dann Deskriptivstatistiken

→ ab Seite 137 → Entscheidungsbaum ❷

FF $_{5.4}$: Welche Meinung hat [...] **in Bezug auf anwendungsbezogene Aspekte?**

↘ Frage 9, Items 9.6 und 9.7

■ Bildung eines Mittelwertsindex (pro Datensatz), dann Deskriptivstatistiken

→ ab Seite 137 → Entscheidungsbaum ❷

→ abschließend zum Vergleich von FF 5.1 bis FF 5.4: Entscheidungsbaum ❹

→ Signifikanzprüfung ①[2] oder ①*[6]*

6.7.1.2 | Analyseplanung für Hypothesen

H $_{I}$: Wenn Personen gerne lesen, dann unterscheiden sie sich in ihrem Fachbuchkonsum von anderen Personen.

↘ Frage 1 mit Frage 3

■ Kreuztabelle

→ Entscheidungsbaum ❸ → (Signifikanzprüfung mittels Chi^2-Test)

H $_{II}$: Wenn Personen gerne lesen, dann lesen sie jährlich mehr Bücher, als wenn sie nicht gerne lesen.

↘ Frage 16 nach Frage 1

■ Fehlerbalkendiagramm, Mittelwertsvergleich

→ Entscheidungsbaum ❹ → Signifikanzprüfung ①[3] oder ①*[7]*

H $_{III}$: Je älter Personen sind, desto mehr Bücher pro Jahr lesen sie.

↘ Frage 14 mit Frage 16

■ Streudiagramm, Korrelation

→ Entscheidungsbaum ❺ → Koeffizient ②[P] oder ②*[S]*

H $_{IV}$: Wenn Personen [Bücher lieber in der Buchhandlung kaufen], dann haben sie **generell** [andere Anforderungen an Fachbücher, als wenn sie Bücher lieber im Versandhandel bestellen].

↘ Frage 6, alle Items, nach Frage 4

■ Fehlerbalkendiagramm, (paarweise) Mittelwertsvergleich(e) der Items, eventuell davor Zusammenfassung in einen Gesamt-Item-Index (pro Datensatz)

→ Entscheidungsbaum ❹ → Signifikanzprüfung ①[2] oder ①*[6]*
ODER paarweise ①[3] oder ①*[7]*

ODER → ab Seite 137 → Entscheidungsbaum ❹ → Signifikanzprüfung ①[3] oder ①*[7]*

H $_{IV.1}$: Wenn Personen [...], dann haben sie **in Bezug auf ihre persönliche bzw. subjektive Wahrnehmung** [...].

↘ Frage 6, Items 6.1, 6.4 und 6.9, nach Frage 4
- Bildung eines Mittelwertsindex (pro Datensatz), dann Fehlerbalkendiagramm, paarweiser Mittelwertsvergleich der Einzel- und des Index-Items

→ ab Seite 137 → Entscheidungsbaum ❹ → Signifikanzprüfung ①[3] oder ①*[7]*

H $_{IV.2}$: Wenn Personen [...], dann haben sie **in Bezug auf formale Aspekte** [...].

↘ Frage 6, Items 6.2 und 6.8, nach Frage 4
- Bildung eines Mittelwertsindex (pro Datensatz), dann Fehlerbalkendiagramm, paarweiser Mittelwertsvergleich der Einzel- und des Index-Items

→ ab Seite 137 → Entscheidungsbaum ❹ → Signifikanzprüfung ①[3] oder ①*[7]*

H $_{IV.3}$: Wenn Personen [...], dann haben sie **in Bezug auf inhaltliche Aspekte** [...].

↘ Frage 6, Items 6.3 und 6.5, nach Frage 4
- Bildung eines Mittelwertsindex (pro Datensatz), dann Fehlerbalkendiagramm, paarweiser Mittelwertsvergleich der Einzel- und des Index-Items

→ ab Seite 137 → Entscheidungsbaum ❹ → Signifikanzprüfung ①[3] oder ①*[7]*

H $_{IV.4}$: Wenn Personen [...], dann haben sie **in Bezug auf anwendungsbezogene Aspekte** andere Anforderungen an Fachbücher, als wenn sie Bücher lieber im Versandhandel bestellen.

↘ Frage 6, Items 6.6 und 6.7, nach Frage 4
- Bildung eines Mittelwertsindex (pro Datensatz), dann Fehlerbalkendiagramm, paarweiser Mittelwertsvergleich der Einzel- und des Index-Items

→ ab Seite 137 → Entscheidungsbaum ❹ → Signifikanzprüfung ①[3] oder ①*[7]*

6.7.2 | Forschungsfragen-/hypothesenkonsistenter Analysebericht

Abschließend werden in einem beispielhaften Analysebericht in diesem Buch aufgestellte Forschungsfragen auszugsweise beantwortet, formulierte Hypothesen auszugsweise geprüft (vgl. Fußnote 4 auf Seite 22).

Jede Datenanalyse ist individuell und sollte ihrem Verwendungszweck angepasst erfolgen. In Wirtschaft und Wissenschaft gelten meist unterschiedliche Ansprüche an Form und Art der Darstellung. Auch Bildungseinrichtungen setzen unterschiedliche Standards.

Die folgenden Ausführungen enthalten wesentliche Elemente der Ergebnisbeschreibung, haben aber aus oben angeführten Gründen Hinweischarakter.

Erhebungssteckbrief

Die vorliegenden Ergebnisse entstammen einer Online-Befragung unter 505 in Österreich lebenden Personen, durchgeführt zwischen 12. und 23. Mai 2032. Der Link zum mit [...] erstellten Befragungsformular wurde im Schneeballsystem auf Social Media verbreitet. Um eine hohe Diversität der Stichprobe sicherzustellen, wurden aus einer Liste von 100 interessen-, alters- und regionalspezifisch unterschiedlichen Facebookgruppen folgende 20 zufällig ausgewählt: [...]. Die Daten sind demzufolge nicht bevölkerungsrepräsentativ.

Die Analyse der Struktur der Befragten in *Abbildung 1* zeigt jedoch ihre breite soziodemografische Streuung: Die Ergebnisse werden deshalb in den folgenden Darstellungen zumindest als Indikatoren für ein näherungsweises Meinungsbild der (facebookaffinen) Bevölkerung herangezogen. Dem Verfasser ist bewusst, dass es sich um keine Daten aus einer Zufallsstichprobe handelt. Um die Datenqualität besser beurteilen zu können, werden dennoch Schwankungsbreiten berechnet und Signifikanztests durchgeführt.

	n	%
Geschlecht		
weiblich	287	*56,8*
männlich	218	*43,2*
Alter		
15 bis 30 Jahre	146	*28,9*
31 bis 50 Jahre	168	*33,3*
51 Jahre und älter	191	*37,8*

	n	%
Wohnort		
Wien	108	*21,4*
Niederösterreich	93	*18,4*
Burgenland	20	*4,0*
Oberösterreich	88	*17,4*
Salzburg	21	*4,2*
Tirol	31	*6,1*
Vorarlberg	11	*2,2*
Steiermark	90	*17,8*
Kärnten	43	*8,5*

Abbildung 1: **Struktur der Befragten**

Forschungsfrage 1

Die erste Forschungsfrage beschäftigte sich mit der Leseaffinität der österreichischen Wohnbevölkerung.

> *F_1: Wie groß ist die Leseaffinität der österreichischen Wohnbevölkerung, und zwar ...*
> *... generell ($FF_{1.1}$),*
> *... in Bezug auf Belletristik ($FF_{1.2}$)*
> *... in Bezug auf Fachliteratur ($FF_{1.3}$)?*

Die Operationalisierung erfolgte mit den ersten drei Fragen des Fragebogens:

> *Fragebogen-Frage 1: [„...“] usw.*[113]

Die **Ergebnisse** zeigt *Abbildung 2* auf der nächsten Seite.

Alle 505 befragten Personen machten zu diesen Fragen Angaben. Am stärksten ausgeprägt ist – mit 6 von 10 Personen (59%) – das zumindest einmal jährliche Lesen eines Romans (Belletristik). Generelle Leseaffinität und jährlicher Fachbuchkonsum bewegen sich mit rund einem Viertel auf ähnlichem Niveau, innerhalb der statistischen Schwankungsbreite.

---

[113] Aus satztechnischen Gründen werden die drei Forschungsfragen und Fragebogen-Fragen hier nicht noch einmal angeführt. In einer transparenten Ergebnisdarstellung sollten sie ausformuliert werden.

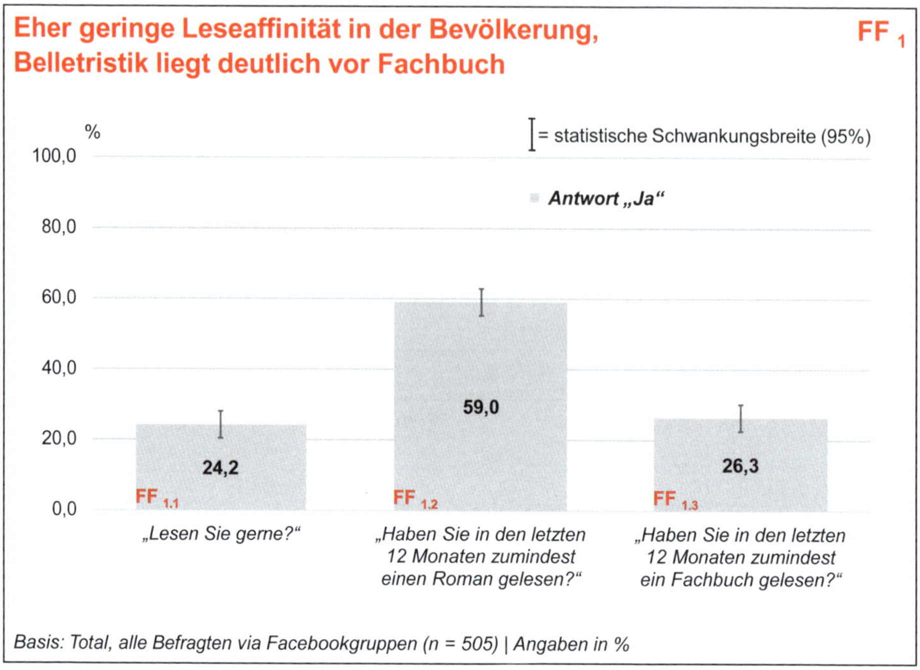

Abbildung 2: **Leseaffinität (FF $_1$)**

Hypothese $_I$

Einem möglichen Merkmalszusammenhang zwischen gerne lesen und jährlichem Fachbuchkonsum geht Hypothese $_I$ nach:

> *H_I: Wenn Personen gerne lesen, dann unterscheiden sie sich in ihrem Fachbuchkonsum von anderen Personen.*

Zur Überprüfung dieser Hypothese wurden Frage 1 und Frage 3 des Fragebogens in Form einer Kreuztabelle miteinander verknüpft und mittels Chi^2-Test auf signifikanten Zusammenhang überprüft (die SPSS-Ergebnistabellen befinden sich im Anhang) [114].

Abbildung 3 auf der nächsten Seite zeigt das **Ergebnis**.

Unter Nicht-Gerne-Lesenden macht das Verhältnis Fachbuch-Lesender zu Nicht-Lesenden nur rund 1 : 7 aus, unter Gerne-Lesenden sind es mehr als 2 : 1. Der Anteil an Fachbuchlesenden der letzten 12 Monate ist unter jenen deutlich größer, die generell gerne lesen: Während der Prozentanteil Fachbuchlesender unter NICHT-Gerne-Lesenden nur rund 13% beträgt, sind es bei den Gerne-Lesenden mehr als zwei Drittel (68%), die angeben, in den letzten 12 Monaten ein Fachbuch gelesen zu haben. Die Ergebnisdifferenz liegt deutlich außerhalb der statistischen Schwankungsbreiten (mit einem Sicherheitsniveau von 95%).

---

[114] Der Klammerausdruck ist als beispielhaft für eine Ergebnisdarstellung zu verstehen. Er bezeichnet keine reale Gegebenheit in diesem Buch.

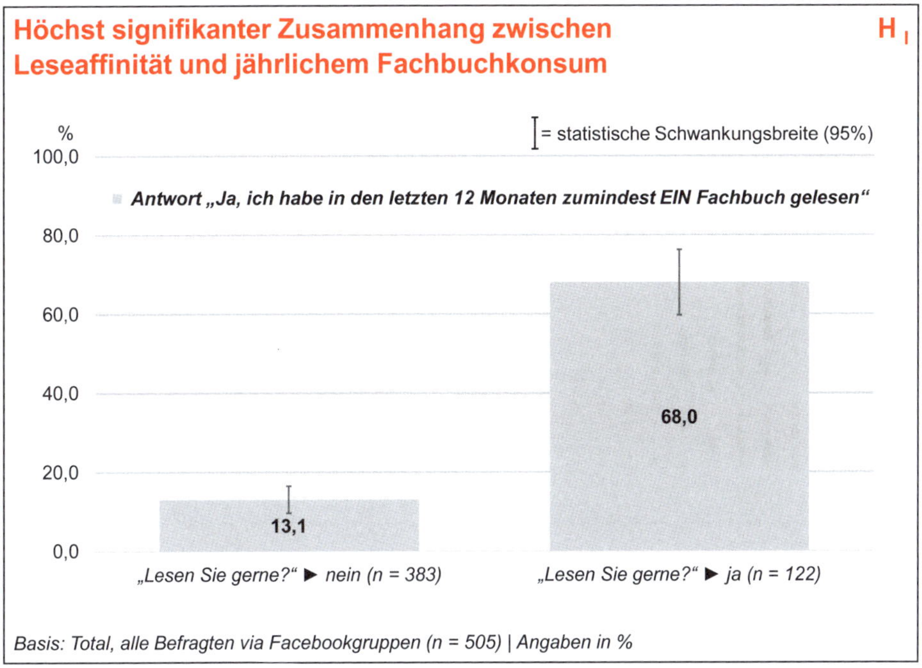

Abbildung 3: **Leseaffinität und jährlicher Fachbuchkonsum (H_I)**

Der Chi²-Test – χ^2 (1, n = 505) = 144,156, $p < 0{,}001$ – verweist auf einen höchst signifikanten Zusammenhang zwischen Leseaffinität und jährlichem Fachbuchkonsum.

Hypothese $_{III}$

Hypothese $_{III}$ prüfte den Zusammenhang zwischen Lebensalter und jährlicher Lesemenge an Büchern.

H_{III}: Je älter Personen sind, desto mehr Bücher pro Jahr lesen sie.

Aufgrund der Erkenntnisse aus dem Theorieteil (vgl. [...])[115] war sie gerichtet und ging davon aus, dass mit zunehmendem Alter auch die Lesemenge an Büchern steigt.

Zur Operationalisierung der Prüfung dieser (Sub-)Hypothese(n) dienten die Fragen 14 und 16 aus dem Fragebogen.

Abbildung 4 auf der nächsten Seite zeigt das **Ergebnis**.

Im Zuge der Datenanalyse wurde aufgrund der metrischen Datenlage zuerst ein Streudiagramm angefertigt. Dieses beinhaltet alle 505 Datensätze. Bei der grafischen Verschneidung der beiden Fragen zeigt sich kein großer Variablenzusammenhang – darauf weist das Fehlen einer Punktwolke hin.

---

[115] Vgl. Fußnote 114 auf Seite 202.

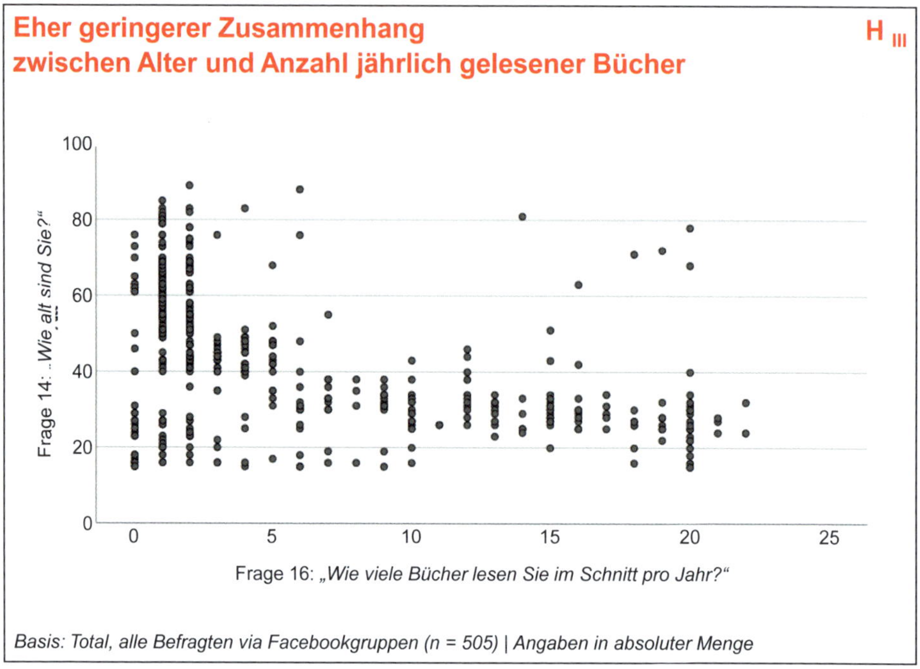

Abbildung 4: **Streudiagramm von Alter und jährlicher Lesemenge an Büchern (H $_{III}$)**

Die Berechnung eines Korrelationskoeffizienten sollte Gewissheit liefern. Da auch eine Signifikanzprüfung beabsichtigt war, wurden zur Wahl des richtigen Verfahrens beide Variablen auf Normalverteilung überprüft (die Ergebnistabellen befinden sich im Anhang)[116].

Die Prüfung ergab deutliche Abweichungen beider Variablen von einer Normalverteilung. Dementsprechend musste der Spearman-Koeffizient zu Anwendung gelangen.

Der Koeffizient bestätigt die Vermutung aus der Betrachtung des Streudiagramms: Der Zusammenhang ist zwar höchst signifikant, jedoch negativ und lediglich von eher geringer Größe – $r_s(503) = -0{,}486$, $p < 0{,}001$. Der einseitige Signifikanztest zeigt: Die in Richtung eines POSITIVEN Zusammenhangs formulierte Hypothese H $_{III}$ kann mit den Daten NICHT gestützt werden. Die Nullhypothese gilt. Der Zusammenhang ist weder positiv (noch stark).

Hypothese $_{IV}$

Hypothese $_{IV}$ beschäftigte sich damit, ob zwischen Personen mit bevorzugtem Kaufort von Fachbüchern im Buchhandel oder online fachbuchspezifische Präferenzdifferenzen identifiziert werden können:

H $_{IV}$: Wenn Personen Bücher lieber in der Buchhandlung kaufen, dann haben sie andere Anforderungen an Fachbücher, als wenn sie Bücher lieber im Versandhandel bestellen, ...

[116] Vgl. Fußnote 114 auf Seite 202.

... und zwar generell,
... in Bezug auf ihre persönliche bzw. subjektive Wahrnehmung (H $_{IV.1}$)
... in Bezug auf formale Aspekte (H $_{IV.2}$)
... in Bezug auf inhaltliche Aspekte (H $_{IV.3}$)
... in Bezug auf anwendungsbezogene Aspekte (H $_{IV.4}$).

Zur Operationalisierung der Prüfung dieser (Sub-)Hypothese(n) dienten folgende Fragen:

Fragebogen-Frage 4: [„...“], sowie Frage 6: [„...“].

Im Sinne der vier Sub-Hypothesen wurden zunächst für jeden Datensatz die neun Items der Frage 6 generell sowie in die den Subhypothesen $_{IV.1}$ bis $_{IV.4}$ entsprechenden Teilaspekte zusammengefasst. Die Bildung der fünf neuen Indexvariablen erfolgte mittelwertbasierend.

Generelle Anforderungen (H $_{IV}$): alle neun Items 6.1 bis 6.9.

Subjektive Wahrnehmung (H $_{IV.1}$): Items 6.1 („muss mir sympathisch sein“), 6.4 („muss interessante Inhalte haben“), 6.9 („muss immer wieder Neues zu entdecken haben“).

Formale Aspekte (H $_{IV.2}$): Items 6.2 [„...“] und 6.8 [„...“].

Inhaltliche Aspekte (H $_{IV.3}$): Items 6.3 [„...“] und 6.5 [„...“].

Anwendungsbezogene Aspekte (H $_{IV.4}$): Items 6.6 [„...“] und 6.7 [„...“].[117]

In die Analyse gelangten hier nur jene 133 Personen, die Frage 3 („*Haben Sie in den letzten 12 Monaten zumindest ein Fachbuch gelesen?*“) mit „*ja*“ beantwortet hatten.

Einen Überblick über die **generellen** und **teilaspektbezogenen Ergebnisdifferenzen** gibt das Fehlerbalkendiagramm in *Abbildung 5* auf der nächsten Seite.

Das Diagramm zeigt: Generell (H $_{IV}$) sowie bezogen auf subjektive Wahrnehmung (H $_{IV.1}$) und formale Aspekte (H $_{IV.2}$) haben Buchhandlungsaffine signifikant höhere Ansprüche an Fachbücher. Inhaltliche (H $_{IV.3}$) und anwendungsbezogene Aspekte (H $_{IV.4}$) hingegen besitzen im Versandhandel sowie in Buchhandlungen ähnlichen Stellenwert. Anwendungsbezogene Aspekte besitzen aber gegenüber inhaltlichen eindeutig höhere Relevanz.

In weiterer Folge durchgeführte Mittelwertsvergleichstests der fünf Indexvariablen zwischen den beiden Vergleichsgruppen zeichnen dasselbe Bild. Um die Entscheidung für ein Parameterverfahren oder parameterfreies Testverfahren treffen zu können, erfolgten zunächst Normalverteilungsprüfungen. Kolmogorov-Smirnov-, Shapiro-Wilk-Test, Histogramme und Q-Q-Diagramme verweisen lediglich bei EINER Variable, in EINER der beiden Vergleichsgruppen auf Normalverteilung. Deshalb wurde auf paarweise, parameterfreie U-Tests zurückgegriffen (die diesbezüglichen SPSS-Ergebnistabellen befinden sich im Anhang)[118].

Die fünf U-Tests bestätigen die Erkenntnisse aus dem Fehlerbalkendiagramm: Es gibt keine signifikanten Mittelwertsunterschiede bei inhaltlichen und anwendungsbezogenen Aspekten zwischen den Vergleichsgruppen Buchhandlungs- und Versandhandel-Affine.

---

117 Vgl. Fußnote 113 auf Seite 201.
118 Vgl. Fußnote 114 auf Seite 202.

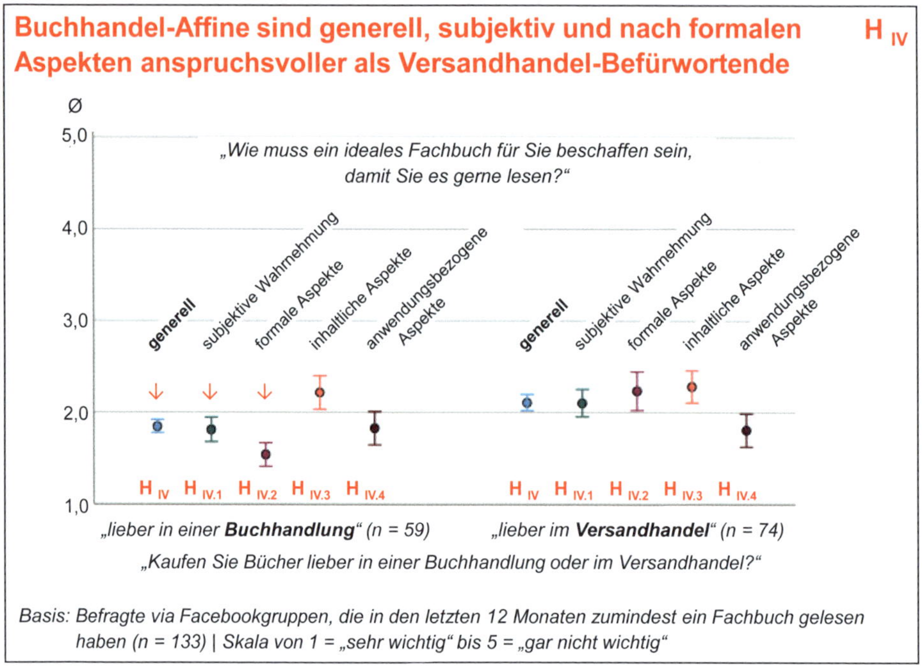

Abbildung 5: **Fachbuchspezifische Präferenzen nach bevorzugtem Kaufort (H $_{IV}$)**

Generell (H $_{IV}$) – Mittelwertsdifferenz von Buchhandel-Affinen (M = 1,85, SD = 0,27) zu Versandhandel-Befürwortenden (M = 2,11, SD = 0,38), $U(n_1 = 59,\ n_2 = 74) = 1272{,}500$, p < 0,001), bezogen auf **subjektive Wahrnehmung (H $_{IV.1}$)** – Mittelwertsdifferenz von Buchhandel-Affinen (M = 1,81, SD = 0,51) zu Versandhandel-Befürwortenden (M = 2,10, SD = 0,64), $U(n_1 = 59,\ n_2 = 74) = 1632{,}500$, p = 0,011) und **formale Aspekte (H $_{IV.2}$)** – Mittelwertsdifferenz von Buchhandel-Affinen (M = 1,54, SD = 0,49) zu Versandhandel-Befürwortenden (M = 2,24, SD = 0,91), $U(n_1 = 59,\ n_2 = 74) = 1132{,}500$, p < 0,001) haben Buchhandlungsaffine hingegen signifikant (H $_{IV.1}$) bzw. höchstsignifikant (H $_{IV}$, H $_{IV.2}$) höhere Ansprüche an Fachbücher.

Literaturverzeichnis

American Psychological Association (2020). *Publication manual of the American Psychological Association. The official guide to APA style* (7th edition). American Psychological Association.

Atteslander, P., Ulrich, G.-S., & Hadjar, A. (2023). *Methoden der empirischen Sozialforschung* (14. Auflage). Erich Schmidt.

Backhaus, K., Erichson, B., Gensler, S., Weiber, R., & Weiber, T. (2021). *Multivariate Analysemethoden. Eine anwendungsorientierte Einführung* (16. Auflage). Springer Gabler.

Braunecker, C. (2023). *How to do empirische Sozialforschung. Eine Gebrauchsanleitung* (2. Auflage). facultas/utb.

Brosius, H.-B., Haas, A., & Unkel, J. (2022). *Methoden der empirischen Kommunikationsforschung: Eine Einführung* (8. Auflage). Springer VS.

Budrich, B., Keller, D., & Schmidt, L. (2018). *Wie schreibe ich eine Doktorarbeit? Leitfaden für Medizin und Zahnmedizin* (2. Auflage). Springer.

Bühl, A. (2006). *SPSS 14. Einführung in die moderne Datenanalyse*. Pearson.

Bühl, A. (2019). *Einführung in die moderne Datenanalyse ab SPSS 25* (16. Auflage). Pearson.

Diekmann, A. (2021). *Empirische Sozialforschung. Grundlagen, Methoden, Anwendungen* (14. Auflage). Rowohlt.

Döring, N., & Bortz, J. (2016). *Forschungsmethoden und Evaluation in den Sozial- und Humanwissenschaften* (5. Auflage). Springer.

Duller, C. (2019). *Einführung in die Statistik mit EXCEL und SPSS. Ein anwendungsorientiertes Lehr- und Arbeitsbuch* (4. Auflage). Springer Gabler.

Ebster, C., & Stalzer, L. (2017). *Wissenschaftliches Arbeiten für Wirtschafts- und Sozialwissenschaftler* (5. Auflage). facultas/utb.

Engelhardt, A. (2020). *Crashkurs Statistik. Tabelle Chi-Quadrat-Verteilung.* https://www.crashkurs-statistik.de/tabelle-chi-quadrat-verteilung/ [07.06.2023].

Field, A. (2018). *Discovering statistics using IBM SPSS Statistics* (5th edition). SAGE.

Flick, U. (2021). *Qualitative Sozialforschung. Eine Einführung* (10. Auflage). rowohlt.

Friedrichs, J. (1990). *Methoden empirischer Sozialforschung* (14. Auflage). Westdeutscher Verlag.

Früh, W. (2017). *Inhaltsanalyse* (9. Auflage). UVK.

Gering, U., & Weins, C. (2009). Grundkurs Statistik für Politologen und Soziologen (5. Auflage). VS.

Gläser, J., & Laudel, G. (2010). *Experteninterviews und qualitative Inhaltsanalyse als Instrumente rekonstruierender Untersuchungen* (4. Auflage). VS.

Herczeg, P., & Wippersberg, J. (2021). *Kommunikationswissenschaftliches Arbeiten. Eine Einführung* (2. Auflage). facultas/utb.

Hommel, G., Röhrig, B., & Blettner, M. (2009). Confidence Interval or P-Value? Part 4 of a Series on Evaluation of Scientific Publications. In: *Deutsches Ärzteblatt 106(19)*, 335–339. https://doi.org/10.3238/arztebl.2009.0335

Karmasin, M., & Ribing, R. (2019). *Die Gestaltung wissenschaftlicher Arbeiten. Ein Leitfaden für Facharbeit/VWA, Seminararbeiten, Bachelor-, Master-, Magister- und Diplomarbeiten sowie Dissertationen* (10. Auflage). facultas/utb.

Kuckartz, U., & Rädiker, S. (2022). *Qualitative Inhaltsanalyse. Methoden, Praxis, Computerunterstützung* (5. Auflage). Beltz Juventa.

Maderthaner, R. (2021). *Psychologie* (3. Auflage). facultas/utb.

Mayring, P. (2022). *Qualitative Inhaltsanalyse. Grundlagen und Techniken* (13. Auflage). Beltz.

Nowak, R. (2014). *Computergestützte qualitative Auswertung* [unveröffentlichte Seminararbeit zum Methodenseminar II. Im Rahmen des Doktoratsstudiums]. Andrássy Universität Budapest. https://howtodo.at/downloads/Nowak, R. (2014). Computergestützte qualitative Auswertung. Seminararbeit. Andrassy Universität Budapest.pdf [24.06.2023].

Nowak, R. (2015). *Qualitative und quantitative Inhaltsanalyse* [unveröffentlichtes Skriptum zum PhD-Methodenworkshop mit anschließender Diskussion am 9. April 2015 im Rahmen des Doktoratsstudiums}. Andrássy Universität Budapest. https://howtodo.at/downloads/Nowak, R. (2015). Qualitative und quantitative Inhaltsanalyse. Skriptum. Andrassy Universität Budapest.pdf [24.06.2023].

Online Lexikon für Psychologie und Pädagogik. Online-Enzyklopädie aus den Wissenschaften Psychologie & Pädagogik. (ohne Jahr). *Nullhypothese.* https://lexikon.stangl.eu/62/nullhypothese [07.06.2023].

Quatember, A. (2020). *Statistik ohne Angst vor Formeln. Das Studienbuch für Wirtschafts- und Sozialwissenschaftler* (6. Auflage). Pearson.

Rössler, P. (2011). *Skalenhandbuch Kommunikationswissenschaft.* VS.

Rössler, P. (2017). *Inhaltsanalyse* (3. Auflage). UVK/utb.

Schnell, R., Hill, P. B., & Esser, E. (2018). *Methoden der empirischen Sozialforschung* (11. Auflage). Oldenbourg.

Smart News Fachverlag GmbH. (2023). *marktforschung.de. Wiki / Lexikon - Erklärungen zu über 1.000 Fachbegriffen aus Marktforschung und Marketing. Psychologische Repräsentativität.* https://www.marktforschung.de/wiki-lexikon/Psychologische%20Repr%C3%A4sentativit%C3%A4t/ [06.7.2023].

Steiner, E., & Benesch, M. (2021). *Der Fragebogen. Von der Forschungsidee zur SPSS-Auswertung* (6. Auflage). facultas/utb.

Statistik Austria. (2023a). *Regionale Gliederungen.* https://www.statistik.at/services/tools/services/regionales/regionale-gliederungen [09.06.2023].

Statistik Austria. (2023b). *Bevölkerung nach Alter/Geschlecht. Weiterführende Daten: Bevölkerung zu Jahresbeginn nach Bundesland, Alter, Geschlecht sowie österreichischer/ausländischer Staatsangehörigkeit seit 2002 (.ods).* https://www.statistik.at/fileadmin/pages/406/Bev_Alter_Geschlecht_Staatsangeh_Bundesl_Zeitreihe._seit_2002.ods [09.04.2023].

Abbildungsverzeichnis

Bildnachweis: Alle Abbildungen sind – sofern nicht anders angegeben – eigene Darstellungen des Autors.

Achtung! Seitenzahlen in Rot referenzieren auf **Braunecker**, C. (2023). *How to do empirische Sozialforschung. Eine Gebrauchsanleitung* (2. Aufl.). facultas/utb.

STICHWORTVERZEICHNIS

Seitenzahlen in Schwarz beziehen sich auf dieses Buch, Seitenzahlen in Rot auf Braunecker, C. (2023). *How to do empirische Sozialforschung. Eine Gebrauchsanleitung* (2. Auflage). facultas/utb.

Seitenzahlen in Schwarz beziehen sich auf dieses Buch, Seitenzahlen in Rot auf Braunecker, C. (2023). *How to do empirische Sozialforschung. Eine Gebrauchsanleitung* (2. Auflage). facultas/utb.

Seitenzahlen in Schwarz beziehen sich auf dieses Buch, Seitenzahlen in Rot auf Braunecker, C. (2023). *How to do empirische Sozialforschung. Eine Gebrauchsanleitung* (2. Auflage). facultas/utb.

Seitenzahlen in Schwarz beziehen sich auf dieses Buch, Seitenzahlen in Rot auf Braunecker, C. (2023). *How to do empirische Sozialforschung. Eine Gebrauchsanleitung* (2. Auflage). facultas/utb.